上海世博会
中国石油参与志

《上海世博会中国石油参与志》编纂委员会　编

石油工業出版社

图书在版编目（CIP）数据

上海世博会中国石油参与志 /《上海世博会中国石油参与志》编纂委员会编. —北京：石油工业出版社，2012.8

ISBN 978-7-5021-9108-5

Ⅰ. 上…

Ⅱ. 上…

Ⅲ. 石油工业—概况—中国

Ⅳ. F426.22

中国版本图书馆 CIP 数据核字（2012）第 116871 号

出版发行：石油工业出版社

（北京安定门外安华里 2 区 1 号　100011）

网　址：www.petropub.com.cn

编辑部：（010）64523735　　发行部：（010）64523620

经　　销：全国新华书店

印　　刷：北京中石油彩色印刷有限责任公司

2012 年 8 月第 1 版　2012 年 8 月第 1 次印刷

787 × 1092 毫米　开本：1/16　印张：18.5

字数：316 千字

定价：120.00 元

（如出现印装质量问题，我社发行部负责调换）

2010年1月21日，上海世博会倒计时100天，中国石油天然气集团公司总经理、党组书记蒋洁敏（右二）考察石油馆工程建设和布展工作

2010年7月30日，中国石油天然气集团公司副总经理、党组成员周吉平参加石油馆特别活动日"节约石油　绿色发展"倡议活动

2010 年 3 月 15 日，中国石油天然气集团公司副总经理、党组成员、联合参展领导小组组长王宜林（右二）参加石油馆吉祥物发布暨开馆倒计时 40 天动员会

2008 年 8 月 5 日，中国石油天然气集团公司与上海世博局举办中国 2010 年上海世博会全球合作伙伴签约仪式

2009 年 4 月 20 日，上海世博会石油馆外观发布，并举行石油馆奠基仪式

2009 年 11 月，石油馆建筑工人进行外表皮施工

2010 年 3 月 15 日，上海世博会石油馆吉祥物“油宝宝”发布

石油馆礼仪人员开展微笑服务，迎接参观者

2010 年 7 月，石油馆超负荷运转，每天接待观众达 2 万余人

2010 年 7 月 30 日，石油馆特别活动日举办“节约石油　绿色发展”倡议活动

石油馆展陈设计围绕“石油，延伸城市梦想”的主题，使参观者通过视觉、听觉、味觉、触觉等综合体验到石油无处不在、石油来之不易

2010 年 5 月 5 日，国际展览局主席蓝峰参观石油馆

2010 年 10 月 31 日，石油馆举行闭馆仪式

2010 年 12 月 1 日，联合参展上海世博会总结表彰大会中国石油获奖代表合影

石油馆内景

《上海世博会中国石油参与志》
编纂委员会

资 料 提 供

（以姓氏笔画排序）

于宏彧　于海龙　王丽东　王海山　刘　苗
刘立旺　孙雪峰　李　涛　李国华　李明春
何炳彦　张盈盈　陈玉强　赵亚新　赵恩宏
施绪金　夏飒飒　徐维坚　郭继伟　黄明珠
谢琦伟

序

2010年上海世博会是中华民族的百年梦想。中共中央、国务院要求举全国之力，办好世博会。在国务院国有资产监督管理委员会的统一组织安排下，中国石油天然气集团公司与中国石油化工集团公司、中国海洋石油总公司竭诚合作、相携相伴、倾心倾力成功打造石油馆，实现了“安全、成功、精彩、难忘”的参展目标，为上海世博会成功举办做出了重要贡献，在世博会历史上创造了企业参展的骄人业绩，在世界人民面前生动展现了国有重要骨干企业的良好品牌形象，书写了中国石油新的历史辉煌。

石油馆6200平方米参展面积，浓缩了中国石油工业发展的辉煌历程；184天的参展时间，演绎了中华民族2000余年的石油文明历史；361万人次的参观，创造了人气奇迹；5项国家专利技术，两项大世界基尼斯纪录，获得了“石油馆为世博添光彩”的美誉。石油馆成功诠释了世博会的主题，用石油人的智慧，生动展示了国脉所系的企业形象；用清洁绿色和可持续发展的理念，经百万人的切身感受，展示了石油石化企业的责任和担当；用大庆精神铁人精神，完美体现了石油员工队伍新的时代风采。

为系统、客观地记述中国石油参与上海世博会石油馆的工作历程，阐述“城市，让生活更美好”的世博会主题，反映“石油，延伸城市梦想”的参展宗旨；记述中国石油全力保障上海世博会期间资源安全平稳供应工作情况，中国石油天然气集团公司决定组成编纂委员会，本着“尊重历史、存真求实”的精神，以严谨科学的态度，追求创新的精神，编纂完成了《上海世博会中国石油参与志》。这部志书记述了石油馆的部署设计、建设布展、接待安保及上海世博会期间油气保供等情况，全面展示了中国石油创造奇迹、打造世博亮点、赢得公众口碑、扩大合作交流、提升品牌形象、锤炼团队作风的企业文化亮点，彰显出中国石油天然气集团公司文化的软实力。

企业文化建设很重要的一点，就是要注重挖掘企业历史文化积淀，不断践行和发展企业的光荣传统，坚持用辉煌成就鼓舞人、用优良传统教育人、用成功经验启迪人、用历史教训警示人。《上海世博会中国石油参与志》的编纂出版，把握住了难得的历史机遇，以专业志书的视角和饱满炽热的情感，揭示了被人关注而又鲜为人知的史实，是大庆精神铁人精神的真实写照，更是中国石油精神的凝练。中国石油天然气集团公司办公厅担当重任，大胆创新工作模式，凝聚各方面的智慧力量，强化文化自觉、树立文化自信，在石油企业文化建设方面迈出了可喜的一步。开展方志研究，记述企业的发展史、建设史是有远见卓识的做法，希望再接再厉，为推进综合性国际能源公司建设作出新贡献。

二〇一一年十二月

（王宜林　中国海洋石油总公司董事长、党组书记

中国石油天然气集团公司原副总经理、党组成员）

凡 例

一、《上海世博会中国石油参与志》（以下简称《参与志》）以邓小平理论和“三个代表”重要思想为指导，贯彻科学发展观，坚持辩证唯物主义和历史唯物主义的立场、观点和方法，全面、系统、客观地记述中国石油天然气集团公司参与上海世博会的工作情况。

二、《参与志》依据内容的需要分为上编、下编进行记述，以篇、章、节、目为结构设置，采用述、记、志、图、表、录等体裁进行编纂。

三、《参与志》重点记述上海世博会石油馆的建设、运行及中国石油天然气集团公司所属相关单位承担上海世博会油气供应等工作情况。

四、《参与志》记述中共中央、国务院及部委、石油石化企业等领导时，各篇首次出现记述职务，以下记述直书其名。

五、为使行文简略，《参与志》将“中国石油天然气集团公司”简称为“中国石油”；“中国石油化工集团公司”简称为“中国石化”；“中国海洋石油总公司”简称为“中国海油”。除特定说明外，涉及中国石油天然气集团公司所属企业名称均采用简称。

六、《参与志》在段首记明年、月，段内直书其日。

七、《参与志》记述时限为 2008 年 3 月至 2011 年 4 月。个别事项依据实际情况略有延伸。

目　录

下编 上海世博会油气供应

概　述

2002 年 12 月 3 日，摩纳哥，蒙特卡罗当地时间 13 时 17 分，国际展览局诺盖斯主席在第 132 次成员国代表大会后的新闻发布会上宣布：“2010 年世界博览会主办权授予中国上海市。”中国上海取得了 2010 年注册类世博会（以下简称上海世博会）主办权。

上海世博会是世界性的经济、文化和科技领域的盛会，是人类文明集中展示的平台；是继北京奥运会后，中国举办的又一次具有广泛国际影响的全球盛会，为中国带来了重要的战略发展机遇。在中共中央、国务院的领导下，全国人民万众一心、不畏艰难、顽强拼搏，全力开展上海世博会的组织筹备、施工建设、顺利运行等各项工作，实现了中国第一次在发展中国家举办注册类世博会的梦想。

一

举办上海世博会对展示中华民族 5000 年的人类文明、展示新中国 60 年特别是改革开放 30 余年的伟大成就、展示中国各族人民为实现全面建设小康社会的目标而团结奋斗的精神风貌，对促进中国同世界各国的经济、科技、文化交流，增进全国各族人民之间的了解和友谊，共同实现世界和谐与可持续发展具有十分重要的意义。

2007 年 10 月，中共中央十七大报告写入了办好上海世博会的内容；2007 年 9 月和 2009 年 2 月，中共中央政治局常委、国务院总理温家宝在两次国务院常务会议上，听取上海世博会筹备工作汇报。中共中央总书记、国家主席胡锦涛在 2010 年的新年贺词中，邀请全世界人民共襄盛会。2010 年 1 月 15 日，胡锦涛又亲临上海考察世博会筹备工作现场，提出“六个确保”的工作目标，要求举全国之力、集世界智慧，把上海世博会办成“成功、精彩、难忘”的盛会。中共中央政治局常委、全国人大常委会委员长吴邦国，中共中央政治局常委、全国政协主席贾庆林，中共中央政治局委员、国务院副总理、上海世博会组委会主任委员王岐山等也高度重视，先后前往上海考察世博会的筹建情况。

2010 年 5 月 1 日至 10 月 31 日期间，2010 年上海世博会（Expo2010）在中

国上海市举行。这是第41届世界博览会，也是由中国举办的首届世界博览会。上海世博会首度以“城市”作为展品，这是出色东道主的完美见证，是具有深意的新纪录，彰显了改革家的气魄。上海世博会以“城市，让生活更美好（Better City，Better Life）”为主题，在城市化浪潮中，凸显了人类社会迈入重要的——城市时代。

上海世博会园区（以下简称上海世博园）总面积达5.28平方千米，其中浦东部分为3.93平方千米，浦西部分为1.35平方千米，占地面积冠盖之前的历届世博会，总投资达450亿元人民币，创造了世界博览会史上的最大规模纪录。上海世博会共有190个国家、56个国际组织参展，为历届世博会之最；上海世博会的外国自建展馆数量达到创纪录的42个，其数量为历届世博会之最。上海世博会获得主办国设立1亿美元专项基金的支持，用于为发展中国家提供参展便利，这也是历届世博会的最高纪录。

上海世博会184天的展期累计接待外国国家元首、政府首脑级贵宾101批，共接待参观者7308.40万人（次），平均每天约39.70万人（次）。2010年10月16日，当日进园参观上海世博会的人数达103.28万人，成为世博会历史上单日参观人数之最，使上海世博会以最广泛的国际参与度载入世博会史册。

上海世博园33块场地共举办22925场活动，创造了世博舞台盛况。246个参展方中，来自176个国家、13个国际组织、36个城市和4个企业的1200余支团队上演了1172个节目，参与主体广泛，刷新了世博会的历史纪录。7300万人（次）参观者中，观看各类文化演艺活动的超过3400万人（次），近50%的参观者至少观看了1次演艺活动。

二

在中国举办世博会是中华民族的百年梦想。为提升中央企业的形象，向世界展示中央企业的风采，在国务院国有资产监督管理委员会（以下简称国资委）的统一组织部署下，中央企业以行业联合或独自建馆的方式，建设6个企业馆参展上海世博会。

中国石油、中国石化、中国海油（以下简称三大公司）党组响应中共中央、国务院的号召，高度重视、竭诚合作、相携相伴、倾心倾力，同赴世博之约，共话石油梦想，在世博会这一人类文明的盛会上，打造了石油文化的名片，开启了文化交流的窗口，与全世界进行了一次超越时空、超越民族、超越语言的完美对话。

上海世博会石油馆由三大公司共同出资兴建，位于上海世博园浦西区D片区，紧靠黄浦江浦西轮渡码头和卢浦大桥，占地4000平方米，建筑面积6190平方米。石油馆的主题“石油，延伸城市梦想”，紧密呼应“城市，让生活更美好”的上海世博会主题，反映了石油石化产品及其衍生物对城市的产生与发展、人类文明进程与进步、未来城市美好生活的巨大贡献和重要作用。

2008年3月13日，三大公司决定联合建馆参展上海世博会，把联合建馆参展作为重大的政治任务来部署，作为各阶段的中心工作来实施，及时协调解决困难，有效凝聚各方智慧，确保联合参展工作有序推进。三大公司共同成立联合参展领导小组，委托大庆油田有限责任公司（以下简称大庆油田公司）组建联合参展项目部具体负责石油馆建设工作，确立“一个整体、一个形象、一个精品”的建馆原则，明确“安全、成功、精彩、难忘”的参展目标。中国石油总经理、党组书记蒋洁敏，中国石化总经理、党组书记苏树林和中国海油总经理、党组书记傅成玉对联合参展工作非常关心，在重要节点及时听取工作汇报，多次做出重要批示、指示。在上海世博会倒计时100天之际，蒋洁敏亲临石油馆施工现场实地指导并现场办公，要求全面落实中共中央总书记、国家主席胡锦涛强调的“六个确保”，把石油馆办成功、办精彩。

在石油馆筹建阶段，三大公司成立了由中国石油副总经理、党组成员王宜林任组长的上海世博会联合参展工作领导小组（以下简称联合参展领导小组）。联合参展领导小组把握方向、全面统筹、及时抉择、定期研究，扎实推进参展工作。同时，成立了由中国石油总经理助理、办公厅主任李润生任主任的联合参展领导小组办公室。联合参展领导小组办公室精心策划、有效协调、科学操作、履行职责，扎实有序开展工作。根据上海世博会联合参展项目的特殊性、紧迫性和重要性，2009年3月，中国石油委托大庆油田公司组建联合参展项目部。联合参展项目部勇于担当、大胆实施、精心组织、奋力推进，高标准起步，全力打造石油馆“文明工程、阳光工程、精品工程”，为石油馆的成功运行提供了重要的组织保证、后勤保证、人才保证。

在石油馆策划阶段，充分吸收运用世界先进博展理念和手段，用“石油，延伸城市梦想”的宣言，生动演绎了“城市，让生活更美好”的上海世博会主题。抓住石油与人类生活关系的纽带，把波澜壮阔的石油工业与现代文明和社会发展契合在一起，给参观者以视觉和思维冲击。用切去一角的能量方块（油立方）提示人们珍惜石油；用聚碳酸酯（PC）为建筑材料体现绿色环保理念；用管网编织外形展示鲜明的行业特色；用 LED 灯光幻化油立方的外景效果；用四维成像技术拓展观众视觉空间。设计理念超前、新颖、独特，表现形式在国内外首创，极富时代性和感染力。

在石油馆施工阶段，克服工期紧张、地况复杂、异地建设等困难，精心制订方案，优选环保建材，科学组织施工，合理交叉作业，严格工期进度，加强安全管理，昼夜连续奋战，在企业馆建设中率先封顶、如期完工，施工全过程实现了“零事故、零污染”，荣获上海市建设工程金属结构“金钢奖”、世博文明工地等称号。

石油馆布展阶段，严格遵循预展、主展、尾展的设计主旨，突出主题，顺畅衔接，贴近生活，契合公众认知规律，特别是 4D 影片，以震撼、幽默、亲和的视觉表现，生动直观又潜移默化地向参观者传达“珍惜石油，爱护地球”的理念。

在石油馆运行期间，根据联合参展领导小组要求，三大公司办公厅积极与上海市人民政府和上海世博局沟通协调，全面统筹联合参展观展工作，建立责任清晰、沟通顺畅、衔接有序、运转高效的组织体系。参与上海世博会工作的单位和同志恪尽职守、忠诚奉献，以高度责任感、使命感创造了出色的业绩。石油馆的礼仪服务突出“人性关怀、周到热情”。服务人员微笑服务，耐心讲解，送水送药，开设“绿色通道”，悉心照顾老人、儿童，在三角屏播放电视节目，营造温馨舒适的观展环境。设备运行着眼于“安全平稳、万无一失”的工作原则，坚持日检查、周保养、闭馆集中检修制度，全程监控运行状况，重点设备定人定责，隐患故障连夜整改，确保设备在满负荷情况下始终处于最佳状态。安保消防坚持“预防为主、安全第一”，制订各类应急预案，建立片区联动机制，搞好敏感时期防范，强化要害部位巡查，文明维护现场秩序，确保了观众安全有序观展。预约接待遵循“统筹平衡、嘉宾优先”的原则，在运行重点月份采取强力措施，高峰日特事特办，确保了观展均衡有序。宣传推介立足“提升形象、打造品牌”，围绕重要节点精心策划，成功组织特别活动日，牵头举办中央企业馆际轮值活动，精心开发特色售卖品，及时宣传石油馆展馆动态，让更多的人对石油石化产业有了更为深刻的了解和认识。

在三大公司党组领导下，在各级人民政府和社会各界的大力支持下，全体参展人员共同努力，各相关单位和合作方密切配合，石油馆联合参展工作取得丰硕成果。

石油馆创造人气奇迹。以特色鲜明的主题，独具匠心的设计，如梦如幻的外观，震撼人心的主展，极大地吸引了参观者，成为上海世博园观展的首选，是热门场馆之一。参观者累计达 361 万余人（次），上海世博园区每 20 名参观者就有 1 人参观石油馆。其中 42 名党和国家领导人，90 批（次）外国政要，688 批（次）国家部委、省（市）领导、两院院士等贵宾 20 万人（次）参观石油馆。

石油馆打造世博亮点。运用逻辑思维和形象思维手法，成功讲述了石油发展的故事，并首创具有鲜明石油石化特色的管网编织建筑外表及石油衍生品 PC 板组合、LED 精细成像技术，将展品融入建筑本身；采用国际最先进的四维立体成像技术，打破传统的观众与展品间二元静止格局，使观众如临其境。石油馆 5 项技术获得国家专利，创造了“异型 PC 板组合 LED 精细成像面积之最”、“连续 188 天（含试运行）累计放映单一 4D 影片场（次）之最”两项大世界基尼斯纪录。

石油馆赢得公众口碑。贴近生活的展示，低碳理念的倡导，高新技术的呈现，深刻诠释石油对人类文明发展的贡献和推动作用，使参观者经历了一场生动、有趣的科普教育，直观、真切地感受到石油和人类生活、城市发展密不可分，石油无处不在、来之不易、前途光明等理念。参观者好评如潮，纷纷留言赞誉。

石油馆扩大合作交流。凭借世博会的平台，搭建与各方增进感情和友谊的桥梁，利用“特别活动日”等重要时间节点，邀请国内外业务合作伙伴观展，广泛加深了与国际同行、投资者的沟通交流，有效推进了国际油气合作，为企业发展创造了和谐有利的环境。法国道达尔公司总裁参观后留言：“石油馆通过展示石油行业的历史和未来，让我们经历了令人印象深刻的石油之旅。希望能和中国能源公司有更多合作。”

石油馆提升品牌形象。围绕企业宗旨、发展理念，统筹报纸、电视、网络三个平台，大力宣传三大公司企业文化，积极倡导“节约石油　绿色发展”，树立了讲政治、负责任的中央企业形象，使更多的人关注石油、了解石油、走进石油。上海市委、市政府专门发来感谢信，对三大公司在上海世博会的申办、筹办、举办工作中给予的鼎力支持和无私帮助表示真诚的感谢和崇高的敬意。国资委对三大公司联合参展及石油馆给予高度评价。

石油馆锤炼团队作风。工作人员始终从大局出发，严于律己、超前工作、不辞辛劳、连续作战，发扬大庆精神铁人精神，经受住了暑期“大客流”、雷暴雨和 10 月中旬观展最高峰等各种复杂环境的严峻考验，保持了 184 天的平稳安全，出色完成了三大公司党组交给的工作任务。石油馆先后荣获上海市“五好”先进党组织、优秀集体、工人先锋号、文明场馆等殊荣，涌现出上海市先进个人、优秀党员、青年岗位能手12人，上海世博园区世博文明服务标兵、先进个人314人（次）。

三

在上海世博会筹备和举办期间，中国石油秉承“奉献能源，创造和谐”的企业宗旨，积极贯彻国家能源战略，全力保证上海世博会期间资源安全平稳供应，承担中央企业的社会责任，履行中国石油作为上海世博会全球合作伙伴的义务，确保上海世博会期间集团公司各项工作的安全、平稳运行。

中国石油各级领导提前部署、靠前指挥、全力以赴，保障上海世博会油气供应。中国石油总经理、党组书记蒋洁敏在上海世博会倒计时100天时，赴上海听取上海销售分公司和上海世博会筹备工作情况汇报。蒋洁敏强调，要把保证上海世博会成功举行作为第一宗旨，把安全不出任何问题和优质服务、保障供应作为第一任务，把实现上海世博会期间“零事故、零伤亡、零污染、零断供、零上访和零新闻危机”作为第一目标。王宜林、李润生等领导也多次赴上海组织世博会筹备会议，检查上海世博会中国石油筹备和运行情况。2010年4月2日，中国石油世博安全领导小组召开第一次世博安全领导小组工作会议，全面部署上海世博会期间油气保供、安全生产、反恐保卫等工作。王宜林主持会议并强调，要全面落实中国石油领导提出的“三个确保”，将上海世博会与奥运会、国庆安保防恐维稳工作同等重视、同一标准、同样要求，强化重点单位、重点部位、重点人员安保防恐维稳工作措施，以“万无一失”的优患意识，履行“万无一失”的工作责任，全力保障中国石油上海世博会油气供应安全顺利进行。同时，王宜林提出要把安全作为最大目标，做好安保防恐维稳工作，确保石油馆平安，确保驻上海设施平安，确保西气东输及气源地平安；要确保油气等产品的平稳安全保障供应，做好特殊时期的油品保供工作，实现“成功、安全、精彩、难忘”的上海世博会目标。在上海世博会期间，中国石油在全国1.80万座加油站开展“中国石油世博微笑服务明星”评选，加油站安全保障运行大检查等活动，号召24万名销售系统员工投入到“服务世博、保障世博”活动中来。2010年4月15日，上海世博会倒计时15天，“中国石油世博微笑服务明星”系列活动启动仪式在上海销售分公司杨思加油站举行。王宜林等赴上海调研，并出席中国石油世博微笑服务系列活动启动仪式，亲身体验上海销售分公司杨思加油站的微笑服务，观看便利店自动售药机的便捷服务演示，为中国石油世博微笑服务系列活动主题标识揭牌。

为保证上海世博会期间各企业安全及上海世博会油气供应安全，中国石油成立上海世博会安全工作领导小组、上海世博会安保防恐工作组，及时制订工作方案，落实安全工作措施，全力实现“安全、成功、精彩、难忘”的上海世博会工作目标。中国石油维稳信访工作办公室（综合治理办公室）[以下简称维稳办（综治办）] 协调上海世博会期间安保防恐的各项工作，组织驻沪、环沪 28 家重点企业，召开上海世博会安保防恐工作动员会，下发《上海世博会期间集团公司安保防恐工作方案》，成立各级油气安全供应机构，将上海销售分公司、新疆油田分公司等 28 家企业列为世博安保防恐的重点单位，将上海销售分公司、西气东输管道公司等 5 家企业列为特别重点单位，并确定特别重点单位的 16 处重点目标为一级要害部位，全面部署上海世博会安保防恐工作。根据保供工作需要，上海销售分公司、长庆油田分公司、新疆油田分公司等单位先后成立防恐工作领导小组，确保上海世博会期间油气安全保供。各企业按照上海世博会中国石油安保防恐责任令，强化安保防恐责任意识，进一步落实安保防恐措施。同时，中国石油综治办制订《上海世博会安保防恐工作计划》，确定安排部署、落实责任、检查督导、应急处置等 10 个方面、30 项重点工作，防止发生危害国家安全的重大政治事件，防止发生涉油恐怖破坏活动，防止发生群死群伤重大治安、灾害事故，确保油气生产安全运行和社会稳定，用石油馆区的安全确保上海世博园区的安全，用重点企业的安全确保上海世博会顺利举办。中国石油维稳办（综治办）结合公安部上海世博会安保“环沪护城河”工作会议精神，两次组织开展安保防恐“回头看”督导检查活动，重点对驻沪、环沪重点企业强化安保防恐措施，落实内部治安保卫责任，克服麻痹松懈思想，全面加强油品、易燃易爆、化工原料、生产运输等环节和输油气管道巡护守卫力量，确保上海世博会供油、供气安全，全力做好上海世博会安保防恐工作。

2010 年初，上海销售分公司将保障服务世博会供油确立为全年最重要的工作任务，先后召开 4 次专题会议部署相关筹备工作。为确保上海世博会油品资源安全平稳供应，上海销售分公司以“世博期间资源保供”为主题，以“配送安全、服务和谐”为主要内容，依靠销售分公司、东北销售分公司、大连海运公司、中国石油天然气运输公司及上海市政府相关部门等，加强调配衔接和沟通交流，加强公路配送管理，优化油库库存结构，保证下海资源平稳兑现，协调炼厂尽早排产，多方联手为上海世博会提供优质的油品配送保供服务。西气东输管道公司根据保供工作需要，及时成立上海世博安保防恐领导小组，编制下发《西气东输管道公司“上海世博”安保防恐工作方案》、《“上海世博”安保防恐工作要点》等文件，并与重点区段的管理处和站队分别签订安保责任书，西气东输管道公司主要领导分别对新疆轮南首站、上海白鹤末站等重点要害部位实行安保包保；对新疆等6个主干线管理处和储气库管理处签发上海世博会安保防恐重点阶段责任令，加强“人防、物防、技防、信息防”建设，开展安保防恐风险排查，畅通企业、地方、警察联防联动机制，开展安保防恐应急预案演练。长庆油田分公司研究制订《长庆油田公司上海世博会期间安全保卫和防恐工作实施方案》，确定涉油气18个重点生产单位和48处生产要害部位为重点防范目标，突出榆林天然气处理厂、靖边天然气净化厂两个特别重点单（部）位，把各项防范措施恢复到建国60周年安保的应急状态。在上海世博会期间，长庆油田分公司按照中国石油党组和陕西省委、省政府对上海世博会期间治安保卫和防恐工作要求，开展为期7个月的“强化安全保卫，实现平安世博”活动。长庆油田分公司副总师以上领导与油田1万立方米以上原油站、库和天然气处理（净化）厂建立联系点，各重点要害部位安保人员连续作战，日夜坚守，确保上海世博会期间油田生产要害部位安全和输油气管道生产治安秩序平稳。在上海世博会安保防恐、维稳信访工作阶段，新疆油田分公司落实“人防、物防、技防、信息防”措施和维稳信访相关工作措施，坚持、完善防范恐怖袭击等各项举措，开展矛盾纠纷排查和风险评估，加强对重点群体和人员的稳控，增强油田重点目标及部位的综合防控能力，保障党政机关正常工作秩序和市区、油田社会稳定。

中国石油在深入部署的基础上，组织所属企业团结一致、攻克时艰、全力保障上海世博会油品供应。中国石油销售公司迅速成立资源供应领导小组，上海销售分公司、大连石化公司、大连海运公司及中国石油天然气运输公司等相应成立上海世博会保供工作领导小组，从资源生产、储备、海上和公路运输等环节确保油品供应。中国石油销售公司组织指挥东北销售公司衔接落实产销运各环节措施，开辟“沪Ⅳ油品计划配置绿色通道”；大连石化公司主动优化生产方案，实施专罐专用、优先质量计量检验等措施，开辟“沪Ⅳ油品生产装船绿色通道”；大连海运公司积极寻找适航运力，努力缩短运输周期，开辟“固定运力班轮运输绿色通道”，确保上海销售分公司各类油品及时供应。江苏、浙江、安徽、江西等销售公司密切协作、服务大局，主动为上海世博会油品保供工作提供服务。

在上海世博会前，上海销售分公司开展加油站形象改造。外部形象美化，崭新的罩棚，醒目的加油岛，标准的“uSmile”形象墙，全铝塑板包装的整体站房向海内外嘉宾全方位展示中国石油品牌形象；内部布局优化，上海销售分公司通过对室内建筑结构精确“手术”，使加油站布局更为完善，内部环境优美，“昆仑好客”便利店整洁明快，营业面积扩大，给顾客营造舒适、休闲的购物环境，加油站专业、美观的世博会产品专柜及世博商品成为中国石油便利店亮丽的风景线，展现了中国石油的世博会合作伙伴形象；配套设施深化，上海销售分公司新改造的昆仑快速换油中心，业务范围覆盖汽车维修、保养、轮胎更换、修补、ETC 设备安装和更换润滑油等。在毗邻上海世博园区的 6 座世博会车辆定点加油站，使用印有上海世博会和中国石油双重标志的醒目竖立牌，吸引更多车主前来加油。开展业务培训，围绕服务礼仪、操作技能、世博常识、世博英语等方面开展全员培训。上海销售分公司全力开展安装橇装加油装置的协调、筹备等工作，2010 年 4 月 28 日，上海销售分公司将橇装加油装置成功引入上海世博园区，为世博园区 500 余台物流车辆安全供油 200 余天（含试运行及展后期），做到“卸油不跑不冒、加油不滴不溅”，得到上海世博会物流中心的致函感谢。橇装加油装置在上海世博会的使用，在百年世博历史上尚属首次，成为向全世界展示中国石油品牌形象的窗口，起到很好的宣传示范效应，为上海销售分公司突破障碍，大力发展橇装加油站奠定了基础。在世博会期间，上海销售分公司将每座加油站当做一个窗口，树立中国石油上海世博会唯一油品供应商的品牌形象，积极筹措资源保证市场供应，保证油品数量质量。2010 年，上海销售分公司以积极稳妥的市场保供、优质清洁的油品资源、热情周到的客户服务、细致得力的安保措施和美好亮丽的品牌形象完成了上海世博会油品供应任务。上海销售分公司响应“绿色世博、低碳世博”的号召，从 2009 年 10 月开始，提前全面供应沪Ⅳ标准汽柴油。截至 2010 年 10 月 31 日，上海销售分公司仓储调运处负责接卸下海油累计 166 万吨，安排资源倒拨 374 航（次），加油站公路配送 41245 车（次）。在上海世博会期间，上海销售分公司累计为上海市近 300 万辆汽车供应沪Ⅳ油品 69 万吨，未发生一次资源断档事件。上海销售分公司为上海世博会 22 艘渡轮、48 艘游轮供应油品 5106 吨，保障上海世博会水上运输及开幕式黄浦江 200 余艘旗船油品供应。

为突出 2010 年上海世博会“城市，让生活更美好”的主题，展现清洁城市风貌，上海市专门建设了世博园天然气配套输送工程和园内天然气输配系统，构成与全市燃气管道相连的保障网络。在每天输往世博园的天然气中，有一半来自塔里木油田分公司，通过西气东输管道公司输送。2010 年，上海市计划用天然气 45 亿立方米，西气东输管道公司合同气量为 23.73 亿立方米。在 2010 年 5 月 1 日至 10 月 31 日上海世博会运行期间，西气东输管道公司向上海市供气约 11.77 亿立方米，相当于减少 20 万吨有害物质排放，减少二氧化碳酸性气体排放 412 万吨，为上海市营造“低碳世博”做出重要贡献。上海燃气是西气东输管道公司在上海的最大用户。世博会期间上海共接收西气东输管道公司天然气超过 10 亿立方米，主要用于城市民用、商业用气、小工业用气、热电联供和燃气发电。天然气通过上海市高压管网逐级分输，其中 1325 万立方米天然气通过上海世博园天然气配套输送工程和园内天然气输配系统输往上海世博园各场馆。上海 CNG 公司对西气东输管道公司天然气进行压缩、专业生产加工后为上海市提供工业燃料、公交车和出租车加气等服务，确保上海世博会用气供应。

四

2010 年 10 月 31 日，顺利运行 184 天的上海世博会，承载着世界发展中国家第一次举办注册类世博会的梦想，承载着 13 亿中国人民的百年梦想，承载着中国石油人的梦想，胜利完美落下帷幕。

三大公司在追求细节中实现安全，在砥砺人生中共享成功，在创造奇迹中感受精彩，在岁月回眸中珍藏难忘，使联合参展石油馆取得圆满成功，让历史见证了实现“安全、成功、精彩、难忘”的目标，在世界人民面前展示了三大公司良好的品牌形象，为上海世博会成功举办做出了重要贡献，向党和人民交上了一份满意答卷，是全国 260 万石油石化人的骄傲和自豪。

中共中央政治局常委李长春，中共中央政治局常委、中央政法委书记周永康等党和国家领导人到石油馆参观指导。李长春为石油馆题词：“推动现代文明，石油立了大功。”周永康对石油馆给予充分肯定。三大公司联合参展工作得到了国资委，上海市委、市政府，武警部队等单位及社会各界的大力支持。中共中央政治局委员、上海市委书记、上海世博会执委会主任俞正声先后 16 次到石油馆进行现场调研，做出指示、提出要求。国资委领导对三大公司联合参展高度重视，寄予厚望，多次给予指导帮助。上海世博局协调各方力量，先后 3 次增派武警部队官兵协助维护秩序，并增设座椅、搭建凉棚，对石油馆给予特殊关照支持。中国石油科技管理部、外事局、思想政治工作部、离退休职工管理局及新闻媒体等部门和单位按照中国石油党组要求，全力做好重要节点、重大活动、相关人员观展的组织配合工作。各驻上海企业始终站在政治大局的高度，超前谋划，精心组织，优化配置资源，保证服务效果。西气东输管道公司、上海销售分公司高标准、高质量满足上海世博会对油气产品供应和服务的要求，为世博会和上海经济社会发展提供优质足量的清洁能源，兑现了服务世博的庄严承诺；浦东华油公司等单位充分利用地域、人员和资源优势，组建接待服务团队，制订周密接待措施，确保嘉宾、各级领导及团组观展满意，为联合参展工作的成功提供了有力保障，营造了良好氛围。

在上海世博会联合参展的伟大实践中，三大公司在继承传统经验的基础上不断创新发展，积累的丰厚经验弥足珍贵，创造的精神财富影响深远。联合参展的实践充分证明：

联合参展工作坚持中共中央、国务院的坚强领导，坚持三大公司党组的正确决策，充分发挥中央企业集中力量办大事的优势，是联合参展取得成功的根本保证。

联合参展工作坚持运用先进理念和科技手段，以全球视角吸收运用世界最前沿的科技手段，积极实践、自主创新、集思广益、殚精竭虑，使传统经验与现代科技手段有机结合，向全世界展示中国石油石化工业的技术实力和竞争能力，是联合参展取得成功的核心要素。

联合参展工作坚持统一高效的协调机制，坚持“一盘棋”的思想，组建统一的工作机构，建立高效沟通机制，实行异地联合办公，明确职责、分线作战、相互支持、合力攻坚，做到责任共担、资源共用、成果共享，是联合参展取得成功的组织保障。

联合参展工作坚持走低碳绿色之路，作为能源的探寻者、创造者和使用者，从企业承担的三大责任出发，倡导并践行“节约石油　绿色发展”理念，坚持清洁发展、可持续发展，珍惜资源，保护地球，积极推动人类文明进程，为创造美好生活贡献力量，是联合参展取得成功的正确选择。

联合参展工作坚持弘扬大庆精神铁人精神，以为国争光的坚定信念，勇争第一的执著追求，严谨求实的一流标准，敢打敢拼的顽强作风，克服困难，科学建馆，安全运行，实现了既定目标，使“爱国、创业、求实、奉献”的大庆精神铁人精神，在国际重大活动中得以新体现、新弘扬，是联合参展取得成功的动力源泉。

上海世博会落下帷幕，但在后世博时代，中国石油要认真履行经济责任、政治责任、社会责任，全力维护国家石油战略安全，让石油为祖国经济腾飞、民族复兴注入源源不断的动力，让石油为城市繁荣美好、和谐发展给予强劲有力的支撑，让石油为百姓安居乐业、衣食住行提供须臾不离的保障。中国石油大力倡导和践行世博精神，深入贯彻落实科学发展观，忠实履行国有重要骨干企业的三大责任，把参展世博会带来的无形资源转化为推进中国石油石化工业持续发展的现实优势；大胆借鉴和吸收世界先进的科技手段和管理经验，加快低碳发展、绿色发展；切实推进产业结构调整和发展方式的转变，广泛开展油气合作，大力拓展国际市场，精心打造国际品牌；不断赋予大庆精神铁人精神新的时代内涵，克服困难，迎接挑战，加快发展，更好地造福人类、服务社会；不懈担当保障国家能源安全的神圣职责，努力开创中国石油工业更加美好的未来。

大　事　记

2008年

1月9日，中国石油、中国石化、中国海油（以下简称三大公司）在北京召开上海世博会联合参展工作协调会议，并成立上海世博会联合参展工作领导小组（以下简称联合参展领导小组），中国石油副总经理、党组成员王宜林任组长。联合参展领导小组下设办公室，中国石油总经理助理、办公厅主任李润生任主任。

3月13日，三大公司确认联合参展2010年上海世博会。

4月17日，三大公司召开会议，决定由大庆油田有限责任公司（以下简称大庆油田公司）成立联合参展项目部。

5月7日，中国石油批复大庆油田公司成立联合参展项目部报告。

5月11日，联合参展项目部8人进驻北京并召开全体工作会议，明确分工，启动筹建工作。

5月17—20日，联合参展项目部对上海世博局推荐的4家展览公司进行考察。

6月5日，联合参展项目部向上海笔克展览服务有限公司等9家展览公司发出方案征集邀请函。

7月15日，联合参展项目部收到确认参加应征的9家应征展览公司的10个应征方案。

7月24日，三大公司与上海世博局在北京签署《中国2010年上海世博会参展合同》。

7月30—31日，联合参展领导小组办公室召开策划方案评审及下步工作安排会议。李润生主持会议，大庆油田公司常务副总经理王广昀，专家评委及10个应征方案相关人员参加会议。策划方案评审委员会对10个应征方案技术部分进行评审打分。参会人员就入围方案、展馆馆名、主题、建筑概念设计等内容进行讨论。

8月5日，中国石油与上海世博局全球合作伙伴签约仪式在上海汉华国际饭店举行。王宜林到会致辞，李润生代表中国石油签署《中国2010年上海世博会石油天然气全球合作协议》。

8月27日，联合参展项目公司即上海石博展览展示有限公司（以下简称石博公司）注册成立。

9月10日，石博公司发出展览展示方案深化设计竞赛文件和展馆建筑方案深化招标文件。

10月10日，石博公司召开展馆建筑方案深化设计评标会。对中国建筑设计研究院、上海现代建筑设计集团、同济大学建筑设计研究院提交的应征方案进行评审。

10月29日，联合参展项目部召开展馆展览展示方案深化设计评审会。对上海笔克展览服务有限公司、上海复旦上科多媒体有限公司、日本株式会社电通、北京LORD国际文化发展有限公司提交的方案进行评审。李润生等参加会议。

12月12日，联合参展项目部人员赴上海工作，北京临时办公室撤销。

2009年

1月11日，李润生等到石博公司检查指导工作，听取工作汇报。

2月27日，联合参展领导小组在北京召开会议，听取联合参展项目部工作汇报及2009年工作部署情况。王宜林、李润生等参加会议。

3月17日，石博公司对9家建筑公司进行考察，为土建施工总承包招标做准备。

4月20日，石油馆外观对外发布并举行奠基仪式，国资委、上海世博局和三大公司相关领导出席。

4月25日，石博公司在北京召开石油馆土建施工总承包评标会议。

5月，石油馆施工现场完成“三通一平”，施工设备进场；完成道路红线及控制水准点放线复试；完成施工现场桩基施工区清障及施工任务。

6月26日，联合参展领导小组在北京召开第二次会议，听取联合参展项目部近期工作汇报，审议展区展示内容设计及主展影片策划方案。王宜林及三大公司相关人员参加会议。

7 月 11 日，石油馆在企业馆中率先实现主体结构封顶。

7 月 20—23 日，三大公司联合审计小组在石博公司召开联合审计第一次工作会议，明确审计重点、方式及节点，制订招投标、采办、预算调整等重大事项报告制度。

12 月 2 日，联合参展领导小组在北京召开第三次会议，听取联合参展项目部阶段性工作汇报，审议运营管理框架方案、宣传框架方案。王宜林、李润生及三大公司相关领导参加会议。

2010 年

1 月 12 日，大庆油田公司常务副总经理王广昀，大庆油田公司党委副书记、纪委书记、工会主席、联合参展领导小组办公室副主任王昆等听取联合参展项目部工作汇报。

1 月 21 日，中国石油总经理、党组书记蒋洁敏考察上海世博会石油馆工程建设和布展工作，并听取联合参展项目部及部分驻沪企业工作汇报。

3 月 4 日，联合参展领导小组在北京召开第四次会议。会议听取联合参展办公室关于调整充实上海世博会联合参展工作组织体系建议方案、石油馆运行预算调整方案、石油馆吉祥物发布暨开馆倒计时 40 天动员大会筹备方案等，王宜林及三大公司相关人员参加会议。

3 月 15 日，石油馆吉祥物“油宝宝”在北京对外发布。

3 月 17 日，李润生到上海检查指导世博会筹备工作，赴上海销售分公司考察迎世博安全保卫、油品供应、形象改造、管理服务等工作。

是日，石油馆礼仪接待服务人员培训班正式开课。培训为期一个月。

3 月 19 日，中国石油维稳信访工作办公室（综合治理办公室）[以下简称维稳办（综治办）] 参加公安部在杭州召开的上海世博会安保“环沪护城河”工作动员部署会议。

3 月 20—21 日，中国石油天然气股份有限公司副总裁销售公司总经理刘宏斌到上海世博园区周边的杨思、济阳加油站及崇明营销中心调研。

3 月 21 日，黑龙江省副省长王玉普到联合参展项目部考察，并赴石油馆施工现场调研。

3 月 25 日上午，上海世博园区片区、场馆、条线临时党委成立大会在上海世博局举行。石油馆馆长、上海世博局 DE 片区临时党委委员刘俊杰作为企业馆代表发言。

4 月 1 日 9 时，上海世博会在上海世博园区中国馆前广场举行运行决战誓师大会。中共中央政治局委员、上海市委书记、上海世博会执委会主任俞正声等出席大会。石油馆代表世博园区各场馆在会上发出倡议。

是日，上海世博会观展接待及石油馆运行测试工作会在上海浦东假日酒店召开。李润生、联合参展领导小组办公室及中国石油驻上海相关企业负责人参加会议。

4 月 2 日，上海销售分公司“世博宣传月”活动启动仪式在振兴加油站举行。

4 月 8 日，中国石油上海代表处负责施工的上海世博贵宾接待室装修告罄，交付上海浦东华油实业有限责任公司接管运营。

4 月 12 日，中国石油维稳办（综治办）向上海世博会驻沪、环沪 28 家重点企业下发《上海世博会期间集团公司安保防恐重点阶段责任令》。

4 月 15 日，国资委主办上海世博会中央企业馆试运行启动仪式。石油馆以此为契机，正式运行。国资委主任、党委书记李荣融，蒋洁敏等在上海世博会中央企业馆试运行启动仪式前到石油馆参观指导。

是日，“中国石油 2010 世博微笑服务”系列活动启动仪式在上海销售分公司杨思加油站举行。王宜林及上海市经济和信息化工作委员会副主任周敏浩等出席并为“中国石油 2010 世博微笑服务”系列活动主题标识揭幕。

4 月 18 日，俞正声到石油馆考察工作。

4 月 19—29 日，联合参展审计小组对联合参展项目部进行第二次审计，重点对项目部设计建设过程中的招投标、合同、付款、财务工作内容等进行审计，未发现违反程序行为。

4 月 20 日，石油馆进行开馆前运行测试。

4 月 20—22 日，中国石油老领导阎三忠、李克成赴上海参加世博会试运行活动。期间，阎三忠、李克成到杨思、振兴加油站指导工作。

4 月 24 日，上海销售分公司首座橇装式加油站装置完成安装并准备投入世博服务运营，这是上海市首座橇装式加油装置。

4 月 30 日，中共中央政治局常委、中央政法委书记周永康到石油馆参观指导。

是日，国务委员、公安部部长孟建柱到石油馆参观指导。

是日，蒋洁敏等应邀出席上海世博会开幕式。期间，蒋洁敏再次到石油馆考察指导。

5月1日，石油馆开馆。

是日，蒋洁敏在上海会见前来参加上海世博会的土库曼斯坦总统。

是日，哥伦比亚矿产与能源部部长埃尔南·马丁内斯·托雷斯参观石油馆。

5月5日，全国人大常委会副委员长韩启德到石油馆参观指导。

是日，国际展览局主席蓝峰参观石油馆。

5月13日，全国政协副主席阿不来提·阿布都热西提到石油馆参观指导。

5月14日，中国石油党组成员、纪检组长陈明到上海销售分公司加油站调研。

5月16日，全国人大常委会副委员长周铁农到石油馆参观指导。

5月18日，上海销售分公司启动质量计量专项大检查，安全环保处、仓储调运处和加油站管理处组成联合检查小组对所辖油库、加油站及运输车辆的油品计质量管理工作开展专项检查。

5月26日，挪威石油能源部部长特杰恩·约翰森参观石油馆。

6月1日，上海销售分公司全面启动“安全发展、预防为主”为主题的“安全生产月”活动。

6月8日，全国人大常委会原副委员长顾秀莲到石油馆参观指导。

6月10日，全国人大常委会原副委员长铁木尔·达瓦买提到石油馆参观指导。

是日，缅甸外长吴年温参观石油馆。

6月15日，中共中央政治局常委李长春到石油馆参观指导。

是日，厄瓜多尔前总统卢西奥·古铁雷斯·博武阿参观石油馆。

6月16日，全国政协原副主席徐匡迪到石油馆参观指导。

6月17日，泰国驻华大使MR.PiamsakMilintachinda参观石油馆。

6月20日，全国政协原副主席李蒙到石油馆参观指导。

6月25日，全国政协原副主席陈锦华到石油馆参观指导。

6月25日，国务委员、国务院秘书长马凯到石油馆参观指导。

7月1日，乍得爱国拯救运动全国政治局总书记纳古姆·亚马苏姆参观石油馆。

7月2日，全国政协原副主席杨汝岱到石油馆参观指导。

7月3日，全国政协副主席董建华到石油馆参观指导。

7月5—8日，中国石油副总经理、党组成员汪东进等赴上海参观世博会并到上海销售分公司调研。

7 月 8 日，联合参展领导小组办公室在北京召开会议，听取联合参展项目部关于石油馆运行工作情况汇报，讨论并原则通过 2010 上海世博会石油馆“特别活动日”方案，明确方案实施的具体要求和任务分工。

7 月 10 日，中国石化总经理、党组书记苏树林到石油馆参观指导。

7 月 11 日，全国政协副主席、科技部部长万钢到石油馆参观指导。

是日，石油馆迎来开馆以来的第 100 万名观众。

7 月 15 日，哈萨克斯坦副总理舒克耶夫参观石油馆。

7 月 16 日，中共中央政治局委员、国务院副总理张德江到石油馆参观指导。

7 月 19—24 日，中国石油天然气股份有限公司总工程师蔺爱国等赴上海参观世博会并到上海销售分公司调研。

7 月 20 日，全国人大常委会原副委员长成思危到石油馆参观指导。

7 月 21 日，泰国公主诗琳通参观石油馆。

7 月 28 日，全国政协副主席厉无畏到石油馆参观指导。

7 月 30 日，石油馆举办“特别活动日”，三大公司发布“节约石油，绿色发展”倡议书，中国石油副总经理、党组成员、中国石油天然气股份有限公司总裁周吉平等赴上海参加石油馆“特别活动日”活动。国际天然气联盟协调委员会主席 Ho Sook Wah 参观石油馆，并参加石油馆“特别活动日”的“节约石油，绿色发展”倡议活动。来自三大公司的中国工程院院士王德民、关兴亚、曾恒一为石油馆参观者现场讲解并签名赠出 8 种石油行业丛书。

8 月 5 日，上海世博局在 DE 片区召开党建工作现场会议。会上，刘俊杰做了题为《发扬石油石化企业优良传统，不断加强党的建设，为展馆运行提供坚强组织保障》的发言。

8 月 5—8 日，中国石油天然气股份有限公司副总裁薄启亮等赴上海参观世博会并到上海销售分公司调研。

8 月 7 日，全国人大常委会副委员长乌云其木格到石油馆参观指导。

8 月 14 日，上海世博会赞助企业运营期工作会议在大庆油田公司举行。45 个全球合作伙伴、高级赞助商、项目赞助商及上海世博局领导、工作人员等 130 人参加会议。

8 月 16 日，俞正声，上海市委副书记、市长韩正等出席上海世博园区运行中期总结推进大会，石油馆作为世博园区场馆代表在会上作《弘扬铁人精神　服务世博观众》典型经验交流。

8 月 17 日，全国人大常委会原副委员长华建敏到石油馆参观指导。

8 月 19 日，召开上海市加油（气）站“创工人先锋号，为世博加油”立功竞赛活动表彰推进会，上海销售分公司杨思、徐浦、昕鑫加油站及加管处闫巍、杨思站经理刘宏伟分别获得“服务世博、奉献世博”先进表彰。

8 月 20 日，中国石油副总经济师关晓红等赴上海参观世博会并到上海销售分公司调研。

8 月 27 日，石油馆作为中央企业轮值馆主办“科技进步与城市未来发展”世博畅想活动。国资委外事局领导、上海市卢湾区领导、中国馆馆长、上海博物馆馆长、世博会城市足迹馆馆长、通用汽车馆馆长、民营企业联合馆馆长、中央企业馆及 12 家外国国家馆负责人等参加活动。

8 月 28 日，吉尔吉斯斯坦外交部长鲁斯兰卡扎克巴耶夫参观石油馆。

8 月 31 日，中国石油维稳办（综治办）参加由公安部在南京市召开的上海世博会安保“环沪护城河”第四次工作会议。

9 月 1 日，全国人大常委会原副委员长李铁映到石油馆参观指导。

9 月 2 日，全国人大常委会原副委员长王汉斌到石油馆参观指导。

是日，全国人大常委会原副委员长、中国红十字会会长彭珮云到石油馆参观指导。

9 月 5 日，全国政协副主席李兆焯到石油馆参观指导。

9 月 11 日，国务院原副总理曾培炎到石油馆参观指导。

9 月 14 日，中国石油副总经理、党组成员王福成等赴上海参观世博会并到上海销售分公司调研。

9 月 16 日，全国人大常委会副委员长桑国卫到石油馆参观指导。

是日，津巴布韦副总理 Arthur G. Mutambara 参观石油馆。

9 月 21 日，中央纪委副书记黄树贤在上海就“廉洁办世博”监督检查调研中，听取石油馆关于“廉洁办世博”汇报。

9 月 23—27 日，中国石油原总经理马富才等赴上海参观世博会并到上海销售分公司指导工作。

9 月 27 日，中共中央政治局委员、中央书记处书记、中共中央组织部部长李源潮到石油馆参观指导。

9 月 30 日，刘宏斌到上海销售分公司调研，并到上海世博园内橇装加油站了解运营情况。

是日，中国石油总会计师、党组成员王国樑等赴上海参观世博会并到上海销售分公司调研。

10 月 3—6 日，中国石油总法律顾问郭进平，中国石油天然气股份有限公司原副总裁、中国科学院院士贾承造等赴上海参观世博会并到上海销售分公司调研。

10 月 10—13 日，中国石油原副总经理郑虎等赴上海参观世博会并到上海销售分公司指导工作。

10 月 11 日，上海销售分公司举行“世博服务保障决战二十天宣誓仪式”，总经理佟福财领誓，公司领导班子、管理干部及加油站经理代表 80 余人宣誓。

10 月 12—15 日，原石油工业部部长、原中国石油天然气总公司总经理王涛等赴上海参观世博会并到上海销售分公司指导工作。

10 月 12—16 日，中国石油安全副总监贺荣芳赴上海参观世博会并到上海销售分公司调研。

10 月 21—25 日，原中国石油天然气总公司副总经理、中国工程院院士邱中建等赴上海参观世博会并到上海销售分公司指导工作。

10 月 23 日，中国石油天然气股份有限公司副总裁孙龙德等赴上海参观世博会并到上海销售分公司调研。

10 月 27 日，联合参展领导小组办公室在北京召开会议，讨论并原则通过联合参展项目部《石油馆撤展相关工作安排方案》，讨论《关于中国石油、中国石化、中国海油联合参展 2010 年上海世博会总结表彰方案的建议报告》，听取联合参展项目部《关于世博会后石油馆处置方式的汇报》，就石油馆后续工作进行讨论。李润生，中国石油办公厅副主任王志刚等及中国石化、中国海油等相关人员参加会议。

10 月 27 日，中国石油副总经理、党组成员喻宝才到上海销售分公司调研并赴杨思、振兴加油站了解经营状况及员工工作生活情况。

10 月 27—28 日，中国石油天然气股份有限公司财务总监周明春赴上海参观世博会并到上海销售分公司调研。

10 月 30 日，中共中央政治局委员、国务委员刘延东到石油馆参观指导。

是日，王宜林，中国石油副总经理、党组成员曾玉康等赴上海参加上海世博会闭幕式。期间，曾玉康赴上海销售分公司调研。

10月31日，中共中央政治局委员、国务院副总理、上海世博会组委会主任委员王岐山到石油馆参观指导。

是日，中共中央政治局委员、中央政法委副书记王乐泉到石油馆参观指导。

是日，上海世博会石油馆举行闭馆仪式，李润生致闭馆辞，王宜林宣布闭馆。三大公司负责人共同启动石油馆熄灯仪式。同时，石油馆获得“大世界基尼斯之最”认证机构颁发的两份“中国之最”认证证书。

11月5日，三大公司、联合参展项目部召开石油馆总结表彰暨人员交接会议。表彰共产党员示范岗、世博之星、石油馆卫士、售卖明星及优秀员工并将三大公司派出的礼仪、安保人员及工作鉴定移交派出单位。

11月10日，上海市政府向中国石油发来感谢信。

是日，上海销售分公司召开保障服务世博总结表彰大会，表彰为保障服务世博做出突出贡献的33个集体和168名个人。上海市经济和信息化委员会副主任周敏浩、王志刚、思想政治工作部副主任雷平、销售公司副总经理上官建新等出席会议。

11月10日，中国石油向上海代表处发贺信。

12月1日，三大公司联合参展上海世博会总结表彰大会在北京召开。授予大庆油田公司特别荣誉奖，授予联合参展项目部和中国石油办公厅、中国石化办公厅、中国海油办公厅集体特殊贡献奖，授予中国石油维稳信访工作办公室、中国石化出版社和中国海油科技发展部等23个集体杰出贡献奖，授予李润生、魏君超、李新建等10名同志特殊贡献奖，授予葛庶、吴则光、王伟元等36名同志杰出贡献奖，授予施伟、张家健、陆晓峰等68名同志突出贡献奖。

12 月27 日，中国2010年上海世博会总结表彰大会召开。石油馆项目部被授予先进集体，刘俊杰被授予先进个人。

12月，上海销售分公司总经理佟福财荣获上海世博会事务协调局授予的“中国2010年上海世博会赞助企业杰出个人”荣誉称号。

12月，上海世博会事务协调局物流中心因将加油站橇装设备引入世博园区，特向上海销售分公司赠送荣誉纪念牌和感谢信。

2011年

1月，上海销售分公司党委被中共中央组织部（以下简称中组部）、中央创先争优活动领导小组命名为“上海世博会创先争优先进基层党组织”。

2月25日，国资委举行2010年上海世博会总结表彰大会。中国石油、中国石化、中国海油获得“中央企业参与2010年上海世博会突出贡献奖”，三大公司7个单位、31名个人受到表彰，大庆油田公司党委副书记、纪委书记、工会主席王昆代表先进集体，做题为《不辱使命、不负重托，用大庆精神演绎石油梦想》的发言。

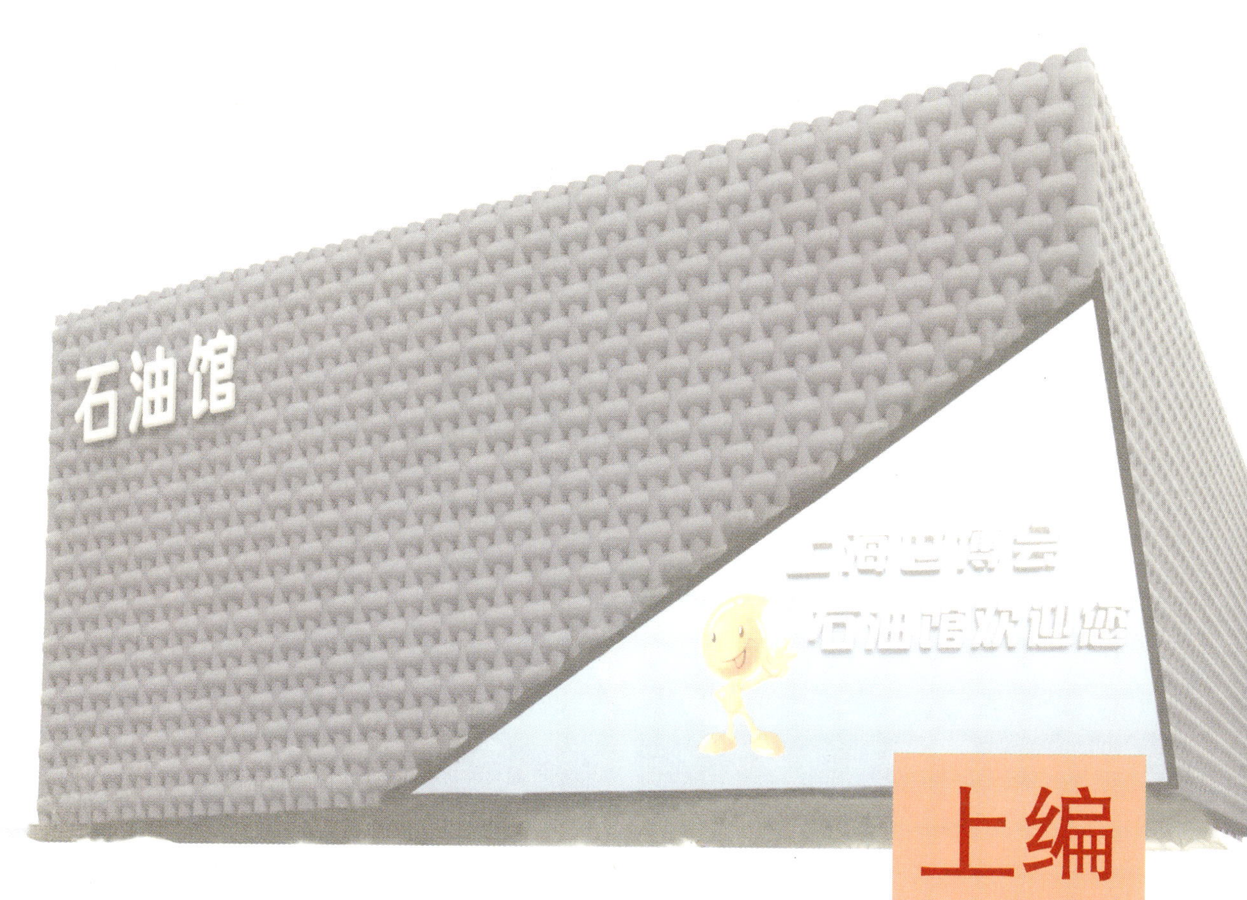

上编

上海世博会联合参展

第一篇　联合参展组织设计建设

2002年12月3日，中国上海市获得2010年注册类世博会的主办权。国资委组织全国12家中央企业以行业联合或独自建馆的方式建设6个企业馆参展上海世博会。

国资委作出“由中国石油牵头与中国石化、中国海油（以下简称三大公司）协商联合参展上海世博会”的工作部署，中国石油迅速成立联合参展领导小组并下设办公室。三大公司达成联合参展意向并以书面确认，并提出联合参展本着“一个整体、一个形象、一个精品”的原则。三大公司与上海世博局签署《中国2010年上海世博会参展合同》，全面启动联合参展工作。

中国石油作为国有重要骨干企业，主动服务国家大局，承担社会责任，全力支持上海世博会的举办。2008年8月5日，中国石油与上海世博局签署《中国2010年上海世博会石油天然气全球合作伙伴合作协议》。

联合参展领导小组及办公室统一部署，联合参展项目部全力展开上海世博会参展设计方案制订、评审等工作，并提出“世博会比的是思想，拼的是创意”的设计理念，与国际化创作团队攻克学术、艺术、技术等难关，积极征求各方面意见，通过召开专家座谈会、组织创作团队深入油田进行座谈、研讨、学习、参观、考察等方法，激发设计团队的创作灵感，派专人进驻创作单位，组织指导并直接参与创作，完善创意设计。

在石油馆设计进入策展方案和电影剧本深化关键阶段，中国石油副总经理、党组成员、联合参展领导小组组长王宜林，中国石油总经理助理、办公厅主任、联合参展领导小组办公室主任李润生先后10次听取主展影片、预展、尾展展示方案汇报。联合参展领导小组办公室、联合参展项目部提出，“石油馆设计主题要符合上海世博会的主题，结合石化能源行业特色、现状及未来，抓住‘人—自然—城市’的主题要素，多角度演绎和诠释‘城市，让生活更美好’的命题。同时，体现石油石化人对‘美好城市，美好生活’的重要作用、巨大贡献和深刻理解，石油石化行业为创造城市美好生活而进行的创新、实践及不懈追求”等设计要求。

联合参展领导小组办公室、联合参展项目部在选拔设计团队、方案评审的基础上，进入石油馆设计实施阶段。对石油馆外观使用板材进行调研，选择聚碳酸酯（PC）板外表皮与夜景灯光配合，形成造型新颖独特的石油馆外观建筑。同时，完成石油馆 4D 影片剧本大纲，组建拍摄队伍，调集设备，分赴三大公司生产现场进行看景考察，三大公司从各油田调集展品，充实展馆内容。石油馆展陈设计突出“石油，延伸城市梦想”的主题，把“追求视觉冲击，成功吸引参观者”作为最直接的展陈方式，以预展、主展、尾展方案开展设计，统筹展示内容、表现形式、空间设计、整体效果。

2009 年 7 月 11 日 11 时 58 分，石油馆在浦西园区企业馆中率先封顶，并获上海市建设工程金属结构“金钢奖”、“世博文明工地”等荣誉称号。石油馆如期落成，又称“油立方”，外表呈纵横交错的“石油管道”淡蓝色建筑；夜幕降临，近 4000 平方米石油馆建筑外表，变成一个巨形 LED 屏幕，显示多种色彩。

第一章　联合参展组织机构

第一节　联合参展工作领导小组及办公室

一、联合参展领导小组

2007 年 10 月 25 日，国资委召开 20 家中央企业主要领导参加的上海世博会参展工作动员会。国资委副主任、上海世博会参展协调小组组长黄淑和提出，有条件的中央企业要积极参展，把展览做成精品，体现中央企业的形象和水平，并成立由总经理或副总经理担任组长的参展工作领导小组，指定部门与国资委对口衔接，落实上海世博会参展工作。王宜林及办公厅等部门负责同志参加会议。会后，中国石油办公厅公共关系处立即起草《关于成立集团公司 2010 年上海世博会专项工作领导小组的建议》，提出建立上海世博会参展组织机构及设立办公室等组织工作设想，为联合参展奠定组织基础。

2008 年 1 月 9 日，三大公司代表在北京联合召开上海世博会联合参展工作协调会议。会议认为，“举办 2010 年上海世博会是中共中央、国务院的重大决策，是全中国人民的大事，意义重大，影响深远。中央企业参展是国务院交给国资委的重要任务。作为国有重要骨干企业，必须发挥‘国家队’的重要作用，毫不含糊地完成国资委交给的参展任务，并力争把石油展馆办出亮点、做成精品。”三大公司代表深入沟通、磋商，达成联合参展上海世博会意向并以书面形式予以确认。李润生及中国石化办公厅副主任李铁军，中国海油办公厅主任魏君超等三大公司代表出席会议。

2008 年 1 月 9 日，三大公司在北京召开上海世博会联合参展工作协调会议
（联合参展领导小组办公室　提供）

上海世博会联合参展工作协调会议研究决定成立上海世博会联合参展工作领导小组（以下简称联合参展领导小组）。联合参展领导小组组长由王宜林担任，副组长由中国石油化工股份有限公司高级副总裁、中国石化党组成员章建华和中国海油总经理助理、中国海洋石油有限公司执行副总裁袁光宇担任。

会议研究确定，三大公司联合参展要提升中央企业的整体形象，向全世界展示中国中央企业的风采，不搞分馆，也不分区，充分体现中国石油石化行业的整体性。会议研究决定，中国石油作为上海世博会全球合作伙伴，参展将不收取参展许可费，联合参展费用由三大公司平均承担。联合参展领导小组的工作启动后，设立专用账号，做到专款专用。

联合参展领导小组成员名单

表 1–1

小组职务	姓　名	职　　务
组　长	王宜林	中国石油副总经理、党组成员
副组长	章建华	中国石化党组成员、中国石油化工股份有限公司高级副总裁
副组长	袁光宇	中国海油总经理助理、中国海洋石油有限公司执行副总裁
成　员	李润生	中国石油总经理助理、办公厅主任
成　员	李新建	中国石化办公厅副主任
成　员	魏君超	中国海油办公厅主任
成　员	王志刚	中国石油办公厅副主任
成　员	王广昀	上海世博会联合参展项目部经理、大庆油田公司常务副总经理
成　员	王　昆	上海世博会联合参展项目部经理、大庆油田公司党委副书记

二、联合参展领导小组办公室

联合参展工作协调会议决定，成立联合参展领导小组办公室，负责联合参展的日常工作，重大事项由联合参展领导小组研究决定，联合参展领导小组办公室主任由李润生担任，副主任由李铁军、魏君超担任。三大公司各指派 1 至 2 名同志为联合参展领导小组办公室成员，共同做好联合参展的协调、组织工作。联合参展领导小组办公室下设综合组、运行组、接待组和宣传组，具体负责各方面工作。

2010 年 4 月，联合参展工作进入实施阶段，根据联合参展安保工作的需要，联合参展领导小组办公室新增设安保组，具体负责石油馆安保工作的协调与管理工作。

第二节　联合参展项目部

一、联合参展项目部组织机构

联合参展工作协调会议决定，落实国资委及联合参展工作部署，尽快推动联合参展工作进行，组建上海世博会联合参展项目部（以下简称联合参展项目部）。联合参展项目部负责人由中国石油负责选定，三大公司抽调人员，组建专职团队。

2008年3月25日，中国石油按照上海世博会联合参展工作协调会议“关于中国石油考虑委托大庆油田有限责任公司抽调专业人才组建项目部承担项目建设”的精神，下发《关于委托大庆油田组建上海世博会联合参展项目部的函》，提出为发挥大庆油田公司在展馆设计、建设、运营等方面的优势，保证上海世博会联合参展工作的高效运行和顺利完成，决定组建联合参展项目部，承担项目的工程设计、概算编制、工程建设、展示安排和运营服务等工作的组织实施。由大庆油田公司一名领导班子成员担任联合参展项目部负责人，并从企业内部选派工程设计和建设、概算编制、展示运营等相关专业人员组建联合参展项目部，并于4月15日前将联合参展项目部组建方案报中国石油。

大庆油田公司于2008年4月14日上报《关于组建上海世博会参展项目部的建议方案》，就组织框架、各部门主要职责、人员构成等问题进行说明。

2008年4月17日，联合参展领导小组办公室在北京召开联合参展项目部组建工作协调会。李润生、李新建、王广昀等参加会议。会议听取大庆油田公司关于组建联合参展项目部的有关工作方案，参会人员就联合参展项目部组建方案进行讨论。

会议讨论并同意大庆油田公司提出的《上海世博会联合参展项目部组建方案》。会议决定，联合参展项目部经理由王广昀担任，常务副经理由大庆油田公司计划规划部副主任刘俊杰担任。联合参展项目部内设机构和人员按照“精干、高效”的原则，根据项目及进展需要由联合参展项目部自行确定。

联合参展项目部组建工作协调会明确，联合参展项目部是参展主题演绎及展馆概念设计、工程设计、建设、布展、运营工作的组织者、建设者和管理者，全面承担联合参展的前期建设和运营等工作，在联合参展工作中发挥主导作用。具体负责联合参展主题演绎和展馆概念设计的定向征集工作；项目设计招投标管理、组织设计审查及施工过程中的设计管理工作；项目施工招投标管理，组织现场施工及后期撤馆、记录等工作，工程物资采购招投标管理；项目投资控制管理，项目建设和运营财务和资产管理，项目合同管理、文书和档案管理；展馆的布展和运营管理。涉及联合参展项目部的成立及资金预算、主题确定、展馆建设和布展方案、运营组织方案等重大事项要报请联合参展工作领导小组批准。

联合参展工作协调会议确定，联合参展工作分4个阶段开展：确定展馆设计和主题演绎方案阶段，工程设计招标阶段、展馆建设布置阶段、展馆试运营和运营阶段。会议提出，上海世博会联合参展工作要按各阶段进度和具体要求，合理安排人力、物力、财力，保证联合参展工作稳步开展。

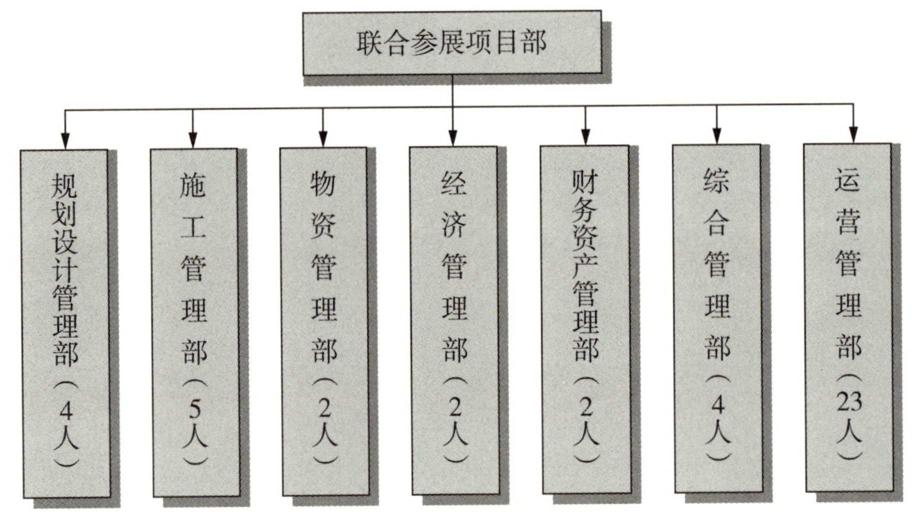

联合参展项目部组织机构图

会议还提出，联合参展项目部要在 2008 年 6 月 30 日前完成主题演绎和展馆概念设计定向征集工作。

为便于联合参展工作的组织、项目管理和审计，会议原则同意联合参展项目部在上海注册为独立法人开展工作。联合参展领导小组办公室会同财务资产和法律部门抓紧开展筹备工作，方案报请联合参展领导小组审定后实施。

二、组建联合参展项目部

根据三大公司联合参加上海世博会工作协调会的要求，大庆油田公司立即组建联合参展项目部。2008 年 5 月 11 日，联合参展项目部在北京召开第一次会议。联合参展项目部最初的 8 名成员分别来自大庆油田公司机关、设计院和所属二级单位，在岗时从事的工作基本与世博会、展览“不沾边”。

在第一次会议上，联合参展项目部成员统一思想，认识到“上海世博会是 150 多年来第一次在发展中国家举办的注册类世博会。世博会对全中国人来说都是陌生的，作为直接参与者要发扬大庆精神铁人精神，正确认识面对的困难，勇敢迎接挑战”。会上，联合参展项目部根据承担的任务进行分工，提出集中学习世博会沿革、世博展览等专业知识的要求。

2008 年 5 月 14 日，联合参展项目部人员与上海世博会事务协调局进行沟通。双方就参展使用土地、申请表、参展合同、联合建馆成立公司的运作方式等问题进行深入探讨，了解上海世博会建馆进展情况，吸取其他企业馆的经验教训，制订项目工作计划方案。

2008 年 5 月 16 日，联合参展项目部在缺乏前期启动经费的情况下，借用大庆油田公司原银浪新城项目部 1 台摄像机、2 台数码照相机、3 台台式计算机、2 台打印机和 2 台手提式计算机等设备，并迅速由大庆油田公司邮寄到北京，使联合参展项目部基本具备临时办公条件。同时，联合参展项目部借阅有关世博会、法律法规、公司管理、税务管理等方面的书籍和资料，开始前期参展准备工作。

联合参展项目部迅速在上海世博园区附近租赁友谊时代大厦和上海鼎园公寓，解决办公及人员居住场所等问题，并建立职工食堂，聘请东北厨师做饭。

2008 年 8 月 24 日，联合参展项目部在上海召开工作会，成员由 8 人增至 17 人，平均年龄 28 岁。联合参展项目部提出，距上海世博会开幕还有不到两年的时间，加快展陈方案设计和建筑设计工作要求。

第二章　签约上海世博会

第一节　签署参展合同

一、召开联合参展协调会议

2008 年 2 月 26—27 日，联合参展领导小组办公室在上海召开第二次联合参展工作协调会议。组织参会代表参观上海世博局展示厅，考察世博园区，听取上海世博局有关领导和专家介绍，重点了解 2005 年日本爱知世博会企业参展展馆建设和展示情况。三大公司参会人员就参展主题演绎、展示内容和方式、展馆选址和建设布局、联合参展的工作组织等展开讨论。李润生等参加会议。

第二次联合参展工作协调会议确立“联合参展要充分展示中国石油工业的成果及对社会发展贡献，表现中国石油石化人的理念和智慧，表现中国石油石化人对人类社会发展和城市生活的深刻理解，提升中国石油石化企业的国际形象，把联合展馆办成主题深邃、表现强烈、特色鲜明的展馆之一”的联合参展基本思路和工作目标。

第二次联合参展工作协调会议确定“展馆要以石油、人、城市为基本要素，充分演绎‘城市，让生活更美好’上海世博会主题”的展馆概念设计。三大公司同意由联合参展领导小组办公室负责，在2008年5月31日前采取公开或定向方式开展创意征集工作。

联合参展领导小组办公室提出，根据上海世博局对企业馆的面积规划和联合办展需要，展馆占地面积拟选择规划上限3500平方米，建筑面积不低于6000平方米。

会议还研究了联合参展领导小组办公室职责、人员配备及联合参展项目部组建等工作。同时，统一联合参展思想认识、梳理办展思路、探讨主题演绎、交换办展意见，为正式签约和参展项目启动奠定基础。

二、上海世博会发出联合参展邀请函

2008年3月12日，上海世博会事务协调局发出《关于邀请中国石油、中国石化、中国海油联合参展上海世博会的函》指出，“上海世博会事务协调局向你们致意并荣幸地邀请你们参加中国上海举办的2010年世界博览会，组成联合体建能源馆。”13日，三大公司联合致函上海世博会事务协调局，正式宣布参展2010年上海世博会并联合建馆。根据上海世博会事务协调局的邀请函，中国石油办公厅公共关系处迅速起草《中国石油、中国石化、中国海油上海世博会联合参展意向确认函》，并立即征得中国石化、中国海油认可，三大公司盖章，将《中国石油、中国石化、中国海油上海世博会联合参展意向确认函》发往上海世博会事务协调局。

三、参展合同签署

2008年7月24日，三大公司在北京与上海世博会事务协调局签署《中国2010年上海世博会参展合同》，内容包括总则、展馆位置与建设、参展费、展示与活动、展馆运营、信息沟通、知识产权、纪念品零售、参展者权益、纠纷解决、合同生效等。合同在展馆位置与建设中明确提出，“组织者为参展者免费提供4000

平方米的场地，用于建设企业展馆，建设费用由参展者自行承担”。

中国 2010 年上海世博会
参展合同

中国石油天然气集团公司
中国石油化工集团公司
中国海洋石油总公司

EXPO
2010
SHANGHAI CHINA
城市，让生活更美好

中国　北京
二〇〇八年七月二十四日

2008 年 7 月 24 日，三大公司共同签署
《中国 2010 年上海世博会参展合同》
（联合参展领导小组办公室　提供）

第二节　签约上海世博会全球合作伙伴

2008 年 8 月 5 日，在上海汉华国际饭店举行中国石油与上海世博局全球合作伙伴签约仪式。王宜林、李润生及中国石油上海代表处领导等参加。上海世博会执委会常务副主任、上海市委常委、常务副市长杨雄，上海市政府副秘书长、上海世博局局长洪浩，上海世博会执委会专职副主任、上海世博局党委书记钟燕群及上海世博局有关领导出席会议。会议由王广昀主持。王宜林与洪浩先后致辞。

王宜林在致辞中指出，中国石油是国有重要骨干企业，是中国境内最大的原油、天然气生产、供应商，主要业务包括石油天然气勘探开发、炼油化工、管道运输、市场销售、工程技术服务、石油物资装备制造和供应。举办上海世博会是中共中央、国务院的重大决策。中国石油成为上海世博会全球合作伙伴，是积极主动服

务国家大局、承担社会责任的又一重要举措，彰显了中国石油“奉献能源、创造和谐”的企业宗旨和助力打造“和谐世博”的美好愿望。中国石油大力弘扬“爱国、创业、求实、奉献”的企业精神，加大在上海的投资力度，进一步完善销售网络、天然气管道及物流设施建设，不断满足上海发展对油气产品增长需求，并承诺高标准、高质量地满足上海世博会对油气产品供应和服务的要求，全力支持上海世博会的成功举办，支持上海经济社会发展。

在签约仪式上，王宜林、洪浩代表双方签署《中国2010年上海世博会石油天然气全球合作伙伴合作协议》。

第三章　联合参展设计

第一节　设计调研

2008年4月17日，联合参展领导小组办公室召开第三次联合参展工作会议，讨论通过大庆油田公司提出的联合参展项目部组建方案，明确联合参展项目部的职责，并对项目的进度、方案征集、项目公司、资金到位、内部审计等工作提出指导性意见。5月11日，联合参展项目部工作人员进驻北京，项目前期各项调研及准备工作全面展开。

中国石油天然气集团公司

厅函〔2008〕18号

关于委托大庆油田
组建上海世博会参展项目部的函

大庆油田有限责任公司（大庆石油管理局）：

2010年上海世博会是第一次在发展中国家举办的综合类世界博览会，举办世博会是党中央、国务院的重大决策，中央企业参展是国务院交给国资委的重要任务。按照国资委要求，中国石油天然气集团公司将牵头组织国内石油石化行业参展上海世博会。

本次参展将本着“一个整体、一个形象、一个精品”的原则建馆。通过参展，充分展示中国石油工业的成果及对社会发展的贡献，围绕上海世博会“城市，让生活更美好”的主题，表现石油石化人对石油与人类社会发展和城市生活的深刻理解，提升形象，振奋精神。展馆拟占地3500m^2，建筑面积6000m^2左右，总投

中国石油天然气集团公司关于委托大庆油田组建上海世博会参展项目部的函
（联合参展领导小组办公室　提供）

一、调研考察

联合参展展馆设计建设时间紧迫、内容繁杂，联合参展项目部组织开展调研工作，了解掌握周边企业馆的策划设计、展馆建设等情况，总结、汲取经验教训。联合参展领导小组办公室与联合参展项目部通过参加会议、座谈、咨询等方式，与国资委、上海世博会事务协调局及国家电网馆、航空馆、航天馆、电信馆、铁路馆、

2008 年 4 月 17 日，联合参展领导小组办公室召开第三次工作会议，研究联合参展项目部组建方案等工作

（联合参展项目部　提供）

上汽通用馆、上海企业联合馆等项目部进行沟通探讨，广泛搜集周边各企业馆有关信息、了解项目运行等情况，重点掌握各展馆在策划方案征集方式、征集内容、应征团队、征集效果等方面情况。

2008 年 5 月 15 日和 26 日，联合参展项目部分别考察北京华毅东方展览公司和北京中展国际展览工程有限公司，在考察的同时了解到国家电网公司和铁道部在方案征集中的做法。17 日，联合参展项目部 3 人飞赴上海，分别对日本博报堂株式会社（上海广告有限公司）、日本 ADK 集团（上海旭通广告有限公司）、上海笔克展览服务有限公司及上海现代国际展览有限公司的广告设计团队进行为期 3 天的实地考察。各公司分别利用多媒体演示、图片、画册等形式，对公司性质、企业概况、发展历程、业绩成果、合作伙伴及世博会参展经历等进行介绍。考察中，联合参展项目部具体了解了项目承包方式、方案征集内容、征集方式、征集范围、方案补偿及咨询服务内容、方式、费用等情况。同时，联合参展项目部专程赴上海同济大学设计院，与上海世博园区总体规划建筑师进行沟通，探讨上海世博会场馆建筑设计方案的有关问题。联合参展项目部在调研的基础上，明确“以定向征集的方式邀请有实力的、有世博会办展经验的团队，参加策划方案征集竞赛”的工作模式。

二、选定征集团队

联合参展项目部在工作方向明确后，参考上海世博会事务协调局提供的供应商名录初选出 15 家满足要求的策划设计团队，深入北京、上海实地考察，摸清 15 家团队情况，综合考虑团队组成、人员构成、世博经历及业绩、实施能力等整体实力，确定由日本、新加坡、加拿大、意大利、以色列、法国、德国等国外策划公司为创作主体的 10 家联合团队为定向征集邀请单位。

表 1–2　初步确定的 10 家定向征集邀请单位一览表

单位名称	单位所属国
株式会社电通	日本
上海旭通	日本
上海广告	日本
上海笔克	新加坡
北京洛德	加拿大
上海现代国展	意大利
北京中展国际	以色列、意大利
复旦上科	德国
上海励展	法国
上海多元环境	西班牙

第二节　注册展览展示公司

一、展览展示公司注册筹备

联合参展项目部按照联合参展领导小组 2008 年 4 月 17 日第三次联席会议安排，与上海世博会事务协调局推荐的知名律师事务所沟通，结合三大公司联合参展的实际情况，咨询有关注册世博会项目公司的法律法规、税务上交、营运收入等方面问题。同时，与相关企业馆筹建机构联系，借鉴项目公司注册、运营模式。联合参展项目部咨询上海金茂凯德律师事务所项目设立方案，并结合律师事务所提出的方案，分析利弊，起草项目公司注册方案，对公司性质及经营范围、相关事宜、公司运作等问题作出说明。

联合参展项目部主动联络有关部门，推进项目公司筹建工作。主动与注册地法律、工商、税务等有关机构进行联络沟通，还就涉及的财务、法律等问题进行咨询。大庆油田公司财务资产部、企业管理法规部等相关部门提出项目公司设立建议方案。2008 年 6 月 16 日，联合参展项目部向联合参展领导小组办公室提交关于成立项目公司的方案。7 月 3 日，经联合参展领导小组批复同意，进入公司选址、注册阶段。

根据前期考察结果，按照联合参展领导小组批复要求，联合参展项目部联系公司注册中介机构，明确公司性质、经营范围、名称核准、工商注册、税务登记等具体事宜。联合参展项目部派专人与大庆油田公司财务资产部、企业管理法规等相关部门取得联系，就项目公司作为大庆石油管理局全资子公司注册相关事宜进行沟通。

二、完成展览展示公司注册

2008 年 9 月 9 日，受三大公司委托大庆油田公司注册成立的参展项目公司作为甲方代表和执行机构的石博公司注册完成。其中，完成名称查询、验资、申领营业执照、刻制印章、租赁办公场地核查、申办组织机构代码证、税务登记证、办理银行开户手续等注册事项。

石博公司注册成立后，建立适合三大公司联合投资建馆的机制，保证资金合法、合规、科学、高效使用，联合参展项目部与专业展览公司、会计师事务所、税务管理部门进行咨询沟通，建章立制，编制综合、设计、物资、财务、施工、工程造价、招投标、合同、档案 9 个方面的制度。同时，联合参展项目部提出，确定资金到位方式，建议资金全额一次到位，提高资金利用效率。确定派驻审计人员，建议提前安排审计人员，为即将开始的审计工作做准备。保证联合参展项目部人员补贴标准，按照大庆油田公司补助标准执行。

2008 年 10 月 27—28 日，联合参展领导小组办公室组织三大公司召开项目公司管理制度及办法修订会。会上，对联合参展项目部各项制度进行审议并原则通过。根据三大公司联合投资建馆的实际情况和石博公司的特殊性，为便于石博公司管理规范、有序，联合参展领导小组办公室补充石博公司与三大公司签订展览展示服务合同、建立工作协调会议和工作汇报制度、确定审计机构、项目资料存档、建立日常工作联络制度、项目公司资产残价等事项，使参展筹建工作逐步走上制度化、规范化轨道。

第三节　设计方案制订与征集

联合参展领导小组在前期筹备的基础上，迅速组织开展设计方案的制订、征集和评审工作，使联合参展工作深入开展。2008年7月16日，联合参展领导小组办公室与联合参展项目部根据前期调研的情况，向联合参展领导小组上报《上海世博会联合展馆策划方案征集、评审及有关问题的工作报告》，提出为实现“把联合展馆办成主题深邃、表现强烈、特色鲜明最具人气的展馆之一”的目标，贯彻“一个整体、一个形象、一个精品”的办展原则，落实联合参展工作协调会的工作安排，保证联合参展工作严格按“展馆设计和主题演绎方案”、“工程设计招标”、“展馆建设布置”、“试运营和运营”4个阶段稳步开展，联合参展领导小组办公室发挥督导、服务、协调、联络等方面的职能优势，组织和协助联合参展项目部具体落实项目前期准备、项目公司筹建、展馆设计和主题演绎方案的征集、评审等各项工作，各项参展工作进展顺利。

一、设计方案制订

设计指导思想　联合参展领导小组办公室与联合参展项目部在前期调研的基础上，根据三大公司是中国石油石化行业三大骨干企业，所提供的石油和天然气、石油化产品、其他综合性服务等是国民经济发展的命脉和重要组成部分，渗透到人民生活的各个方面；三大公司进入《财富》杂志2007年全球500强企业行列；中国石油成为2010年上海世博会全球合作伙伴等情况，提出以上海世界博览会城市及生活为主题，关注城市发展问题，探索环境与发展相协调、人与自然和谐共生的未来城市发展模式；从文化、经济、科技、社区和城乡关系5个方面探讨城市、人、地球的发展规律及相互关系问题；实现城市、城市人和城市星球的良性互动，使之成为充满活力的统一体，最终实现“更美好的城市，更美好的生活（Better city，Better life）”为设计方案的指导思想，全面展示中国石油石化工业文明成果及其对社会发展的贡献，表现中国石油石化人的理念和智慧，凸显中国石油石化人对石油与城市美好生活关系的深刻理解，提升中国石油石化企业的国际形象。

设计要求　联合参展领导小组研究确定联合参展工作进度，展馆建设于2009年3月开始施工，2010年3月试运营，5月1日正式开馆。提出石油馆设计要充分演绎“石油，延伸城市梦想”的展示主题，创造性地设计和编排展示内容，合理安排展示路径，巧妙运用先进展示技术，突出故事性、趣味性，在跌宕起伏的故事中营造奇幻震撼的体验效果，让参观者在震撼和惊叹中，认识石油的生成、石油文明给人类进步、城市发展、生活美好做出的重要贡献。同时，让参观者了解石油石化行业文化内涵、社会责任、巨大贡献和未来发展。联合参展领导小组要求设计要突出石油的设计亮点，建筑造型简洁、大气、稳重、极富时代感和行业特色。

二、设计方案征集

联合参展项目部在与上海世博会事务协调局沟通，对国内外一些知名展示策划公司调研的同时，结合三大公司联合参展的实际，确定采用定向征集的方法，进行展馆设计方案征集工作，并得到联合参展领导小组及办公室认可。

设计方案征集内容 联合参展项目部提出的征集内容包括展馆名称、参展主题、展示策划、建筑概念设计、项目全过程投资初步估算及构成表等。

展馆名称：征集内容提出展馆名称（汉字 5 个字以内，含 5 个字），并要求对展馆名称内涵及所传达的理念进行必要解释。

参展主题：征集内容提出展馆的参展主题包括主题词（汉字 15 个字以内，含 15 个字）、主题的演绎过程、对主题内涵必要的解释及主题所传达理念的表述并编写主题陈述。

展示策划：征集内容提出展馆的展示策划要根据主题陈述，编写展示策划内容脚本，提出展示概念框架、内容框架，对展品、展示环境及效果、参观方式等进行策划和设计，策划重点是用什么内容表达主题，用什么手段表现内容。建筑概念设计提供效果图及相应图纸，项目全过程投资初步估算及构成表，构成表中包括但不限于策划费、场馆建设费、展示设备费、展示内容制作费、展示工程制作和安装费、运营费、宣传费及其他费用等方面内容。

深化设计：策划方案中选，设计单位继续深化完成包含以下内容且达到征集单位要求深度的策划和设计的商务报价（以下内容列表分项报价），完成深化馆名、主题、设计方案陈述、完成展示内容剧本的编写，完成展示工程的初步设计和施工图设计，完成展馆建筑概念设计，完成场馆运营管理的最终实施策划案，完成宣传推广的最终实施策划案，完成安全保卫最终实施策划案和突发事件应急预案，完成场馆拆迁离场最终实施策划案。

设计方案征集要求 联合参展项目部对联合参展展馆主题、展示设计方案提出具体要求。

展馆主题。联合参展展馆主题要符合2010年上海世博会主题，结合石油石化行业特色、现状及未来，抓住“人—自然—城市”等主题要素，多角度演绎和诠释“城市，让生活更美好”的命题。主题创意要极具思想性和艺术魅力，体现石油石化行业精神。设计方案可具自然、中性色彩。主题要求在汉字字符15字以内（中英文对照），文字简洁明确，主题说明在2000～5000字，附图片、音乐、视频等形式附件。

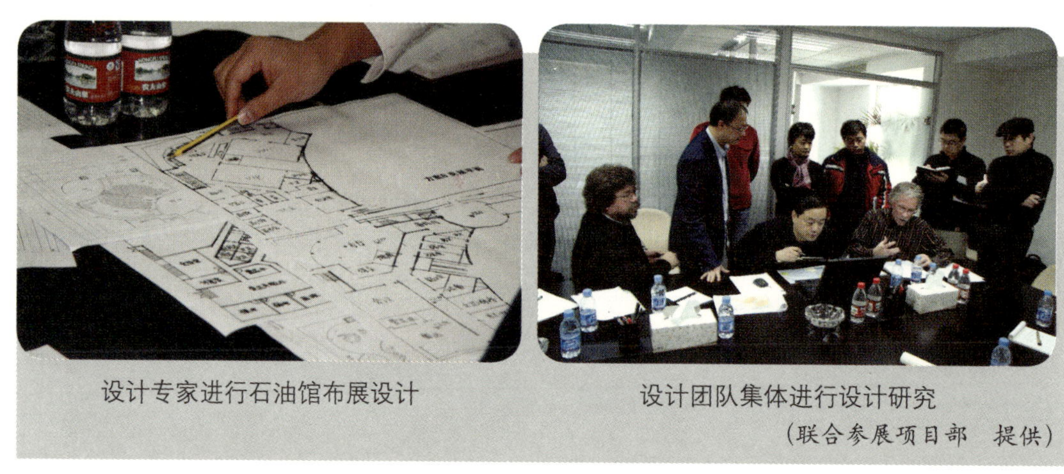

设计专家进行石油馆布展设计　　设计团队集体进行设计研究

（联合参展项目部　提供）

演绎创意。方案主题演绎创意方案通过有效的展示方法表达深厚理念，而非简单的企业宣传。可通过科幻、模拟等多种形式，重点体现特色、科技、受众。要贴切阐述主题，清晰传达主题信息，处理好技术手段与内涵理念、抽象信息与具象展示、展出者意图与受众心理等因素的关系，以创意进行整合，使展示内容—主题关联性—所传达信息—展示目的间紧密有机结合，营造出极具强烈视觉冲击力和心灵震撼力的展出效果。要迎合受众心理，强化各种感觉手段，聚合主题演绎形神元素，运用高科技手法刺激观众的感官，创造出与众不同的展示内容和展示效果，通过亲身体验，给观众留下强烈的印象，并对展示主题有所感悟。主题演绎创意方案要展示空间布局合理，扩展演绎物理心理空间，准确把握展线和展览节奏，提升参观者对主题的体验。

石油馆展示内容应符合国际展览局的规则和世界博览会宗旨，即体现理解、沟通、融合、交流精神，内容和基调不伤害其他参展者及世界各地参观者。展示策划及建筑创意应切实可行，具备可实施性；场馆运营、宣传、安保、拆迁离场等初步计划案应具备可操作性。投资估算要合理，项目全过程投资估算应分项提交，简要说明各项资金分配情况及理由。

同时，联合参展项目部还就应征方案提交提出具体要求，并附有《原创承诺书》。

设计方案征集实施　联合参展领导小组办公室和联合参展项目部全面展开展馆设计工作的征集、实施工作，并提出“上海世博会比的是思想，拼的是创意”的征集理念，带领国际化创作团队，攻克学术、艺术、技术等难关，在不断否定自我中突破，在不懈追求完美中探索。

在展陈方案基本形成后，积极征求各方面意见，反复修改打磨。召开专家座谈会、组织创作团队深入各油田进行座谈、研讨、学习、参观、考察，激发创作和设计灵感。同时，派专人进驻创作单位，组织指导并直接参与到创作中去，深化完善创意设计。进入参展方案和电影剧本深化阶段，王宜林和李润生先后10次听取主展影片、预展和尾展展示方案汇报，最终形成石油馆预展、尾展展示方案和主展影片剧本。联合参展领导小组办公室与联合参展项目部积极组织人员，深入理解联合参展领导小组意图，对设计理念、设计亮点进行挖掘，制订出“突出中国石油石化行业特点，传达石油石化行业精神、文化内涵、社会责任、未来发展及对世博的理解”和对“城市让生活更美好”的设计方案，展示“追求思想性、故事性、趣味性和震撼力于一体”的设计理念。

联合参展领导小组办公室和联合参展项目部发挥各自优势，保证各项参展工作

联合参展领导小组办公室和联合参展项目部组织专家研究展馆征集方案

（联合参展项目部　提供）

进展顺利。联合参展领导小组办公室主动督导、协调、联络，全力为联合参展项目部协调各方面关系，保障参展评审工作正常运作；联合参展项目部发挥组织者、建设者和管理者的主导作用，完成设计方案征集工作。

2008 年 6 月 5 日，联合参展项目部本着策划方案征集评审“谨慎、周密，公平、公正”的原则，以定向招标方式，向选定的 10 个联合设计团队发出联合展馆策划方案征集邀请函，方案征集工作正式启动。5 日上午，联合参展项目部收到通过三大公司合签审批的方案征集邀请函等文件后，于 5 日下午以传真和邮寄的方式，向 10 家展示策划公司发送征集邀请函。策划方案确定 7 月 15 日为征集方案提交的截止日期。

2008 年 6 月 6—10 日是端午节假期，也是各应征公司回复应征确认函的时间，联合参展项目部人员放弃休息，确保及时收到应征公司提交的应征确认函。截至 6 月 10 日，共有 9 家展示策划公司提交应征确认函。联合参展项目部对 6 家应征公司提出的 41 个问题，以书面传真形式对问题进行答复。6 月 13 日，联合参展项目部针对涉及方案入围、中选、买断著作权、商务报价、展馆位置、展馆周边环境、展示内容等问题，以书面传真形式向 9 家应征公司发出策划方案征集解释函，明确征集单位要求和目的。

联合参展领导小组办公室和联合参展项目部学习往届世博会比较成功的丰田馆、东芝馆、捷克国家馆等展馆在创意、设计、建设、运营方面的经验；在考察有世博会经历和经验的策划设计团队时，不放过任何有价值的知识和线索，在短时间内掌握了世博会的基本规律，成功编制完成比较系统全面的征集要求，邀请函发出后立即受到上海世博会事务协调局的相关部门和其他业内人士的关注和好评。并应邀在 2008 年 7 月 4 日召开的第三届上海世博会与展览展示国际论坛上作《2010 年上海世博会中国石油馆主题阐述报告》（以下简称《阐述报告》）。《阐述报告》分为主题总述、主题深化两个部分；主题总述部分从宗旨方向、主题定义、主题阐释、主题演绎的主要目标 4 个方面进行了阐述。《阐述报告》以上海世界博览会主题框架为指导，结合石油石化行业的特点、现状及未来，抓住“人—自然—城市”的主题要素，多角度演绎和诠释上海世博会“城市，让生活更美好”这一命题。

2008 年 7 月 15 日，除上海多元环境艺术有限公司未应征外，其他 9 个设计团队共提交 10 个应征方案，并按时送达指定地点登记封存，联合展馆策划方案征集工作顺利结束。

各应征团队馆名、主题及展示方式一览表

表 1–3

序号	公司名称	馆　名	主　　题	展示方式
1	上海广告	多彩发现馆	石油，多彩生活源动力	轨道乘坐式，批处理
2	上海励展	城市加油站	涌动的智慧光芒	真人结合多媒体演出（剧场），批处理
3	北京中展（意大利）	感恩地球	大地赐予的福旨	多媒体展示，流处理
4	上海旭通	能源创造馆	石油，地球的遗产，未来的源泉	环幕剧场，批处理
5	株式会社电通	石油未来馆	石油——地球的恩赐	移动式剧场，批处理
6	上海笔克	石油能源馆	源于自然，成就精彩	多媒体展示，流处理
7	北京中展（以色列）	生命的力量	探索人类美好生活的动力之源	多媒体展示，流处理
8	上海复旦上科	石油未来馆	资源、城市、地球共生的智慧	球幕影院，批处理
9	北京洛德	石油联合馆	和谐石油美好未来	影院，批处理
10	上海现代国展	天蕴地藏	天地人合——石油带来的美好生活	巨型环幕影院，批处理

第四节　设计方案评审

一、组建评审委员会

2008 年 7 月 21 日，联合参展项目部起草设计方案评审建议报告并上报联合参展领导小组办公室。联合参展领导小组办公室对建议报告进行审阅修改，并协调三大公司相关领导、人员参加方案评审会议。25 日，联合参展项目部收到联合参展领导小组办公室方案评审会议通知后，立即向各应征单位发出参会通知。

联合参展领导小组办公室和联合参展项目部以“谨慎工作，周密安排”为工作要求，研究上海世博会事务协调局提供的覆盖 13 个不同领域的世博专家名录中的 80 余名专家的优势，从中优选出主题演绎、展馆展示、建筑设计、宣传推广等方面专家 8 名，经过严格审查、慎重考虑，最终选定其中 4 人为评审专家，与三大公司参加评审的人员共同组成 11 人评审委员会。

评审委员会成员一览表

表 1–4

姓名	单 位 及 职 务
季路德	上海世博会事务协调局主题演绎部部长，主题演绎专家
许永顺	博士，上海世博会事务协调局展馆展示部副部长，展馆展示专家
章　明	博士，同济大学建筑设计研究院原作设计工作室设计总监。2010 年上海世博会世博和谐塔、城市未来馆及世博舟桥等项目主创设计师
周先强	2005 年日本爱知世博会中国馆副馆长，上海世博会事务协调局国际参展部副部长，宣传推广专家
李润生	中国石油总经理助理、办公厅主任，联合参展领导小组办公室主任
李　荡	中国石油办公厅公共关系处处长
章治国	中国石化办公厅信息处处长
吴则光	中国石化出版社业务处处长
张国华	中海石油（中国）有限公司上海分公司总经理
王伟元	中国石油学会海洋石油分会秘书长
王广昀	大庆油田公司常务副总经理、联合参展项目部经理

二、召开评审工作会

联合参展领导小组办公室与联合参展项目组对设计方案征集评审工作，采取“谨慎、周密，公平、公正”的原则，安排筹备设计方案评审实施工作。2008 年 7 月 30—31 日，联合参展领导小组办公室在上海市中海大酒店组织召开上海世博会参展策划方案评审会。

方案评审　方案征集评审会议按既定程序，通过匿名陈述、评委打分、专家提问等环节，对 9 个公司提交的 10 个应征方案进行评审。根据联合参展场馆特点，方案评审采用技术评审为主，并主要参考团队整体实力和业绩进行综合评定。参加评选的方案各具优势，特点鲜明。各团队主创人员按照自身对中国石油石化行业的认识和理解，从不同侧面挖掘素材，结合上海世博会“城市，让生活更美好”的主题，以不同视角进行演绎，通过回顾石油石化工业文明成果、强调石油石化行业对社会的巨大贡献、畅想石油石化行业的未来等渠道，达到展示石油石化行业的效果。但由于各团队对中国石油石化行业精神、理念和文化的理解和认识不够全面和

2008 年 7 月 30 日，三大公司召开上海世博会参展策划方案评审会

（联合参展领导小组办公室　提供）

深刻，加之创作时间有限等因素影响，参评方案在不同程度上都存在共同的缺憾，即把展示技术和手段作为策划重点，而主题创意缺乏新意、深度，存在思想性不足，展示内容缺少故事性、趣味性和震撼性，不能准确地传达石油石化行业的行业精神、文化内涵和社会责任，对石油石化行业的未来可持续发展缺乏冷静思考等方面问题。

评审初选　评审委员会经两天评审，综合参考方案的主题演绎、展示策划、建筑概念设计、工程估算及商务报价等评选情况及方案本身的方向性、可行性、发展空间，创作团队的世博业绩、制作实施能力等综合实力及与联合参展项目部良好的沟通与合作关系等方面，从 10 个应征方案中优选出 3 个入围方案，并确定 4 个策划设计团队进入下一轮方案竞赛。

评审委员会选定的 3 个入围方案是上海笔克展览服务有限公司的“石油能源馆”方案；株式会社电通的“石油未来馆”方案；北京洛德国际文化发展有限公司（以下简称北京洛德）的“石油联合馆”方案。3 个方案各有亮点，上海笔克展览服务有限公司（以下简称上海笔克）的两个建筑概念设计方案比较出色；株式会社电通的方案在展示技术和手段上居领先地位，而且建筑概念创意也有可取之处；北京洛德的方案“油”味浓郁。3 支联合设计团队都有丰富的世博经验、优秀的世博业绩，由强大的国外主创团队提供技术支持，有大型的展示制作公司作为技术支撑。作为国内合作伙伴，能相对独立承担设计、制作任务，3 支联合设计团队是综合实力最强的。但距离三大公司的参展要求还有一定差距。会议研究同意，邀请得分较高、排名第四的上海复旦上科多媒体有限公司（以下简称上海复旦上科），因展示内容创意较好，共同参加下一轮策划方案投标。

三、确定评审结果

2008 年 7 月 31 日，方案评审委员会在方案评审过程中，还就展馆名称、展示主题、建筑概念、设计方案等进行热烈、深入的讨论，经评审委员会酝酿形成一致意见，初步确定一个馆名、一个主题、一个建筑概念设计方案、一种展示空间及展示手法、一个展示脚本的编制主线索，提供联合参展领导小组决策。联合参展领导小组及办公室根据评审委员会意见，通过慎重研究，确定参展主题、展馆功能分区、创意方向等审定结果。

拟定馆名：石油馆。

确定参展主题。为紧扣上海世博会“城市，让生活更美好”的主题，反映石油石化产品及其衍生物对于城市发展及在城市生活中的巨大作用，石油石化行业与城市、城市生活密不可分的关系及对社会的巨大贡献和重要作用，确定“石油，延伸城市梦想”为参展主题。

推荐建筑概念设计方案：株式会社电通“油立方”方案。

推荐展示脚本：以“石油生成—城市动力—未来畅想”为主线编制的展示脚本。

确定展馆功能分区：展馆按照预展区、主展区、尾展区的展馆功能分区进行布展。预展区为等候进入主展区的观众展示石油与人类息息相关的密切联系，拉近与观众的距离；主展区为核心展区，也是展馆的亮点，展示集趣味性、体验性、知识性、参与性于一体；尾展区展示中国石油石化行业的文明与未来，展示三大公司的企业形象，同时提供购物、留念和休闲环境。

确定主展创意方向：展馆通过 4D 电影，让观众体验石油之旅，了解石油的生成及石油给人类进步、城市发展、生活美好做出的重要贡献。

第五节　展示创意竞赛

在第一轮方案征集工作告一段落后，联合参展项目部立即提出下步工作安排。

展开第二轮展示创意竞赛工作　以命题作文的方式由评审委员会确定的4个联合团队继续深化设计，由联合参展领导小组办公室和联合参展项目部统一组织实地考察三大公司，通过参观、座谈、阅读相关读物等方式，提供创作素材，激发创作灵感，在第二轮方案创意上、展示内容和形式上有所突破。

组织建筑方案深化设计招标工作　联合参展项目部以第一轮评审委员会推荐的建筑概念设计为方向，邀请3～5家有实力的国内建筑设计单位进行建筑设计方案征集，在满足内部展示的前提下，突出标志性和行业特点。

方案评审结果通知书下发后，联合参展项目部及时与参加展示设计深化的上海笔克、株式会社电通、北京洛德和上海复旦上科取得联系，就参展主题、展示布局、展示方式、展示内容等问题，明确各策划单位的设计方向。2008年8月26日，联合参展项目部将《石油与天然气》光盘资料，邮寄到参加展示设计深化的4家策划单位，帮助策划单位了解石油石化行业特点。

为加快推进展馆项目整体进度，优选展示策划和建筑设计方案，石博公司开展展馆设计深化竞赛和建设设计招标工作。2008年9月8日，石博公司收到联合参展领导小组办公室“展馆展示设计深化竞赛和建筑设计招标文件”，并迅速将文件发放到上一轮征集确定的上海笔克、北京洛德、株式会社电通、上海复旦上科及联合参展领导小组办公室确定的北京市建筑设计研究院、中国建筑设计研究院、上海现代建筑设计集团、同济大学建筑设计研究院。截至9月12日，石博公司收到上述4家公司参赛确认函和中国建筑设计研究院、上海现代建筑设计集团、同济大学建筑设计研究院的参加投标确认文件。

展示设计深化竞赛主要内容是编写展馆展示内容及故事大纲，编写主展剧本大纲，深化展示空间及展示手段设计，编制场馆投资估算及投资分配和竞赛商务报价。经评审委员会评审最终确定一家中选策展公司。建筑招标由确定参加招标的设计单位，在上一轮策划方案征集确定建筑设计的基础上深化方案设计。招标主要内容是深化方案、项目班子实力、设计周期、商务报价。经评审委员会评审确定一家设计单位后，与确定策展公司共同深化内部结构、系统及外环境等设计。

2008年10月22日，联合参展项目部收到4家公司的参赛文件后，在联合参展领导小组办公室的组织协调下，邀请三大公司相关领导、专家，于29日上午召开展馆展示方案深化设计评审会。评审委员会综合参考企业信誉及实力、人员配备、服务承诺、设计方案、商务报价等情况及对方案本身的方向性、可行性、发展空间等方面进行评审。根据策划单位提交的深化方案、世博业绩、展示设计能力和中标后与联合参展项目部沟通合作等进行综合评价，确定上海笔克的参赛方案为中选方案。

2008 年 10 月 29 日，石油馆深化设计方案评审会现场

（联合参展项目部　提供）

2008 年 11 月，联合参展项目部编制工作进度计划表，以 7 个关键节点的时间进行安排，以保证联合参展工作的完成。

表 1–5

上海世博会联合参展工作进度计划表

时　间	进　度
2008 年 12 月 20 日	展馆建筑设计完毕
2009 年 2 月 20 日	土建施工、监理单位招标完毕，进场
2009 年 3 月 10 日	展览展示设计完毕
2009 年 7 月 20 日	展示施工单位进场，开始展陈的现场制作和安装、调试
2009 年 9 月 20 日	土建工程全部完工，进入外环境施工
2010 年 2 月 10 日	展示、外环境全部完工
2010 年 3 月 1 日	展馆试运营

第六节 设计研究

一、调整设计单位组织框架

在设计前期，联合参展项目部认真落实设计单位的组织框架，遴选设计人员，优化设计团队组织框架，明确成员分工。根据展示深化方案评审结果，联合参展项目部对新加坡笔克公司北京公司的竞赛文件进行认真研究，对设计团队组织框架混乱、分工不明确、责任不清晰，主创及设计人员世博经验不足等问题，提出必须调整人力，整合新加坡笔克集团及其合作伙伴的最强力量，重新编制设计团队组织框架。

2008 年 11 月 5 日，新加坡笔克公司北京公司重新上报管理、创作、设计团队的组织框架。联合参展项目部对具有世博经验人员加入团队，但只担任辅助性角色问题，提出展示设计团队应由行政和技术两部分构成，行政部分主要负责内外沟通协调、人员管理、计划落实等工作，保证设计工作顺畅；技术部分根据不同专业组成创意、剧本创作、空间及平面设计、多媒体、施工图等专门小组，明确分工，明细责任，并对重要岗位人选提出明确要求，团队行政负责人必须由新加坡笔克公司北京公司总经理担任，针对新加坡笔克公司北京公司制作实力强而创意策划较弱的特点，联合参展项目部要求拥有 40 年世博经验的新加坡笔克集团执行董事 Donald 先生担任团队的总技术负责人，在 90 天的设计周期内，全程主持展示设计工作。美国 Geoge P.Johnson 公司的资深副总裁 Robert 先生担任总体创意负责人，笔克集团技术总监大出隆（日本）先生担任设计图纸的总负责人。新加坡笔克公司北京公司根据要求重新编制团队组织框架，按照联合参展项目部的意见进行调整，并将团队组织框架作为合同附件签订到合同中。

二、故事大纲

2008 年 11 月 28 日，联合参展领导小组办公室组织三大公司、联合参展项目部相关人员及新加坡笔克公司北京公司、上海现代的创作人员召开展馆展区展示方案审议会议。展示设计人员汇报了编写的礼物、油娃的故事、时空之旅、魔幻化石、启迪、假设、城市油画 7 个故事大纲。与会人员对 7 个故事进行分析，并针对各故事的优缺点与创作团队进行讨论。会议提出，前三个故事能够准确抓住主题，设计团队要在第二个故事的基础上结合第一个和第三个故事，进行有机结合，形成既要给观众以感官震撼，又要给观众以启迪思索，让观众在感官上、思想上都有所收获。会议结束后，联合参展项目部立即组织设计人员继续深化设计，完善故事大纲。

为帮助设计人员加深对中国石油行业的了解，2008 年 12 月 7—9 日，联合参展项目部组织设计人员前往大庆油田公司参观铁人王进喜纪念馆、大庆油田历史陈列馆、大庆油田科技博物馆等，激发设计人员的创作灵感。

联合参展项目部在展示大纲明确后，组织设计团队根据展示大纲开展建筑空间布局确定工作。2008 年 12 月 17 日、21 日和 25 日，联合参展项目部组织展示、建筑设计单位召开三方协调会议，结合展示大纲内容、运营管理需要、周边环境、管网路线走向等情况，探讨展示设计单位提出的展馆内部空间布局。同时，要求设计单位及时汇报工作进展情况，经过几轮探讨研究，初步确定展馆内部空间构成，并按照比例制作模型。31 日，联合参展项目部将深化研究的“石油之旅”展陈大纲与内部空间模型一并上报联合参展领导小组办公室审定。

2009 年 1 月 11 日，李润生赴联合参展项目部检查指导工作，要求抓紧做好展示设计方案深化、施工单位考察等工作。联合参展项目部组织召开 4 次展示设计碰头会，及时听取工作进展情况，并就各展区的展示内容、手法、连接方式和主展影片故事大纲等与创作人员进行深入探讨，优选最佳方案。

2009 年 2 月 23—24 日，联合参展项目部邀请大庆油田公司、中国石化科技部、

2009 年 11 月 28 日，联合参展项目部召开 4D 影片故事方案评审会

（联合参展项目部　提供）

中国海油学会办公室领导为展示设计团队授课答疑，解决展馆设计中的问题。27日，联合参展领导小组召开会议，就石油馆设计深化问题进行专题研究。联合参展项目组及时向参与展示创作团队传达会议精神，要求石油馆设计工作要在联合参展领导小组确定的展示设计方案和展示分区基础上，进一步深化、细化，做好主题演绎，使不同层次的参观者都有所收获。

在预展区体现中国石油石化行业特色，坚持一个整体，以石油生成、发现和利用为主线进行展示。主展区影片要做到艺术和现实有机结合，创作团队继续创新思维，开拓思路，在现有故事大纲的基础上，丰富影片内容，巧妙设计故事线衔接，加强故事的冲击力和感染力。同时，要逐步开展效果图绘制工作。后展区根据三大公司提供的内容，结合整体展示效果，运用各种手法对三大公司的工作成果进行展示。

2009年2月27日，联合参展领导小组召开会议，就石油馆设计深化等问题进行专题研究，王宜林（中）等参加会议

（联合参展领导小组办公室　提供）

第四章　石油馆设计实施

第一节　外观设计

2008年10月10日，联合参展领导小组召开建筑方案竞赛评审会，确定上海现代建筑设计集团设计的具有造型简洁、大气、稳重、极富时代感，鲜明石油石化行

业特色的方案为竞赛评审中选方案。石油馆又称“油立方”，包含着“能量块”的含义，占地近4000平方米。石油馆外观设计管状编织建筑方案在材料的运用上，大胆选用PC板外表皮和夜景灯光的配合，在国内外属于首创。夜幕下，石油馆幻化为“油立方”，外表皮变身成巨形LED电子显示屏，配合大型音乐喷泉，夜幕下的石油馆呈现出光影效果。

一、石油馆外观选材

前期调研 根据建筑方案深化设计评审结果，为保证上海现代设计集团提出的亚克力板作为建筑外表皮方案切实可行，联合参展项目部对方案进行科学论证。亚克力作为建筑外墙装饰材料在国外偶有尝试性应用，但在国内尚无先例。2008年10月30日，联合参展项目部赴上海考察国内规模较大的3家亚克力板材生产及加工企业，并与专业技术人员进行座谈，与上海世博局有关部门和专家针对亚克力板材使用的可行性进行沟通，与设计团队就外表皮选材、加工、制作和建筑构造处理等问题进行紧急磋商。磋商结果，亚克力板强度低、质地脆、线膨胀系数大，不适合用于大面积建筑外墙装饰；防火性能无法达到规范要求，上海世博园区禁止作为建筑外表皮使用。

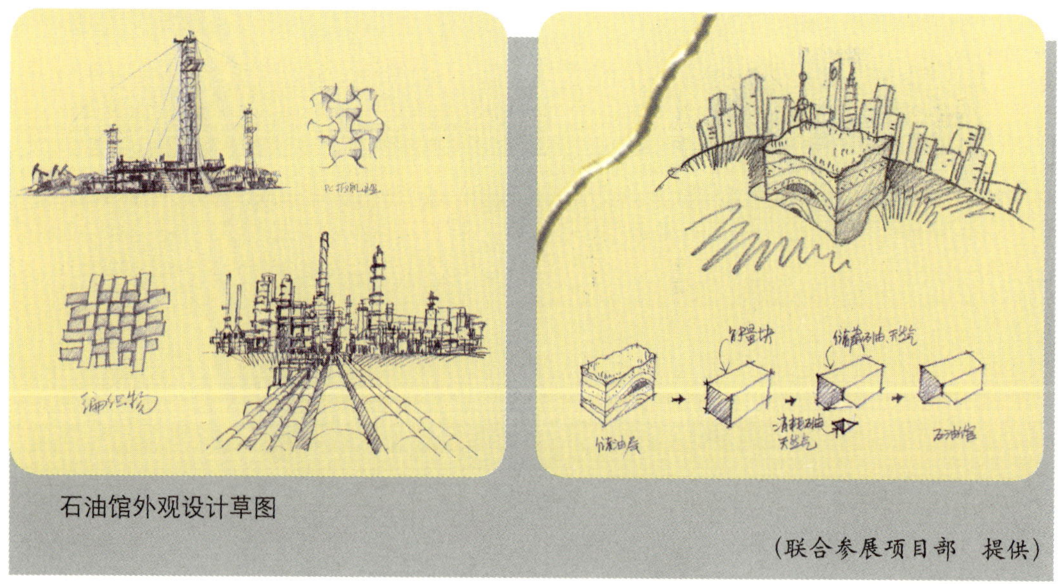

石油馆外观设计草图

（联合参展项目部　提供）

针对论证结果，联合参展项目部立即调整工作重点，要求设计团队用4天时间会同材料生产、加工等企业，深入研究材料的物理性能，提出构造方案、编织方案和效果图。请同济大学建筑设计院世博建筑专家尽快提出3个备用替代方案。

同时，联合参展项目部搜集信息，寻找亚克力的替代材料，很快筛选出石油衍生品——聚碳酸酯（PC）材料。PC板材料特性与亚克力板材类似，但强度高、耐火性达标，多用于建筑采光屋面。联合参展项目部对采用PC板材作为建筑外装饰材料的上海青浦体育馆进行实地考察，研究材料规格、节点构造。

改变方案　2008年11月5日和12日，联合参展项目部与设计团队进行会谈，对亚克力板材作为外表皮的可行性、可实施性进行论证。设计团队同意改用PC板材作为建筑外表皮，并与材料供应及加工企业共同研究构造方案，技术上趋于合理，安装实施难度不大。采取先在工厂热压成型和吸塑成型工艺，分别制作出垂直和水平构件，然后现场安装在铝合金龙骨上的方法进行施工。

石油馆外观设计为表面呈纵横交错"管道编织"肌理的淡蓝色建筑，具有鲜明的石油石化行业特色。建筑外表皮选用PC材料，PC不同于金属板、玻璃、石材、陶瓷等传统建材，是一种可回炉再利用的新型环保建材，从节能环保的角度演绎上海世博会"城市，让生活更美好"的主题，也代表中国对未来"经济血液"——石油及其产业的积极态度；建筑外表皮管状图案及点缀其间的阀门和钻头，形成一个巨大的梦幻般的能源网络，颠覆了石油工业"傻大黑粗"的传统形象，在世界范围内都是首创。

选择PC材料做石油馆的外表皮，使建筑物外墙之间留有空隙，形成保温隔热空气夹层，而外表皮是极佳的遮阳板；在PC表皮内外，还连通有数以万计的半导体照明灯及4000平方米的电子屏幕，这种节能新型照明和显示设备，是国内首次运用如此大面积的LED背景光源。石油馆造型设计简洁、大气、稳重，极富时代感和行业特色，上下纵横的数万根管道编织在一起，象征着石油石化行业蓬勃向上，持续发展的美好远景，预示石油石化行业与未来城市、美好生活密不可分的关系。

石油馆外观实景（部分）
（联合参展项目部　提供）

外观整体设计　石油馆建筑下面是5米高的不发光玻璃幕墙，夜晚从远处或空中看石油馆，是悬浮在空中的"油立方"。在玻璃幕墙周围使用各种颜色的PC管装饰，像一条条管道通向地下，源源不断吸取石油，为城市生活与千家万户提供能源保障，喻义“地下储油岩层”的“油立方”是美好城市的主要动力源泉。

二、场外水景

在寸土寸金的世博园企业馆展区，石油馆是唯一具有场外水景的展馆。整个喷泉采用激光、音乐控制，喷出的水流随韵律变幻千姿百态，灯光闪烁五彩斑斓。水景设施除带给参观者美的享受，更彰显出人性关怀，并给在高温下等待的参观者带来清凉。

2010 年 2 月 25 日，建筑工人对石油馆外围喷泉进行施工

（联合参展项目部　提供）

第二节　4D 电影设计

联合参展领导小组及办公室支持联合参展项目部选择国内知名导演、一流团队，一年设计完成石油馆 4D 电影“石油梦想”拍摄制作工作。2008 年 6 月 15 日、21—22 日，联合参展项目部组织人员分别对首都博物馆、中国电影博物馆、中国科学技术馆和北京天文馆进行调研，详细了解 3D、4D、穹幕、巨幕、环幕等影院的规模、展示效果及设备技术参数，全力投入石油馆 4D 电影的设计工作。

一、4D 电影设计初创

2009 年 10 月 25 日，石博公司听取北京派格太合公司（以下简称派格太合公司）关于石油馆4D影片拍摄制作和其他创作的工作安排，拍摄团队导演等主要人员介绍了工作进展情况，会议商定了有关事项。

建立每周报告制度　会议要求派格太合公司自本日起每周日上报本周工作完成情况和下周工作计划。内容主要包括影片拍摄制作，石油馆预展、尾展、VIP空间及外立面等所有视频内容的创意制作，并根据主要内容包含的具体工作进行细化，做到界面清晰，内容准确。

开展剧本深化工作　派格太合公司承诺按照石博公司要求，进一步完成影片剧本深化工作，明确石油馆设计的4D电影不是科教片，也不是宣传片，目的是讲述人类战胜自然，获得资源，创造幸福美好生活；继续优化影片中重要段落间的连接转换；石油生成部分原则上不调整，只做形象化和技术化手段处理，找到形象生动的表达方式；石油工艺流程，做适当简化，达到让观众从逻辑上看懂的目的即可；优选最佳串联方式，连接石油石化生产工艺过程；可以出现人物，如工作中的生产和科技人员，但不能是特定角色；勘探部分有些恐怖，要有穿插，体现艰险但避免恐怖；石油石化给人类带来贡献的表现方式再深化，前后因果关系要清晰明了；假设石油消失瞬间逆向思维这部分场景的选择要有代表性和娱乐性；未来部分不理想，内容不具体，要体现科技进步保证石油未来；未来石油行业是低碳的、绿色的、和谐的，重点是天然气；影片要配合座椅，只有后仰和跌落两个动作比较单一。

派格太合公司承诺影片拍摄制作后的立体效果要比国内有些3D影院中由IMAX拍摄的效果要好，并完成影片中石油进入生活选点深化创意和石油未来内容、形式的补充。

为使影片更加贴近石油石化生产实际，派格太合公司提出在影片实拍过程中，需要请1名长期的石油石化顾问进行影片把关，需要拍摄地的专家进行指导、需要拍摄地的摄影师作为视觉向导和共同协调拍摄地航拍事宜等要求。石博公司向三大公司反映情况，全力协调，推进影片拍摄。并建议派格太合公司立即组织拍摄团队按照既定计划前往三大公司相关生产现场看景考察。

会议还对派格太合公司提出的播放机进行非立体化测试，石油馆前展、尾展、VIP空间及外立面等所有视频内容的创意制作，明确工作内容、工作关系等问题进行了研究。

会议确定，派格太合公司配合石博公司完成向三大公司汇报会，按照重要节点定期汇报成果文件；方案有重大调整须提前向石博公司汇报。石博公司负责纠偏、监督，掌控工作质量、工作进展。

二、4D电影制作

看景考察 联合参展项目部根据石油馆4D影片剧本大纲基本完成，拍摄队伍组建完毕，人员、设备到位等情况，2009年10月11日提出前往三大公司生产现场进行看景考察、确定后续实拍地点、制订拍摄计划的请示。请示提出，根据剧本需要拟前往大庆油田公司、辽河油田分公司、塔里木油田分公司、西气东输管道公司，中国石化浙江镇海炼化公司、上海金山石化公司、广东茂名石化公司以及中国海油下属油田进行考察。16日，中国石油办公厅向辽河油田分公司、塔里木油田分公司、西气东输管道公司发出《关于请协助上海世博会石油馆项目部实地考察的函》。12月14日，中国石油办公厅向长庆油田分公司、青海油田分公司、大连石化分公司、冀东油田分公司发出《关于请协助上海世博会石油馆项目部实地考察的函》。要求以上单位协助联合参展项目部近期带领拍摄团队进行看景考察，确定4D影片实拍场景。

4D影片拍摄队伍赴大庆油田公司拍摄外景

（联合参展项目部　提供）

制作实施 联合参展项目部选择电影《阿凡达》技术班底，打造完成石油馆4D电影“石油梦想”，让观众了解石油百亿年的演变过程，配合影片情节，放映厅的座椅可完成后仰、前倾、微颤、释放气味等10个动作；10分钟的影片中有4分钟为实景拍摄，6分钟为特效创作，拍摄人员共摄录了500小时的实景视频，从中剪辑4分钟纳入最终的成品影片中。

联合参展项目部与设计团队在4D影片制作中付出辛勤劳动。影片从“一个阳

4D 影片拍摄队伍赴新疆油田分公司拍摄雪天外景
（联合参展项目部 提供）

4D 影片拍摄队伍赴云南拍摄丛林外景
（联合参展项目部 提供）

石油馆 4D 电影片名《石油梦想》
（联合参展项目部 提供）

光明媚的日子，很多恐龙正在觅食。突然，从天空掉下一个火球并在地面爆炸，冲击波将一只大恐龙掀飞，随后地动山摇，海底生物被掩埋，石油开始生成……”开始。设计人员作运动轨迹建模，一个个镜头确认，1 分钟 70 帧，10 分钟 700 帧，每帧画面都要反复三次、四次，甚至二十几次。为追求画面精益求精，从拍摄现场画面中，只摘出 4 分钟内容，其余 6 分钟完全是电脑科技制作。观众不会留意，黑屏时，在屏幕中央会有一条淡淡的黑影，联合参展项目部与设计团队解决了从未遇到过的 4D 融合技术，实现完美融合，收到好的观影效果。

石油馆的 4D 影片设计制作加上视觉的立体成像，使不少观众在看完影片后表示，石油馆的《石油梦想》比《阿凡达》还要觉得刺激。有观众评价，“影片仅 10 分钟，却把观众带入时光隧道，从 137 亿年前的宇宙生成初期走进当代斑驳陆离的都市，从中感受每一滴石油都是经历了漫长孕育的自然造化，每一口钻井都是沙漠戈壁、海洋雨林或冰天雪地中迸发出的人类创造激情，每一颗粮食、每一瓶饮用水、每一个车轮都蕴含着石油的魔力……影片揭秘了石油的前世今生，承载时空长河，探寻生命之源，讴歌石油对人类文明进步的巨大贡献，并展望石油石化产业与人类城市生活美好未来”。

石油馆内共设两个放映厅，可容纳约 250 名观众，可满足高峰时期客流需求。在上海世博会期间，150 万人观看到石油馆的 4D 电影《石油梦想》；运行 188 天（含试运行），每天开机 14 个小时，播放 13 个小时，是石油馆展示内容中最大的亮点。

石油馆 4D 影片中恐龙的画面

（联合参展项目部　提供）

石油馆 4D 影片中石油生产的画面

（联合参展项目部　提供）

第三节　展陈设计与展品提供

石油馆展陈设计围绕“石油，延伸城市梦想”的主题，突出展示“石油无处不在、石油来之不易、石油是一次性能源不可再生、以石油为代表的石化资源是人类社会的主要能源、天然气是低碳经济时代的主要能源”的主要内容。联合参展项目部把“追求视觉冲击，成功吸引参观者”作为最直接的展陈方式，利用大量石油石化产品实物，营造参观者的体验经历，从走进展馆到走出展馆，通过直接的生活场景、有代表性的联结点和意想不到的有趣数据，使观众通过视觉、听觉、味觉、触觉等综合体验。

一、展陈设计

2009 年 12 月 2 日，联合参展领导小组在北京召开第三次会议，听取联合参展项目部阶段性工作汇报，审议运营管理框架方案、宣传框架方案。会议认为，联合参展领导小组办公室、联合参展项目部把握时间节点，工作按计划有序推进。

会议原则同意石油馆展陈按照预展、主展、尾展方案思路进行，并提出抓紧主

石油馆布展创意及制作人员进行工作

（联合参展项目部　提供）

展影片制作；尾展区内容进一步精炼，增加参观者对石油及三大公司的认知度。同时，要统筹展示内容、表现形式、空间设计、整体效果。

预展展厅　预展区由上行电梯、欢迎平台、衣食住行娱展示三部分组成。上行电梯的展览通过选取伦敦、悉尼、上海、纽约 4 个城市 1859 年、1959 年、2010 年的变化图片，表现从 1859 年世界石油工业起点到 2010 年，在石油石化工业的推动下，150 年的城市发展历程。

石油馆上行扶梯

（联合参展项目部　提供）

石油馆预展展厅通过石油及其产品与人类衣、食、住、行、娱的密切联系，用 4 组数字计算出普通人一生“吃、穿、住、行”要消耗的石油量，体现石油石化无处不在的价值，对城市发展和现代生活的重要性。

吃，人一生要“吃”掉 551 千克石油。石油在农业生产方面也发挥着巨大的作用，农业增产的三大要素是种子、化肥和农药。其中，两大要素化肥、农药，都是石油产品。化肥让粮食增产 30%，农药让农业经济效益提高 6 倍以上，化肥和农药增加农作物产量，改善农作物品质，养育全球近一半的人口。

预展展厅，生活中“吃、穿、住、行”的展位

（联合参展项目部　提供）

穿，人一生要“穿”掉290千克石油。进入预展区，数位明星塑像“迎宾”，“李小龙”一身白色唐装，手持双节棍；“梦露”一袭红色长裙，微笑相对。通过塑像着装，说明穿过一条展示“隧道”了解“吃、穿、住、行”的数字，以趣味石油、多彩生活，拉近与观众的距离，突出石油成就精彩生活的设计理念。参观者想知道自己穿着的化纤衣物“蕴含”多少石油，在展馆互动装置前一站就能得到答案；戴上一副碳纤维手套，任凭钢刀砍也毫发无伤；“如果石油消失”的小游戏片，让参观者形象地感知，石油与人类生产生活关系到了“须臾不可分”的地步。

住，人一生要“住”掉3790千克石油。石油馆展示人们的家居是“石化之屋”，塑胶门窗、化纤壁纸、化纤布料、PC衣柜饰面、PC家电外观等，贯穿其中的是生产每件家居物品、电器用具的石化制品用量。

行，人一生均约需要消耗3838千克在“行”的方面。“行”是花费石油最多的，空中地下、路面水上，各种交通工具往来穿梭，高效快捷，石油使世界变成地球村，延伸城市梦想。除燃油外，石油产品更广泛地用于交通业的各个领域。

除“吃、穿、住、行”，消耗石油还关乎人类的娱乐活动。石油馆借助蒙太奇视频手法，用投影方式，配合电脑灯，再现人们各种快乐生活的场景，公园、水族馆、影剧院、商场、健身房，欢乐的笑脸随处可见。但随着灯光暗淡，没有了石油，娱乐活动会“戛然而止”。预展展区直接取材于石化产品，生动直观，起到为主展区预热的作用。

主展展厅　石油馆的主展4D电影《石油梦想》，以时空之旅为结构，带观众穿越时光，从远古到未来，用全球视野、中国风韵、顶级制作、震撼体验，倾情打造惊险刺激、诙谐幽默的石油故事。

尾展展厅　石油馆的尾展展厅以“石油绽放七彩生活”为主题，通过火炬燃亮城市夜空礼花的造型，寓意石油创造五彩缤纷的城市生活，并展示三大公司工艺技术、产品生活、历史未来、社会责任等内容。同时，为参观者提供购物、留言和信息查询等服务。

功能展厅　石油馆的功能展厅干打垒、海洋厅。设置了贵宾接待区，备有4个不同主题风格的贵宾接待室。MIP接待室用于正式接待，其余3个VIP接待室在装饰设计上紧扣“石油，延伸城市梦想”的主题，采用“过去”、“现在”、“未来”三种场景设计，反映中国石油石化行业的艰辛创业、恢弘行业和光明未来。

以上照片为石油馆功能展厅场景。上两幅为干打垒场景，最下面一幅为海洋厅场景

（联合参展项目部　提供）

二、展品提供

委托制作“守望石油”展品　2010 年 2 月，中国石油总经理、党组书记蒋洁敏到长庆油田分公司调研。在参观展览馆时，看到创意制作的“美好生活来自奉

献者”，原名为“守望石油”，以长庆油田分公司石油女工为原型，以黄土高原为背景，采用半景画、场景复原、超仿真人物并结合环境音效等手法，制作成一幅“守望石油”图。长庆油田分公司所处地理环境恶劣，大部分井站散布于陕西、甘肃、宁夏、内蒙古的荒原戈壁和沟壑梁峁中，“春秋两季狂风肆虐，冬夏时节寒暑难当”，“晴天一身土，雨天一身泥”。驻守在大山深处的长庆油田分公司员工，终年以井站为家，与荒山为伴，许多员工一家三口分居三地，夫妻聚少离多，老少相依为伴，长庆人以“只有荒凉的环境没有荒凉的人生”为砥砺。蒋洁敏看后说：“这是百万石油儿女的真实写照。”随行的李润生为“守望石油”撰写歌词。

守望石油

（长庆油田分公司　提供）

2010 年 3 月 9 日，联合参展项目部报请联合参展领导小组办公室，以中国石油办公厅名义向长庆油田分公司发出《关于提供“守望石油”展品的通知》。《通知》提出，石油馆经过两年的筹备和建设，现进入展馆布展阶段。为展示蕴含企业文化的各种特色展品，经研究长庆油田分公司展览馆的“守望石油”入选，请在 3 月 12 日前将“守望石油”展项整体搬迁至上海世博会石油馆，并完成安装调试。长庆油田分公司以 1 ∶ 1 的比例重新制作“守望石油”展项，并按期运抵石油馆完成安装调试。上海世博会期间，长庆油田分公司提供的“守望石油”展项在石油馆展出。

委托制作“脊梁”展品　2010年3月9日，联合参展项目部报请联合参展领导小组办公室，以中国石油办公厅名义向辽河油田分公司发出《关于委托制作高凝油雕塑展品的通知》。《通知》提出，经研究辽河油田分公司提供的高凝油雕塑入选，展品名称“脊梁”，展示形式采用单人或群雕，在3月12日前提供3套创意设计方案（效果图和尺寸）；4月5日前完成制作，并运送到上海世博会石油馆。辽河油田分公司制作的高凝油雕塑展品在上海世博会石油馆展出。

选送石油特色纪念品　2010年2月20日，新疆油田分公司接到中国石油办公厅《关于征集上海世博会照片、油样、纪念品的通知》后，新疆油田分公司立即成立相应筹备组，负责照片、油样、岩心等资料收集整理工作并安排部署专业人员设计制作世博小礼品。

新疆油田分公司筹备组认真谋划，选送摄影作品11张、美术作品7件，涉及勘探、开发、人文、环境等题材。其中，桑圣江的摄影作品《和谐油田》、居建新的摄影作品《钻探魔鬼城》入选上海世博会石油馆展品，并被中国石油办公厅和中国石油文化艺术工作者联合会授予“中国石油天然气集团公司优秀摄影作品称号”。同时，选送代表新疆油田分公司原油特征及油田地质的原油6种、岩心2种，为新疆油田分公司树立资源名片。

石油工业特色纪念品“绿色能源”外观设计方案

（联合参展项目部　提供）

中国石油大连石化分公司员工鞠文臣、张武创作的版画《油龙》、《回旋曲》和孙继胜、多琦拍摄的《碧海蓝天》、《晴空万里》、《屹立》入选石油馆并在石油馆VIP通道两侧展示。

上海世博会期间中国石油部分单位提供参展实物资料一览表

表 1–6

单位名称	提供参展实物、资料
西气东输管道公司	西气东输一线有关图片
管道建设项目经理部	西气东输二线有关图片
东方地球物理勘探有限公司	地震勘探科普视频
钻井工程技术研究院	石油钻井作业视频
中国石油勘探开发研究院	CO_2 驱油原理视频
大庆油田公司	油样与岩心
辽河油田分公司	油样与岩心
新疆油田分公司	油样与岩心
玉门油田分公司	油样与岩心
渤海石油装备制造有限公司	钻头实物
宝鸡石油钢管有限责任公司	钢管实物
中国石油经济技术研究院	协助收集油气行业有关数据
石油工业出版社	协助收集油气行业有关图片

第五章 石油馆建设

第一节 施工单位招标

一、选定招标公司

为推进石油馆建设进程，确保招标的权威性、客观性、公正性，经联合参展领导小组办公室审定，联合参展项目部选定国信招标集团有限公司作为代理公司，承担石油馆招标业务。

联合参展项目部根据考察情况，分别于2009年3月4日、10日、12日、23日，委托国信招标集团有限公司向中铁建设集团有限公司、中太建设集团有限公司、上海市第五建筑有限公司、上海市第一建筑有限公司和中国建筑第七工程局有限公司发出石油馆土建施工总承包招标文件，向上海市建设工程监理有限公司、上海现代工程咨询有限公司、上海同济工程项目管理咨询公司、上海三凯建设监理有限公司发出石油馆监理招标文件，向上海大生牌业制造有限公司、上海史密斯标牌有限公司、上海金泛斯标识有限公司、上海惠联企业形象策划有限公司发出石油馆PC成品板采购招标文件。

联合参展项目部为加快石油馆整体推进速度，保证展馆按时开工，结合石油馆建筑特点，对国内几家建筑施工单位进行实地考察。2009年3月17日、19—20日，联合参展项目部分别对中铁建设集团有限公司、中太建设集团有限公司、上海市第五建筑有限公司、上海市第一建筑有限公司和中国建筑第七工程局有限公司等进行实地考察。重点了解公司的资质、业绩、实力和获奖等情况，特别是钢结构施工经验，为石油馆土建施工总承包招标做好准备。

二、确定施工单位

2009年4月25日，联合参展领导小组在北京召开石油馆土建施工总承包开评标会议。联合参展项目部邀请三大公司各1名联合参展领导小组办公室成员作为评委，并与6名招标公司在专家库中随机抽选的专家组成评标委员会。在中国海油审计人员全程监督下，评标委员会对各施工单位提交的投标文件进行认真评审，评选出中铁建设集团有限公司、中国建筑第七工程局有限公司、上海市第一建筑有限公司为前3名施工单位。

第二节 施工监理

2009年3月18日，联合参展项目部为保证展馆建设进度和质量，分别对上海市建设工程监理有限公司、上海现代工程咨询有限公司、上海同济工程项目管理咨询有限公司、上海三凯建设监理有限公司进行实地考察，重点了解资质、业绩、实力和获奖等情况，并编写监理考察报告，优选诚信、规范、负责的监理公司。

2009年3月30日，招标代理公司在上海市组织召开石油馆监理开评标会议。

由联合参展项目部1人和4名专家组成评标委员会对上海市建设工程监理有限公司、上海现代工程咨询有限公司、上海同济工程项目管理咨询有限公司3家监理公司提交的投标文件进行认真评审，初步选定上海市建设工程监理有限公司为推荐中标单位。

2009年4月2日10时，石博公司召开石油馆工程施工管理交底会议。确定监理单位的职权及工作范围，按照监理合同行使建设单位赋予的施工现场管理的权力，从项目大局出发，全面控制工程质量、安全、进度、投资、资料信息的管理，及时发现并纠正项目实施过程中的错误偏差，做好事前控制；要协助建设单位完成世博园区内的各项协调工作，包括与浦西项目部、当地建设管理部门、园区内相关施工单位、项目设计单位的协调工作，确保项目不受任何外界影响因素的干扰；负责现场自购、甲方提供的材料、设备的质量管理与验收工作，严格按照材料、设备进场验收程序实施监督管理，提前做好检测、检验计划，按规范要求抽取试样，通过具备相关资质的检测单位做出客观公正的检测，杜绝任何不合格产品被应用于本项目；负责施工过程中及施工完成后的投资管理，其中包括核实施工单位现场工程量完成情况，核实并签署工程变更及工程签证，审批进度款申请报告，没有总监理工程师或总监代表的签署意见，建设单位不予支付相关进度、材料款项；建设单位施工部支持项目监理部的一切正确指令和要求，要求总承包单位严格服从项目监理部的现场指挥；同时，施工部负责对现场监理工作定期考核，接受施工单位对项目监理部的意见反馈，对监理工作中出现的问题，定期与监理公司领导小组沟通并及时解决。

施工管理交底会议要求参建单位人员和管理人员要具备大局观念，按程序、按制度办事；禁止出现专业断档、脱岗的现象，主要管理人员离场必须请假；工作讲原则，廉洁办公；做好各方面的沟通工作，努力协调各方关系，创造和谐的工作环境等。会上，石博公司向参建单位承诺，在建设过程中坚持做到廉洁公正，并接受各方监督。

第三节　建设设计

2008年9月，联合参展项目部起草建筑设计招标文件，提出“鼓励使用石油衍生物作为建筑内外装饰材料，设计具有标志性、震撼力的展馆外观”的要求。9月

10日，联合参展项目部向8个设计单位发出招标文件，并得到响应。

2008年10月10日，联合参展项目部邀请三大公司领导、部分专家学者在北京召开展馆建筑方案设计评标会，评出两个方案，报联合参展领导小组及办公室确定。经过论证与实际考察，确定上海现代建筑设计集团的方案为中选方案。该方案建筑造型简洁、大气、稳重，寓意“地下储油岩层”，并富有“自然美学特征”，极具时代感和行业特色，被外界形象地喻为“油立方”，体现石油馆是文化工程，更是科技工程。上海现代建筑设计集团是国内实力较强的大型建筑单位，但根据石油馆的具体特点，联合参展项目部在上海现代建筑设计集团的两次正式洽谈中，对团队人员组成提出具体要求，上海现代建筑设计集团积极配合，构建实力强大的设计团队。截至2008年11月7日，上海现代建筑设计集团完成外立面的三次调整深化，按照实际尺寸绘制能真实反映建筑效果的多角度效果图，基本解决了外表皮材料和构造的技术问题，并将效果图报联合参展领导小组办公室审定。

在材料运用上，联合参展项目部组织技术人员与外墙灯光施工单位、外墙材料生产厂家的技术人员、施工人员商讨，反复试验，从透光材料的选材、成型、生产，到显示系统的元件器件选择、集成、中控及成百上千次对比、筛选，对20余种方案研究对比，确定采用两种标准单元模块穿插固定的结构方式，有效释放热胀冷缩引起的变形应力，成功攻克PC板安装结构、单元成型、LED组合成像三大难题，完成PC板、LED外墙成像的攻关项目，选用具有鲜明石油石化行业特色的管网编织为外表，大胆应用石油衍生品大面积异型PC板外表皮精细成像技术和夜景灯光配合。

2009年1月20日，上海世博局相关部门对石油馆土建设计进行预审，联合参展项目部迅速组织专家进行优化。

第四节　建设施工

一、石油馆奠基

2009年4月20日，上海世博会石油馆外观正式对外发布，同时举行奠基仪式，国资委、上海世博局、三大公司等领导出席，拉开了石油馆建设的序幕。

联合参展项目部经过近一年的筹备，由三方联合投资建设的上海世博会石油馆，在上海世博园浦西区举行上海世博会石油馆外观发布暨奠基仪式。国资委副主任黄淑和，上海市人大副主任、上海世博会执委会专职副主任钟燕群，上海世博局局长洪浩，王宜林，国资委外事局局长阎晓峰，李润生，王志刚，王广昀，章建华，李新建，袁光宇，魏君超等领导出席奠基仪式。参与设计的上海现代建筑设计集团、北京笔克展览服务有限公司，监理单位上海市建设工程监理有限公司，施工单位中铁建设集团有限公司的有关领导也参加了奠基仪式。

黄淑和在致辞中指出，上海世博会是继北京奥运会之后的又一重大活动。中央企业利用这一难得的机遇展示形象和风采，由中央企业承建的展馆将成为上海世博会一道最亮丽的风景线。中国石油石化行业的三大骨干企业，承担着保障国家能源安全的重大使命，肩负着重要的经济责任、政治责任和社会责任，为国民经济平稳较快发展做出了突出贡献。石油馆奠基开工，是中国石油、中国石化、中国海油响应国务院号召，以更加开放的姿态走向世界，以实力和自信迎接未来的重大行动。

王宜林在致辞中指出，世博会是展现人类在社会、经济、文化和科技领域取得最新成就的国际性大型博览会，更是企业展示实力、提升国际影响力、树立良好企业形象难得的历史机遇。这次三大公司联合建馆参展，就是要借助上海世博会这个舞台，向世界展示中国石油石化工业的成果和对社会发展做出的贡献，表现中国石油石化人的理念与智慧。三大公司作为国有重要骨干企业，在为国民经济发展做出贡献的同时，也肩负着重要的政治和社会责任，支持并参与上海世博会是我们义不容辞的义务。联合展馆占地面积近4000平方米，建筑面积6000平方米，以“石油，延伸城市梦想”为主线，通过丰富多彩的表现形式，向观众介绍石油天然气与城市生活的密切联系，解读清洁能源对经济和社会发展产生的影响，演绎上海世博会“城市，让生活更美好”的主题，展示中央企业形象。在国资委的领导下，在上海世博局和社会各界的关心支持下，联合展馆会以新颖独特的建筑外观、新奇美妙的表现手法成为上海世博会最具人气的亮点展馆之一。

在奠基仪式上，黄淑和及钟燕群为石油馆外观平面图揭幕，参加上海世博会石油馆外观发布暨奠基仪式的领导共同为石油馆奠基。

二、石油馆施工

施工准备　为保证展馆按期竣工，联合参展项目部在施工总承包单位和监理确定后，结合招标文件要求和项目实际，立即开展合同谈判，科学、合理制订施工组织设计。2008 年 12 月 25 日，在完成展馆场地详勘后，联合参展项目部将勘察报告转交建筑设计单位，为展馆建筑施工做准备。截至 2009 年 4 月，完成道路红线及控制水准点放线复测工作；完成大临地块的暂设施工；施工现场桩基施工区清障，破碎钢筋混凝土近 2000 平方米，拆除地下大型废旧水箱一个，并回填基配砂石。施工队在清理现场的同时，同步开展打桩工作。并确定展馆周边的临时用水、用电、排水等接口位置和管线布置，办理展馆用地交接手续，做好开工前的准备工作。

三通一平　联合参展项目部协调上海世博局相关部门，组织施工单位完成施工现场三通一平，搭建暂设各种施工机具入场。2009 年 5 月 2 日 23 时，在石油馆钢管桩施工过程中，因地质原因出现第 51 号桩沉桩、第 72 号桩浮桩问题。石油馆项目部设计部人员连夜赶赴现场，一直忙到后半夜，会同上海现代建筑设计集团专家连夜勘察，排查原因，提出解决技术方案。完成施工现场三通一平后，各种施工设备入场；完成道路红线及控制水准点放线复测；完成施工现场桩基施工

2009 年 9 月 28 日，李润生（前左二）到石油馆施工现场考察

（联合参展项目部　提供）

区清障；完成桩基施工。

组织施工 石油馆施工期间，上海天气潮湿、炎热，联合参展项目部组织人员顶着近40度的高温深入施工一线检查督导，24小时坚守工地。有时赶上台风、暴雨等极端天气，要实施各种安全预案，处理紧急情况。

随着工程逐步展开，现场涉及钢结构、水、暖、电、信、消防、幕墙、装饰等

石油馆施工现场

（联合参展项目部　提供）

石油馆施工现场

（联合参展项目部　提供）

十几个专业、300余人交叉施工。联合参展项目部与监理公司制订详细的分项施工计划，合理安排时间和空间，确保施工有条不紊进行。联合参展项目部每周一、周五召开各参建单位施工协调会，听取进展、解决问题、制订措施、保证质量，工程进度始终处于上海世博园区企业馆前列。

石油馆封顶　2009年7月11日11时58分，石油馆在浦西园区企业馆中率先实现主体结构封顶。

2009年7月11日，石油馆主体结构封顶

（联合参展项目部　提供）

石油馆安装　2009年9月，石油馆钢结构全面安装完毕，施工进入设备安装、土建简装阶段。11月，水、暖、电、信等专业工程收尾，展馆内外装修、展陈等施工全面铺开。

石油馆装饰　2009年11月，石油馆土建施工进入收尾阶段，开始内部装修装饰、外表皮和布展施工。

2010年1月21日，上海世博会进入倒计时100天，蒋洁敏赴上海考察石油馆工程建设和布展工作。蒋洁敏强调："要认真贯彻中共中央总书记胡锦涛提出的'六个确保'重要指示和上海世博会组委会第八次会议精神，与中国石化和中国海油一道，以高度的责任感建设好展馆，充分展示中国石油石化企业的良好形象，把三大公司联合建设的石油馆办成功、办精彩。要注重安全第一，保证质量，抓好运行，展示石油石化企业形象。"

石油馆建筑工人进行外表皮 PC 板工程施工

（联合参展项目部　提供）

2009 年 11 月，石油馆进入内部装修阶段

（联合参展项目部　提供）

截至 2010 年 2 月 26 日，石油馆实现在企业馆中主体结构率先封顶、土建工程全部结束、布展工程全面展开的佳绩，并获得上海市建设工程金属结构“金钢奖”、“2009 年度上海市文明工地”的荣誉称号。

2010 年 5 月，上海石博展览展示有限公司承建上海世博会石油馆被上海市城乡建设和交通委员会授予“2009 年度上海市文明工地”

（联合参展项目部　提供）

第二篇　石油馆运行

2010 年，联合参展领导小组及办公室按照上海世博会的时间安排，在完成石油馆设计、建设、布展任务后，将联合参展工作的重点转向运行。4 月 15 日，国资委举行上海世博会中央企业馆启动仪式，国资委主任李荣融出席并讲话；与会领导和建馆的中央企业负责人同时按下启动按钮，6 个中央企业馆依次被点亮，中央企业馆试运行正式启动。4 月 20 日，石油馆举行开馆日，标志着石油馆进入运行阶段。5 月 1 日上海世博会正式开园，10 月 31 日运行结束，联合参展项目部组织石油馆工作人员全力做好展馆运行管理工作。

石油馆的综合接待能力约 350 万～ 400 万人（次），平均每天约 2 万人（次），根据历届世博会经验值测算，整个展期石油馆接待贵宾人数将高达 5 万人（次），每天正常开馆 13 小时。石油馆运行工作内容主要包含 VIP 接待、普通接待、安保管理、物业管理、设备管理、危机管理、人力资源管理、信息管理、档案管理等方面，每项中又包含近 10 个子项，工作十分庞杂。石油馆的管理、礼仪接待、保安、保洁、工程、服务等人员达 324 名。联合参展领导小组及办公室、联合参展项目部注重礼仪人员的选拔、培训工作，组建了一支 120 人的礼仪接待队伍，保证石油馆运行接待工作顺畅进行。

联合参展项目部迅速开展展馆的各项筹备工作，并组建团队，建立党委、团委，开展石油馆“青年文明号”创建、“七彩世博石油之星”评选、参与“文明观博 · 从我开始”等活动，组织“石油魂”铁人精神专题宣讲，建立适合青年特点的图书角，激发参展团队精神，为石油馆顺利运行提供政治和组织保障。

石油馆按照国资委的部署，根据上海世博局的安排，在运行期间组织开展了石油馆体验测试活动，通过模拟演练、测试评估等方式，发现和解决了石油馆运行中的问题。中国石油副总经理、党组成员，联合参展领导小组组长王宜林对石油馆体验测试活动给予肯定并做出批示。石油馆还组织开展主题实践活动、参与上海世博会开园亮灯仪式，在不断摸索中发现问题、解决问题，使石油馆运行工作有条不紊地进行。

上海世博会石油馆从最初的试运行，到2010年10月31日闭馆，完成184天的运行任务，实现“安全、成功、精彩、难忘”的工作目标。

第一章　石油馆运行部署

第一节　运行安排

2010年2月5日，根据石油馆设计、建设、布展完成情况，王宜林向三大公司领导汇报。在近两年里，三大公司本着“一个整体、一个形象、一个精品”的联合参展原则，紧密协作，扎实推进，上海世博会联合参展前期工作取得阶段性成果。

石油馆建筑面积为6190平方米，分为预展、主展、尾展三个主要展示区，接待能力达350万~400万人（次），平均每天接待普通观众2万人（次），包括礼宾、排队组织、路线引导、3D眼镜收发、尾展讲解、纪念品售卖、应急预案演练等工作。为实现石油馆“安全有序、温馨和谐、精彩难忘”的运行目标，2010年3月4日，联合参展领导小组召开工作会议，对上海世博会石油馆场馆运行工作做出具体安排。

2010年3月17日，联合参展项目部运行组组织专业运行管理公司制订石油馆运行方案，保证在上海世博会期间石油馆高效、安全运行，实现“安全有序、温馨和谐、精彩难忘”的运行目标。

第二节　运行方案

一、石油馆接待运行

VIP接待　根据历届世博会VIP人数占总人数1.5%的经验值测算，石油馆VIP接待高达5万余人，平均每天接待VIP270余人。按照接待组工作方案划分为三级VIP标准，从安保、服务、陪同、餐饮等方面分别制订石油馆内VIP接待方案，完成预约、馆内外交接、服务、餐饮、纪念品等工作。

石油馆对VIP的接待工作，严格各项制度措施，实施一级VIP（MIP）接待、二级VIP接待、三级VIP接待流程方案，保证VIP接待工作进行。

一级VIP（MIP）接待 如石油馆一级VIP（MIP）接待流程图所示。

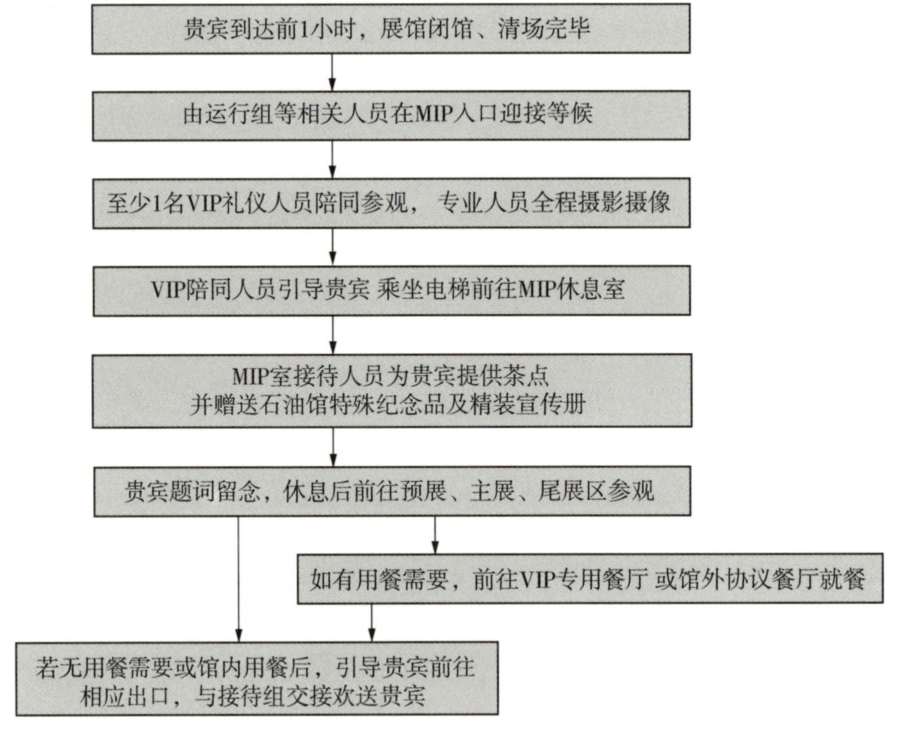

石油馆一级VIP（MIP）接待流程图

二级VIP接待 接到通知后，预留出影院贵宾专用区；联合参展运行组等相关人员在VIP入口迎接等候；进入展馆后，由1名VIP礼仪人员陪同全程引导贵宾观展，其他人员全程陪同参观，专业人员有选择地进行摄影摄像；VIP陪同人员引导贵宾乘坐电梯前往VIP室休息；休息室接待人员为贵宾提供茶点，赠送石油馆相应特色纪念品和石油馆精装宣传册；贵宾题词留念，待贵宾休息后，前往预展、主展、尾展区参观；参观结束后，如有用餐需要，前往VIP专用餐厅就餐或前往馆外协议餐厅就餐；馆内用餐后，引导贵宾前往相应出口，与接待组交接，欢送贵宾离馆。

三级VIP接待 接到接待通知后，影院内预留出贵宾专用区；礼仪接待主管在VIP入口迎接等候；前往预展、主展、尾展区参观；待参观结束后，引导贵宾前往相应出口，与接待组交接，欢送贵宾离馆。

普通观众接待 由排队区礼仪接待人员引导观众排队，并按照馆内人数变化，以 128 人为一批（次），组织观众由入口进入展馆，乘自动扶梯前往欢迎平台，开始参观；由预展区礼仪接待人员引导观众按照衣、食、住、行、娱的路线参观；由主展等候区礼仪接待人员组织观众排队等待进入主展影院，并发放 3D 眼镜，讲解观影须知；由影院内礼仪接待人员组织观众入座，观看电影；电影播放完毕后，由主展延伸区礼仪接待人员引导观众乘自动扶梯前往尾展区参观，并回收眼镜；尾展区礼仪接待人员引导观众按照“技术 工艺”、“产品 生活”、“历史 未来”、留言互动区、三大公司形象展示路线参观，并由讲解员进行专业讲解；售卖区人员负责纪念品售卖；出口处礼仪人员引导参观结束观众离馆。

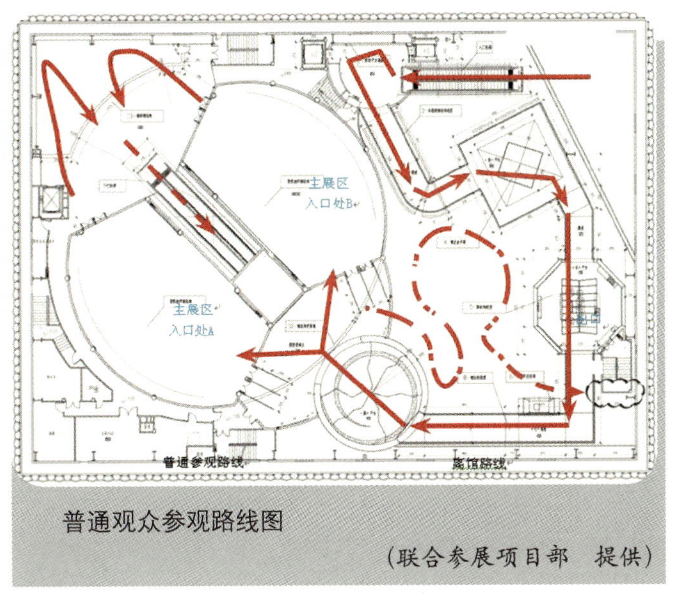

普通观众参观路线图

（联合参展项目部　提供）

在上海世博会开展期间，三大公司员工持有效证件享受“参观快速通道”待遇参观石油馆。

其他接待服务　石油馆在做好特殊人群的接待服务工作方面，专门设置由专人负责的涉外多国语言翻译和讲解，老年人、残疾人特殊接待服务等，方便特殊人群的参观需求。

第三节　运行管理

石油馆运行管理包括人员管理、物业管理、物资管理、餐饮管理、行政管理和纪念品售卖管理。

一、人员管理

石油馆的运行管理体系分为运行组、运行管理公司、第三方供应商三级。场馆运行人员包括运行管理人员和运行工作人员，实行每天2班倒，个别岗位3班倒，每班130人，负责管理、物业、安保、礼仪、接待、服务、工程、应急等工作。其中运行管理人员包括运行组管理人员和专业运行公司管理人员；运行工作人员主要由保安、保洁、绿化等物业公司人员，工程、设备维护等专业售后维保人员及三大公司的礼仪接待人员构成。

石油馆运行人员上岗前经过严格培训，特别是礼仪接待人员要经过专业培训和现场演练。培训遵循“培训范围全员性、培训内容系统性、培训组织层次性、培训重点实用性、培训方式灵活性、培训实施连贯性”等原则，进行通用类、场馆类、专业类、岗位类、外语类等内容的培训，然后进入现场实际操作培训阶段，并根据实际情况，分项强化。使运行人员掌握包括世博知识、石油馆展示内容、三大公司企业介绍和企业文化、石油石化基本专业知识、服务理念、礼仪举止、专业技能、规章制度、危机应对等知识。

联合参展项目部对石油馆各工作岗位建立职权清晰的岗位制度，进行规范管理。在184天的展期内，运行人员实行半军事化管理，礼仪人员实行封闭式统一管理，统一住宿、统一就餐、统一制装、统一交通。所有人员每天提前1小时，即8时30分到达石油馆，做好运行准备工作；15时30分进行工作交接，第二班工作人员到岗，直至闭馆后1小时，即23时30分完成所有设备检查、保养和调试后下班，为第二天运行做好准备。

二、物业管理

物业管理包括安保、保洁、设备维护等项管理工作，由运行管理公司负责，第三方供应商执行。

安保工作 为预先防止事件和安全事故的发生，及时应对突发事件等情况。安保人员按照岗位设置，分为保安主管、巡逻岗、值班岗、监控岗、消防岗、特殊安保岗，严格执行所在岗位职责，做好相应区域和职责范围内的安全保卫工作，确保石油馆在运行期间的零事故。

保洁工作 为使石油馆保持展馆内处于无“垃圾”的清洁状态，保洁工作包括日常清扫、闭馆后清洁、打扫洗手间及运行后台（非展示区）、整体清洁、除虫除害、植物摆放、植物日常维护等，使石油馆以清洁、崭新的环境迎接参观者。

设备维护保养　主要分为“检查”与“修理”两部分。“检查”包括日常检查、定期检查及临时检查；“修理”包括日常修理、一般修理及大规模修理。设备维护保养工作的重点是每日闭馆后由物业工程人员、设备驻场人员对场内所有设备，特别是主展影院座椅、放映机、音响，电梯、扶梯，投影仪、灯箱、灯具、模型、道具等展品展项，变压器、配电箱、弱电控制设备，三角形 LED 屏、外表皮 LED 灯源、喷泉等设备的全面检查保养，各种装饰装修的修补，并做好记录和运行台账，保证次日展馆正常运行。

安保人员进行消防检查

（联合参展项目部　提供）

三、物资管理

物资管理主要包括各类人员的制服定制、清洗，各种备品、耗材、餐饮、纪念品等大量物资的采购、存储和物流以及日常垃圾的处理和外运。物资存放在石油馆内库房和上海世博局指定的仓库内，物流管理人员每天在上海世博局规定的 0—6 时内，将相关物资运输到展馆内以保证一天的使用。石油馆对综合物资实行规范管理，建立物资申报、申领等制度，确保流程严密，管理规范，保证石油馆综合物资的及时使用。

四、餐饮管理

餐饮管理包括每天保障石油馆内 200 余名工作人员的早、中、晚餐及近 300 人（经验值测算）的 VIP 用餐。用餐方式分为馆内用餐和馆外用餐，馆内用餐地点为一层餐厅，分为员工用餐区和贵宾用餐区，餐品分为员工用航空餐和贵宾用航空餐（馆内不动用明火）；根据贵宾的要求，由接待组负责采用馆外用餐的方式，前往石油馆附近的协议餐厅用餐。

五、行政管理

行政管理主要包括VIP视频、音频、重大活动事件影音的摄录、制作和各种设备维护记录、人员工作交接、物资物流记录、参观人流记录、票据、人员考核资料等日常运行资料的整理和收集存档。

六、石油馆应急保障

石油馆为及时应对各种突发事件及灾害，制订应急预案，确立组织机构，明确岗位责任，在发生突发事件时，以救生、救助为第一目标，有关人员迅速到达现场，维持现场秩序，采取应对措施，控制局面；建立参观者快速疏导、受灾（害）人员现场救助，防止受灾（害）或事态扩大，迅速上报等体制。针对发生台风、地震等自然灾害时，发生爆炸预告及发生爆炸时，发现有毒物品、刺激性物品及爆炸物等可疑物品时，发生火灾时，发生政治性事件时，发生劫持人质事件时，发生大规模拥挤踩踏事故时，发生特殊拥挤踩踏事故时（自动扶梯、连锁反应），发现建筑破损、污损时，发生重大设备及机器不良时，发生停电及漏电时，发生虫害时，发生人为纠纷时等15大类危机情况，提出详细周密的几十项子方案。特别做好上海市5—10月高温、降雨频繁发生等特殊天气情况的应急处理，准备必要的应急保障药品、物品和设备等。

联合参展项目部在严格规范石油馆的各项管理措施的同时，提供温馨和谐的服务，周密快速的应急保障。

第二章　石油馆礼仪人员选拔培训

第一节　礼仪人员选拔

礼仪人员是石油馆的对外窗口，代表三大公司企业形象。经联合参展领导小组同意，2009年11月中旬，上海世博会石油馆礼仪接待人员选拔工作在三大公司全面启动。

石油馆礼仪人员主要负责接待国家领导、国外元首、企业首脑、国际友人等重要VIP客人，对礼仪人员的政治素质、仪态仪表、身体状况、表达能力等要求较高。联合参展项目部及石油馆提出上海世博会石油馆礼仪接待人员选拔建议。计划从三大公司260万名员工中，选拔120名20～26岁女性。其中，中国石油60人、中国石化40人、中国海油20人。

2009年11月中旬，石油馆组织礼仪接待人员考试面试

（联合参展项目部　提供）

联合参展项目部提出礼仪接待人员要热爱世博、仪态良好、身体健康、应变表达能力强，学历大学或以上程度，语言流利标准普通话，面容姣好、仪表大方、谈吐得体，身高165～170厘米，三围匀称，体重55千克以下。有类似工作经历的可适当放宽学历条件，对英语、西班牙语、阿拉伯语语言能力出色人员适当放宽年龄、身材条件要求。

2009年11月下旬，三大公司按照联合参展项目部的选拔要求，迅速进行基础资料和资格审查。12月上旬，三大公司和专业运营公司共同对300名通过资格审查人员进行面试选拔。其中，中国石油150人，中国石化100人，中国海油50人。12月下旬，由专业运营公司培训选拔，最终选定120人。其中，硕士学历8人，本科学历47人；英语6级以上39人；共产党员26人，共青团员88人。选拔确定的礼仪人员吃住行及制装由联合参展项目部负责，工资奖金由原单位按照原标准发放。

第二节　礼仪人员培训

2010年3月17日，三大公司和专业运营公司选拔的120名礼仪接待人员赴上海，开始一个月的集中培训。

联合参展项目部注重配备教师的专业资质及实际经验，邀请英国、日本、新加坡等国家具有国际礼仪培训资质的教师以及曾担任日本国际航空公司头等舱VIP接待的空中乘务员、希尔顿五星级酒店礼仪经理进行授课。加强世博知识和礼仪服务知识培训，设置了心理疏导、自我能力提升、团队凝聚力等课程，重点突出世博会知识和礼仪服务知识的培训，包括历届世博会基本概况、本届世博会介绍、石油馆介绍、各国文化及禁忌、上海的风土人情、礼仪服务理论知识、石油馆运营管理岗位职责等，培训采取以实际操练为主，理论教学为辅，侧重岗位实际需要进行培训等方法。

在石油馆礼仪人员培训中，不仅增强礼仪方面的培训，还对突发事件应对、设备调试维护、安全保障等方面进行全面培训。同时，设置模拟应急演练、投诉和争执处理、讯息问询和答疑等情景，培训贯穿互动游戏、角色扮演等多种形式，让学员们接受整体的管理训练，提高综合能力。

2010 年 3 月 17 日，上海世博会石油馆举行礼仪接待人员开班仪式

（联合参展项目部　提供）

在培训中，礼仪学员以团队理念为培训目标，立志“成为上海世博会千万游客的服务员、平安和谐的安全员、世博知识的宣传员、精神文明的示范员”。做到“五知五会”，即知世博会宣传、知需求会服务、知规则会劝导、知急情会处置、知规范会自律。实现“我们是一支军队——钢铁之师、攻坚克难，我们是一所学校——实践锤炼、共同成长，我们是一个家庭——和谐友爱、快乐生活”的礼仪团队建设目标。树立“世博为我搭舞台，我让世博更精彩；世界级盛会给了我们创一流的机会；石油馆岗位给了我们施展才华的舞台”的工作理念。学员们以“提升学

习力、增强创新力、打造凝聚力、强化执行力；学习—潜力—创新—改进—发展；学礼仪、懂礼仪，争当礼仪之星，从走进上海交通大学校园开始”等学习理念，指导激励整个培训过程。

形体培训　　军训

（联合参展项目部　提供）

第三章　石油馆团队建设

第一节　党团组织建设

联合参展项目部按照上海世博局党委的要求，根据参展服务团队青年多、来自不同单位等情况，建立临时党总支，组建 5 个党支部；建立临时团委，组织党、团员及青年开展各种活动，为联合参展提供组织保障。

一、党组织建设

组建临时党总支　2010 年 5 月 1 日，石油馆落实中共中央组织部（以下简称中组部）《关于上海世博会各办展单位建立临时党组织并充分发挥作用的通知》精神，按照国资委党委、联合参展领导小组、上海世博局党委及世博会 DE 片区党委的要求，成立石油馆党总支，并下设 5 个党支部。石油馆共有员工 304 人，其中共产党员 70 人。在上海世博会期间，发展新党员 4 名，有 13 人向党组织递交了入党申请书；涌现出上海市“工人先锋号”集体 1 个，上海市优秀个人 2 名，世博园区月度冠军集体 10 个、个人 130 名，“世博先锋一线行动”优胜党支部 1 个、先进个人 2 名。

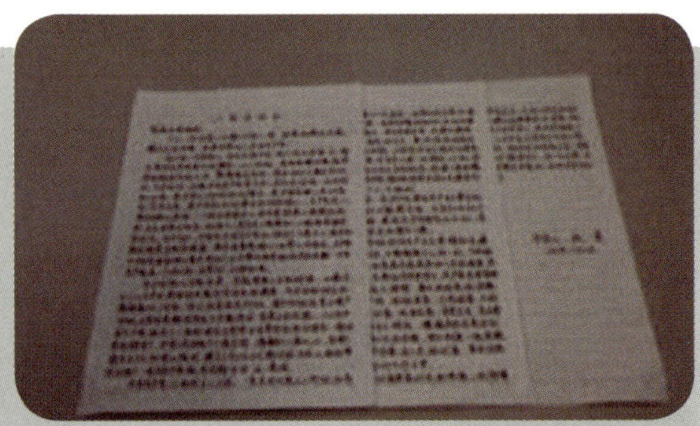

上海世博会期间，石油馆部分入党积极分子提交的入党申请书

（大庆油田公司　提供）

开展党建工作　在上海世博会运行期间，石油馆党总支开展“世博先锋一线行动”等活动。在石油馆开馆前夕，石油馆党总支就如何搞好上海世博会期间的党建工作，发挥党组织的作用等问题，召开各支委会，分析石油馆党建工作特点，认识在上海世博会大背景下，石油馆党建工作面临“三个特殊，三个特别”的形势和任务。

生活方式特殊，要特别注重搞好团队文化建设。石油馆近200名礼仪、安保人员来自三大公司；40余名管理人员全部来自大庆油田公司，都远离家乡过集体生活，难免生活不便，产生思念亲人等情绪。石油馆党总支为确保组织覆盖，构建团队文化、家文化，增强团队凝聚力。

工作环境特殊，要特别注重加强组织纪律建设。上海世博会是世界各国人民交流沟通的平台，干部员工的一言一行、一举一动都代表着企业乃至国家的形象。石油馆党总支加强组织纪律建设，使全体员工形成统一的思想意志和行动规范。

运行模式特殊，要特别注重锤炼过硬作风提高战斗力。石油馆总体运行200天（含试运行）以上，持续时间长，容易懈怠麻痹；干部员工工作内容单一，易产生枯燥厌倦情绪。石油馆党总支用大庆精神铁人精神构建干部员工的精神支柱，保持队伍高昂的士气和战斗力。

2010年5月1日，石油馆开始运行。石油馆党总支坚持把运行工作的难点作为党建工作的重点，“围绕运行抓党建，抓好党建促运行”，结合上海世博局开展的“世博先锋一线行动”创先争优活动，开展“奉献世博，争创一流”主题实践活动。组织学习培训、查摆问题、评比选树、总结表彰，使各级管理干部成为表率和榜样，党团员成为先锋和模范，礼仪服务人员成为形象大使和名片，安保、物业人员成为安全卫士与和谐使者，提升石油馆的服务接待水平。石油馆党总支建立完善的政治学习、民主生活会、民主评议共产党员、共产党员责任区、群团工作等制度，

2010年5月1日，石油馆党总支开展“奉献世博，争创一流”主题实践活动，礼仪服务人员召开学习会

（联合参展项目部 提供）

发扬石油石化系统党建、思想政治工作的优良传统。

安保消防部临时党支部建设 石油馆安保消防部共有共产党员22名，临时党支部（石油馆第五党支部）由5名委员组成，每周召开一次支部扩大会议，并开展“奉献世博，争创一流”实践活动，确保在上海世博会期间实现“平安石油馆”的工作目标。临时党支部抓住“围绕一个中心，突出两个重点，强化三个意识，完善四项机制，抓好五项工作”的工作目标。“围绕一个中心”即围绕“安全、成功、精彩、难忘”的工作中心，发挥党支部战斗堡垒作用，合理组织，科学安排，讲政治、顾大局，切实保障石油馆的安全平稳运营。“突出两个重点”即以做好石油馆的安全保卫和消防安全工作为重点，联系石油馆运营实际，提高安保、消防工作水平，预防处置可能发生的设备老化、敌对分子破坏、社会矛盾转化等危害石油馆安全平稳运行的事件。“强化三个意识”即大力提升万无一失的责任意识、万无一失的忧患意识和顾全大局的服务意识。用高度的责任心、荣誉感激励安保消防队员，完成石油馆安保消防执勤任务。“完善四项机制”即完善支委会会议制度，提高科学民主决策能力；不断完善突发事件应急机制，不断提高安保消防部处置突发事件的能力；强化三级管理制度，完善管理体系；完善石油馆安保消防体系，形成多点立体防范能力。“抓好五项工作”即抓好队伍管理工作，打造一支攻坚啃硬能打硬仗的铁军；抓好安保工作，石油馆的整体运营安全稳定；抓好消防安全，确保石油馆消防工作万无一失；发挥党支部战斗堡垒作用，凝心聚力，发挥党的核心作用；做好文明执勤，投诉处理工作。

安保消防部临时党支部每周前往队员住宿校园区，与队员开展谈心活动。队员工作压力大、心理负担重，临时党支部责成各队队长和支委开展“一对一”的谈心活动，解开队员心结，正确认识工作中出现的矛盾和问题。在上海世博会召开初期，观众举报事件频繁发生，临时党支部提出“转变作风，灵活机动，文明服务，礼貌接待”的要求，组织共产党员找差距、抓整改，实现安保投诉率零增长。

安保临时党支部每月安排一次会餐慰问活动，并及时解决队员吃不上早餐等问题，夏季为队员提供黄瓜和西红柿，随季更换夏装和秋装。安保临时党支部利用“八一”建军节和国庆节等假期，多次组织队员开展联欢活动及外出活动。

礼仪临时党支部获表彰 2010 年 6 月 28 日，在上海世博园区纪念中国共产党成立 89 周年大会上，石油馆礼仪临时党支部在世博园区的创先争优活动中，被评为“世博先锋一线行动”优胜党组织，李明春、王彧珠被评为“世博先锋一线行动”优秀共产党员。

二、团组织建设

2010 年 5 月—10 月上海世博会期间，石油馆有团员 267 名。联合参展项目部及时成立石油馆临时团委，并下设 5 个团支部。石油馆临时团委配合党总支组织开展“青春奉献七彩世博”活动、参观中共一大会址、参与石油馆“青年文明号”创建活动等，并荣获上海世博局团委授予的“青年文明号”称号。

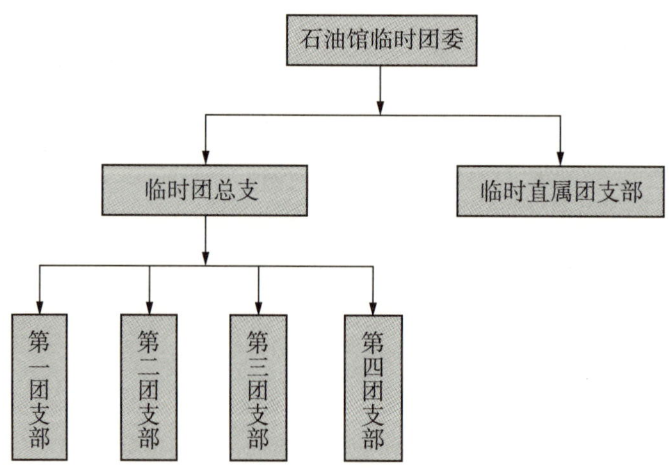

上海世博会石油馆临时团委结构图

第二节　党团组织活动

一、开展主题活动

石油馆经2010年4月15日中央企业馆试运行、4月20日满负荷体验活动等测试和体验活动后，在信息沟通、岗位职责等方面暴露出问题。石油馆党总支决定，在共产党员、共青团员和干部员工中开展“奉献世博，争创一流”主题实践活动。

2010年5月1日，石油馆正式进入运行阶段。开展“奉献世博，争创一流”主题实践活动，采取学习培训、查摆问题、评比选树、总结表彰等方法，各级管理干部、共产党员、共青团员争创先锋和模范，礼仪服务人员争创形象大使，安保、物业人员争创安全卫士与和谐使者。

二、团队文化建设

石油馆党总支成立团委、工会，开展团队文化建设。组织青年员工利用网络博客等形式，记录世博会工作经历，交流工作体会。在2010年7月1日，石油馆临时团委组织团员青年参观中共一大会址、上海龙华烈士陵园，号召团员青年继承发扬革命先烈遗志，以更加饱满的热情，完成石油馆的运行工作。

2010年7月1日，中国共产党成立89周年纪念日。石油馆临时团委组织团员

2010年7月1日，石油馆临时团委组织团员青年参观中共一大会址

（联合参展项目部　提供）

2010 年 7 月 1 日，石油馆临时团委组织团员青年参观龙华烈士陵园

（联合参展项目部　提供）

青年参观中共一大会址和龙华烈士陵园。

中共一大会址展览厅里，摆放着中国共产党的历史文物、革命战争时期的珍贵资料，团员青年用心品味展品。在龙华烈士陵园，团员青年们向烈士纪念碑敬献花篮，追思革命英烈。团员青年们在讲解人员引领下，走进陵园烈士纪念馆，聆听先辈们的光荣事迹。

参观结束后，石油馆服务保障人员表示："要把共青团员的光荣称号与肩负的责任、使命紧密联系在一起，做好服务保障工作，为石油馆的平稳运行作出贡献。"石油馆礼仪人员表示："要继承发扬革命先辈们的遗志，以敬业奉献、开拓创新的精神，做好接待、服务工作，圆满完成石油馆在剩余会期内的各项工作。"

三、"青年文明号"创建

上海世博局团委开展创建"青年文明号"活动后，石油馆组织团员青年开展争创"青年文明号"活动，培育"学习型、奉献型青年职工"，倡导职业文明为核心，以团支部建设为基地，开展各项文明创建活动。

建立创建领导小组　石油馆对创建活动进行指导组织，成立"争创'青年文明号'活动领导小组"，发挥大庆油田公司思想政治工作优势，从抓运行入手，为石油馆平稳运行提供组织保障。

制订工作计划和方案　争创"青年文明号"活动领导小组组织团员青年学习关于

创建“青年文明号”活动文件，明确创建活动的目的及意义、基本要求等；结合展馆实际制订创建规划和工作安排，召开动员会，进行部署和动员，在石油馆各部门形成参与创建“青年文明号”活动的良好氛围。

建设“学习型”青年文明号 在“青年文明号”创建实践中，石油馆把建设“学习型”青年文明号、培育“学习型”青年职工作为创建活动的重要内容。

依托书架建设，提升文化水平。石油馆以“读书好、好读书、读好书”为指导思想，建立“三好书架”，通过制订《图书借阅制度》、《图书管理制度》，筹建《青年职工读书档案》，以完善配书、管书、用书三个环节，搭建青年职工学习交流平台，成立各类学习小组，强化读书效果。

开展技术练兵，夯实业务基础。石油馆开展练兵活动，把提高业务技能作为建设“学习型”青年文明号的手段。推出“案例制”练功比武模式，把职工练功的课堂搬到现场，对场馆日常接待的各方面进行即时考核、即时评价、即时整改，掀起学技练兵热潮。

建设“奉献型”青年文明号 石油馆倡导“爱岗敬业，无私奉献”创建“青年文明号”活动的宗旨，开展青年职工“三德”教育，建设“奉献型”青年文明号。即加强道德教育，把深入贯彻《世博会公民道德规范》作为建设“奉献型”青年文明号的行动指南。通过推行“四个一”工作法，即“每季一书（读一本书）、每月

2010 年 6 月，上海世博会石油馆临时团委获“中国 2010 年上海世博会园区青年文明号”称号

（联合参展项目部　提供）

一歌（学唱一首革命歌曲）、每周一卡（制作发放一张信用寄语卡）、每日一题（背会一道公民道德建设问答题）”，提醒青年职工做讲道德、讲文明、讲敬业、讲奉献的“青年文明号”成员。通过征集岗位格言，教育和引导青年职工“爱国守法、明礼成信、团结友善、勤俭自强、敬业奉献”，培养青年职工无形的奉献意识，使青年践行《世博会公民道德规范》。

石油馆开馆后客流量大，日常接待任务重，石油馆工作人员每天工作时间由7个半小时增加到13个小时。参观者各有不同，各岗位的接待量也发生变化，石油馆在青年队伍中成立“互助队”，开展各岗位间的互相帮助、互相补台，使石油馆员工在开馆不到一个月的时间里，成为“多面手”。

石油馆在上海世博局团委创建“青年文明号”活动中，不断总结经验，发扬企业精神，立足岗位。2010年6月，石油馆临时团委被上海世博局团委授予“青年文明号”称号。

四、团员青年活动

石油馆的礼仪接待人员和安保人员的平均年龄25岁，每天接待近两万名参观者，礼仪接待、安保人员工作强度不断增大。石油馆临时团委在搜狐网上建立微

石油馆临时团委创建“石油馆青年”微博

（联合参展项目部 提供）

博，成立图书角，组建足球队、舞蹈队，排解团员青年的工作压力、放松紧张心情。开展“青春奉献七彩世博”主题活动，参与“文明观博 · 从我开始”活动等。

创建微博 石油馆临时团委在搜狐网上建立“石油馆青年微博”，团员青年用微博三言两语，上传工作照片，发表感慨，晾晒心情，缓解青年团员紧张情绪。礼仪人员在微博上留言，“世博会是一个展示我们年青一代的平台，石油馆为我们创造了更加亮丽的人生舞台，每一天我们都在感受着这百年一遇的成功精彩难忘的盛世。”

建立图书角 石油馆临时团委发现，礼仪接待人员、安保人员换班休息过程中，大多数人都在看电视、玩手机或睡觉。临时团委调查得知，大家有在轮休期间看书的愿望，但因工作时间长，没有时间买书。石油馆临时团委向党总支汇报，从大庆油田公司图书馆借调400余册青年人喜爱阅读管理、礼仪、时尚、励志、文学、心理学等图书，建立图书角，实行借阅制度。

石油馆为团员青年建立起“图书角”

（联合参展项目部 提供）

开展文体活动 石油馆临时团委利用礼仪接待、安保人员住在上海交通大学七宝校区，场地宽敞的便利条件，成立了足球队、篮球队和舞蹈队，丰富团员青年业余生活乐趣。

“青春奉献七彩世博”主题活动 “青春奉献七彩世博”主题活动为活动主要包

括“七彩世博石油之星”评选活动、“青春奉献七彩世博”故事集、“七彩世博”网络摄影展等适合青年的活动。

“七彩世博石油之星”评选活动。在世博会石油馆网站、世博会石油馆周报开辟专栏，每周进行一次人物推介，展示一名“七彩世博石油之星”，挖掘感人事迹，配以工作照刊发到专栏中，宣传介绍上海世博会石油奉献者的风采。对当选的“七彩世博石油之星”给予一定的物质奖励，并作为拟定候选人，在上海世博会结束后评选出“七彩世博十佳石油之星”，予以表彰。

“青春奉献七彩世博”故事集活动。将“七彩世博石油之星”感人事迹进行汇编整理，并在三大公司内部网站转发。

“七彩世博”网络摄影展活动。组织石油馆工作人员抓拍上海世博会展出期间的感动瞬间、精彩镜头，并在世博会石油馆网站定期刊出。在展出结束前一个月，对征集照片进行评选，并给予一定的物质奖励。

参与开展“文明观博·从我开始”活动 2010年6月20日上海世博园区运行期间，团建联建联席会议向团员青年发出“文明观博”的倡议即《团员青年“文明观博”公约》。在团员青年中开展“文明观博·从我开始”主题活动，践行《团员青年“文明观博”公约》要求，从我做起，在上海世博会运行期间保持“文明观博”的氛围。

在“文明观博·从我开始”活动中，团员青年畅谈感想。团员青年在“文明观博”感想中写道：“我们要力争——用微笑作为名片，对待他人、面对世界。只要我们每个人的脸上多一点真诚的微笑，世界就一定会变得更加可爱”。“世博会的成功、精彩、难忘，需要我们共同携手打造，我们期盼着在这个舞台上有你我的身

左图为石油馆礼仪服务人员学习“文明观博”公约；右图为石油馆礼仪服务人员交流“文明观博”心得

（联合参展项目部　提供）

影”。还有的以“世博，因你我而精彩”为题写道:“每天，当我踏着早晨的第一缕阳光，来到被清洁得一尘不染的世博园区，我尤感自豪与光荣，我把园区当成自己的家，为即将前来参观的游客做好主人应该做的准备，心里对即将到来的游客有一种期盼，因为只有他们才能证明我们自己，才能验收我们的成绩。当能够热情又周到地解决游客遇到的困难，从而得到他们的赞许时感觉自己的付出根本不算什么，反而是非常值得的，因为我帮助他人的同时自己是快乐的”。“在人流逐渐增多的石油馆，光靠我们馆内工作人员是绝对不行的，是需要大家共同合作的，只有大家都学礼仪懂礼仪用礼仪，才能得到最好的结果”。

开展“感恩于心，爱与世博同行——阳光·慈爱”捐赠活动 2010年7月21日，石油馆响应上海世博局的号召，组织开展“感恩于心，爱与世博同行——阳光·慈爱”捐赠活动，帮助无法亲自体验世博会的弱势群体。20日，石油馆将捐赠活动消息通知各部门后，不论是在岗的，还是在寝室休息的礼仪人员都积极捐赠。休息的礼仪部人员一接到在岗人员电话通知，立刻查看自己的物品，为无法体验上海世博会的朋友献出爱心和绵薄之力。21日是捐赠日，离捐赠时间还有半个小时，礼仪人员就在会议室门前排起长队，一个小时会议室的桌子上摆满衣服、鞋、凉席、帽子、雨伞、台灯、电话等爱心物品446件。许多礼仪人员把平时用来看书用的台灯、妈妈送的崭新皮包、自己最喜欢穿的碎花裙子、新衣服等捐赠出来。

开展“石油魂”铁人精神专题宣讲 2010年8月，上海世博会历程过半，石油

2010年8月11日，石油馆临时团委邀请大庆油田铁人王进喜纪念馆宣讲团作“石油魂”铁人精神专题宣讲

（联合参展项目部 提供）

馆成为上海世博园热门场馆之一。为激励石油馆团员青年开拓创新，奉献世博，更深层次领会大庆精神铁人精神的核心精髓。11日，石油馆临时团委在开展“飞扬青春，奉献世博”系列活动中，邀请大庆油田铁人王进喜纪念馆宣讲团到石油馆，作“石油魂”铁人精神专题宣讲。铁人王进喜纪念馆宣讲员利用大量的图片资料，讲述大庆油田创业时期工人勇于开拓、无畏困难、甘于奉献的事迹，讲解大庆石油会战中所形成的宝贵经验和优良传统，及铁人王进喜一生为中国石油工业的发展、建设所作出的重大贡献和感人事迹，宣讲会不时爆发出热烈掌声，许多人还感动得流下眼泪。

“相约七夕”馆际青年联谊会 2010年8月，石油馆承担六大中央企业馆际活动的组织工作。16日是中国的“七夕节”，石油馆为加强馆际青年的交流，举办上海世博会“相约七夕”馆际青年联谊会，使6个中央企业馆的60余名青年在短时间内，互相认识、初步了解。“相约七夕”馆际青年联谊会活动包括组队、信任背摔、极速60秒、穿越电网、垂直云梯、皮艇竞技、雷区取水等，通过小游戏使青年互相帮忙，互相鼓励，互相信任，活动现场气氛融洽、和谐、有趣、活泼。

石油馆党团组织开展多项娱乐活动

（联合参展项目部　提供）

“世博卢湾杯”馆际青年足球联谊赛　2010年8月26日，石油馆临时团委承办，诚邀太空家园馆、中国航空馆、中国船舶馆、国家电网馆、信息通信馆在卢湾体育馆举行2010年上海世博会“世博卢湾杯”馆际青年足球联谊赛。

石油馆组织青年开展“飞扬青春，奉献世博‘世博卢湾杯’”足球联谊赛

（联合参展项目部　提供）

第三节　参与上海世博会组织活动

一、参与“平安和谐、优质服务”运行保障立功竞赛活动

2010年4月21日，上海世博会DE片区发出《开展“平安和谐、优质服务”运行保障立功竞赛活动的实施方案》，提出世博会运行周期长、驻园的服务团队多，分别来自不同国家、不同地区、不同系统、不同所有制、不同行业、不同文化背景的服务团队人员达20万人（次）。为把众多的人员凝聚成“统一高效、协调有序、团结协作”的工作团队，通过运行组织体制进行科学管理，确保运行，并加强组织动员，运用立功竞赛等载体，凝聚力量、集聚智慧、激发活力，积极营造“你追我赶、攻坚克难、顽强拼搏、奋发有为”的竞赛氛围，发挥广大办博人员的聪明智慧，齐心协力抓推进、抓聚焦、抓落实，实现上海世博会“成功、精彩、难忘”的总体目标。

上海世博会DE片区提出，2010年5月1日—10月31日上海世博会运行期间

石油馆礼仪服务人员积极参与“平安和谐，优质服务”活动
（联合参展项目部 提供）

为竞赛时间。凡进驻DE片区的园内各外企服务团队及服务人员；各DE片区各板块及工作人员，均为本次竞赛的参赛对象。竞赛设立由DE片区各临时党支部、片区部各板块组成的43个参赛单位，根据上海世博局党委提出的“以片区为基础，以党建为依据”开展立功竞赛活动，并成立DE片区竞赛领导小组。以“五比五赛”为内容开展团队竞赛，即比安全稳定，赛平安和谐；比服务品质，赛观众满意；比工作环境，赛整洁优美；比文明礼仪，赛服务形象；比组织保障，赛运行有序。以“四赛四好”为内容开展个人竞赛，即赛奉献，工作业绩好；赛质量，优质服务好；赛作风，文明形象好；赛协作，团结互助好。

二、参加上海世博会DE片区党建工作现场会

2010年8月，上海世博会DE片区召开“发挥党建优势，优化两个服务”党建

石油馆党总支组织礼仪服务人员积极参与上海世博会DE片区“平安和谐，优质服务”活动
（联合参展项目部 提供）

工作现场会。联合参展项目部副经理、石油馆馆长刘俊杰参加会议并做题为《发扬石油石化企业优良传统，不断加强党的建设，为展馆运行提供坚强组织保障》的发言，总结石油馆党总支坚持把展馆实际运行中的难点作为党建工作的重点，发扬石油石化企业党建思想政治工作的独特优势，坚持抓运行从思想入手，抓思想从运行出发，围绕运行抓党建，抓好党建促运行，不断加强党的建设，做到“三个围绕，三个确保”，即围绕构建科学的运行机制，发挥党的组织优势，确保安全平稳运行；围绕提供人性化服务，发挥党的宣传优势，确保为观众营造温馨的观展氛围；围绕培育过硬的队伍作风，发挥党的政治优势，确保以凝聚力提升战斗力。全力实现“安全、成功、精彩、难忘”的目标，为 2010 年上海世博会增光添彩。

上海世博会 DE 片区党委慰问石油馆共产党员

（联合参展项目部　提供）

第四章　石油馆试运行

第一节　中央企业馆试运行

2010 年 4 月 15 日，上海世博会石油馆随着中央企业馆试运行启动仪式进入试运营阶段。国资委主任李荣融在王宜林等陪同下，与首批参观者一起参观石油馆，体验“石油，延伸城市梦想”的展陈主题，对石油与人类衣、食、住、行、娱乐等方面密不可分关系的布展，李荣融十分满意，并表示“石油馆的展示，既让人们看到石油的重要，同时也能看到石油的来之不易，即有着高科技的含量，也体现着石油人的艰苦工作，因而要特别珍惜资源”。看到石油馆里展示的海上钻井平台，李荣融感慨地说：“七八级的大风，人站都站不稳，而我们石油工人还要在上面工作，参观者一看，就能感受到石油开采的艰苦。更能体验到‘石油，延伸城市梦想’。”李荣融还指出：“石油馆建设者发扬大庆精神铁人精神及中国石油石化行业优良传统，努力克服项目特殊、工期紧张、情况复杂、异地建设等困难，艰苦奋斗、科学组织、勤俭办馆，通过日夜奋战，仅用25个月的时间，就完成石油馆的建设布展任务，按时进入试运营。”

2010年4月15日晚，国资委在上海世博会浦西园区举办“2010年上海世博会中央企业馆试运行启动仪式”。李荣融与中共上海市委副书记、市长韩正出席仪式并致辞。国资委副主任黄淑和，上海市委常委、常务副市长杨雄，副市长艾宝俊，王宜林，中国石油天然气股份有限公司副总裁刘宏斌等出席中央企业馆试运营启动仪式。与会领导及参与建馆的中央企业负责人同时按下启动按钮，6个中央企业馆依次被点亮，中央企业馆试运行启动。

李荣融指出，国资委按照中共中央、国务院的统一部署，积极组织推动中央企业参与上海世博会的筹办工作。中央企业把参与上海世博会作为履行责任的历史机遇，坚持“科学办博、绿色办博、安全办博、廉洁办博”，全力打造出6个独具匠心、亮点纷呈的中央企业馆。上海世博会举办时间长，参观人员多，中央企业馆展演方式复杂，互动项目多，设备运转频次高，对中央企业馆的展示、运营工作提出了挑战。各展馆要认真总结试运营的经验，及时改进提高，继续精心组织，扎实办展，提高服务水平，善待中外参观者。同时，加强设施维护，做好各种应急预案，确保运营安全。上海世博会的主题是“城市，让生活更美好”，中央企业在很多领域都与城市生活息息相关，中央企业是城市建设的开拓者、城市运行的保障者、城市高品质生活的创造者，更是未来生活的探索者。通过参与上海世博会的建设，充分展示中央企业建设美好城市、美好家园的坚定信心，也展示中央企业造福社会、造福人民的崇高使命。李荣融代表国资委和参展的中央企业，诚挚邀请社会各界参观中央企业馆，体验中央企业对未来城市的美好憧憬。

韩正代表上海世博会执委会、中共上海市委、市政府，对上海世博会中央企业馆试运行启动致以热烈的祝贺，向大力支持和热情参与上海世博会筹办的国资委及各中央企业表示衷心的感谢。韩正指出，8年来，在国资委的有力领导和统一部署下，中央企业积极参与上海世博会，成为上海世博会的全球合作伙伴、高级赞助商和参展企业，在能源、交通、通讯、食品供应等方面，为上海世博会的筹办工作作出重要贡献。上海世博会中央企业联合参展，规模之大、投入之大前所未有，相信中央企业馆一定会成为本届世博会上的一大亮点，也一定会为“城市，让生活更美好”主题作出更加生动的诠释。

王宜林在中央企业馆试运行启动仪式上，介绍了石油馆建设、策划、布展的特色和亮点。王宜林表示，“石油馆站在人类社会可持续发展的高度，思考石油石化企业的责任与使命；从低碳经济需要出发，探讨石油石化企业发展的未来和方向；运用高科技手段演绎展览主题，充分揭示了‘石油，延伸城市梦想’的内涵。石油馆运营任务艰巨，责任重大，要努力实现‘安全有序、运转和谐、精彩难忘’的工作目标”。

第二节　石油馆体验测试日

2010 年 4 月 20 日为上海世博园区的体验测试日。在上海世博局的统一安排下，按照联合参展领导小组办公室的部署，石油馆展开体验测试工作，进行了石油馆的容量测试、系统测试、接待测试、讲解测试，全面掌握石油馆的承载能力，保证正式运行的安全。石油馆体验测试在接近满负荷运行的情况下，保证设备运转良好，消防、安保整体井然有序，各个层面的接待有条不紊，具备正常运行条件。

一、体验测试内容

石油馆按照瞬时最大容量值进行测试，检验石油馆的最高负荷能力，进行石油馆的容量测试；对展馆运行的电力、通风、设备、消防、物业、安保、应急处理等，进行全方位的系统检验测试。同时，配合进行 VIP 接待流程的测试，根据情况进行必要的修正和改进；VIP 接待是石油馆参观接待工作的重要组成部分。按照三级 VIP 礼遇级别，石油馆进行 7 种参观路线及接待服务测试；讲解与现场实际进行结合，根据贵宾及参观者的兴趣感受，灵活调整讲解词，适应个性化需求，进行实际讲解测试。

体验测试活动了解参观者对石油馆的评价，安排记者在出口处随机采访参观者，了解参观感受，用于内部宣传和工作改进；石油馆及时做好与上海世博局、各馆之间的信息沟通，特别是对 VIP 的参观与其他展馆做好必要的引导和联系服务；对体验测试活动进行总结评估，召集石油馆讲解、接待、物业、安保、餐饮等各部门负责人进行总结评估，提出改进意见。

二、体验测试日参加人员及入园安排

体验测试日参加人员 按照上海世博局票务安排，石油馆在体验测试日（4月20日）统一组织参观团，共分配活动门票1000张。其中，中国石油700张，中国石化200张，中国海油100张。参加体验日活动的人员以三大公司驻沪企业员工为主。其中包括部分石油石化专家，联合参展领导小组办公室领导成员，联合参展领导小组办公室综合组、运行组、接待组、宣传组、安保组有关人员，三大公司驻上海的企业领导及员工代表，部分参建单位员工代表或家属，部分新闻媒体记者等。石油馆体验测试日活动从9时开始，18时30分结束，共接待参观观众7900名。

2010年4月20日石油馆体验测试日，共向参观者发放1100张意见征集单，收回1020张，参观者对石油馆展览表示出较高的满意度，特别是对展馆的建筑外形、4D主题电影、展馆内容、吉祥物“油宝宝”、礼仪服务等给予较高评价。

体验日入园安排 由联合参展领导小组办公室综合组协调三大公司驻沪企业，从浦西上海世博园区1号门（浦西龙华东路与鲁班路交叉口）进入，按规定时间段组织参加活动人员分批（次）进行参观。由于石油馆每批最高入馆量为128人，5分钟为一批，入园顺序安排为中国海油驻沪企业100名员工入园参观时间为9时至9时05分；中国石化驻沪企业200名员工入园参观时间为9时05至9时15分；中国石油驻沪企业700名员工入园参观时间为9时15分至9时45分。

三、体验日接待服务

2010年4月20日，上海市区普降小雨。9时至18时30分为石油馆体验日活动时间。三大公司机关统一组织的参观团及1000名员工，中央企业馆馆长观展团及普通参观者参观展览。当天有120名礼仪接待人员投入工作，做好普通参观者、VIP、媒体记者的接待服务工作。

在普通观众的接待服务中，石油馆安排专人负责维护观众排队秩序，派发石油馆宣传单；在石油馆入口处、4D影院入口处设置水牌，标明参观注意事项；开通残疾人通道，为残疾人参观者提供轮椅；对有语言服务需求的外国参观者，给予必要的引导介绍服务。为参观者提供详细、生动的讲解。

在做好VIP接待服务中，按照中国石油有关VIP接待礼遇标准，石油馆管理人员进行迎接、陪同并安排讲解；馆内记者进行跟随采访；贵宾室、餐厅等部门按规格进行接待；礼仪接待人员提供详细的讲解服务，并两批领导提供 VIP 餐厅就餐服务。在媒体记者接待服务中，石油馆对到访媒体记者安排专人陪同，提供相关资料，为记者采访创造条件；并及时掌握情况，对记者在现场工作中遇到的突发事件，及时做好应对处理。

在石油馆体验日活动中，全天售卖品销售额达到 2 万余元，畅销的商品以石油馆自主开发的商品为主，参观者对“油宝宝”、“油立方”等具有石油馆鲜明特征的售卖商品表现出浓厚的兴趣。

四、体验日突发事件模拟演练

在体验日石油馆安排突发事件模拟演练。对参观者在排队及参观过程中突发的中暑、昏厥、疾病等事件，石油馆工作人员进行辅助应急处理，并及时与上海世博园区相关部门联系，确保及时救治。对突发停电、火灾等事件，启动安全、消防等预案，有条不紊地做好观众的疏散、情绪平抚等工作，把事件造成的损失及影响降到最低。对滋事、破坏等治安刑事案件及政治事件，按照相关预案及时处理。必要时召开新闻发布会，避免发生混乱，造成大范围影响。

五、体验测试日评估

石油馆对体验测试日活动情况，专门召开评估会议。联合参展领导小组办公室接待组负责人、石油馆各部门负责人分析存在问题，提出解决方案。

联合参展项目部提出：以顺畅信息传递渠道为重点的贵宾接待工作，以除味和相关硬件设施完善为重点的现场工作，以流程优化和讲解为重点的服务工作，以丰富商品种类为重点的售卖工作，以消防和应急医疗措施为重点的安保工作，以建立值班馆长制度为重点的日常管理工作等，针对体验日暴露出的问题，进行整改。

2010 年 4 月 22 日，王宜林在《石油馆体验日活动有关情况的报告》上批示：“石油馆体验测试取得圆满成功，特向同志们表示热烈祝贺！要再接再厉，发扬成绩，积极改进不足，取得更大的成绩。”

六、石油馆测试

2010 年 4 月 20 日，上海世博园区进入测试工作阶段后，石油馆随即展开全面的测试工作。

石油馆部分测试情况一览表

表 2-1　　（单位：人）

测试时间	世博园测试规模	接待 VIP	接待 MIP	接待游客
2010 年 4 月 20 日	—	—	—	7900
2010 年 4 月 21 日	—	20	—	—
2010 年 4 月 23 日	100000	409	—	4619
2010 年 4 月 24 日	300000	211	55	3656
2010 年 4 月 25 日	400000	165	—	4807
2010 年 4 月 26 日	—	197	—	3217

2010 年 4 月 20 日，上海世博会举行 20 万人的综合大演练，7900 名观众前来石油馆参观。

2010 年 4 月 21 日，石油馆共接待两批、20 余人的 VIP 参观。中国石油原老领导们是在参观国家馆、部分外国馆、主题馆后，来到石油馆的，大家对石油馆给予“非常满意”的评价，认为“石油馆展陈内容有特点，组织协调有序，礼仪服务到位，为上海世博会参观起到了画龙点睛的作用。对石油馆的展陈方式、展陈内容给予高度评价，认为石油馆不仅较好体现了石油石化工业的发展，还生动展现了一部石油石化行业的艰苦奋斗史”。

2010 年 4 月 23 日，上海世博园进行 10 万人的测试活动，石油馆共接待观众 4619 人。23 日，VIP 接待数量较多，上海世博局共安排石油馆接待 15 批，临时接待 8 批，共接待 VIP409 人。

2010 年 4 月 24 日，上海世博园组织进行 30 万人测试。石油馆全天接待游 3656 人，其中 VIP211 人、MIP55 人。

2010 年 4 月 26 日，石油馆全天接待游客 3217 人，其中 VIP12 批、197 人。

石油馆将测试活动作为上海世博会的实战进行演练，建立早会和晚会制度，各部门及时沟通信息，发现问题，进行解决，保证正常运行；并建立值班馆长制度，分工负责，落实责任，保证决策高效，指挥得力。在测试活动中，现场发生的二楼饮水机漏水、三楼座椅损坏等问题，维修人员进入临战状态迅速到位，及时排除故障；礼仪接待人员每 6 分钟就清洗一批 4D 眼镜，为观众提供良好的观展条件；宣传工作人员主动到问讯处申领园区地图，并在排队区有针对性地进行发放；运营公司积极配合，及时上报消防流程图、配备一级 VIP 备品；物业系统只要有需要就立即做出响应，整体表现出团结协调、运转高效的团队作风。

经过一周的试运行，石油馆各项接待工作进入科学、合理的运行状态。石油馆测试结果，将每 5 分钟进入一批参观者，调整为每 20 分钟进入一批参观者，使展馆内部各运行环节比较从容，场馆外参观者情绪也比较缓和，参观流程更加顺畅。石油馆总结出在几个入口，包括普通观众的排队队形及护栏设置问题；一级 VIP 和普通 VIP 入口管理等问题。按照中国石油的意见，石油馆迅速做出除一级 VIP 外，其他参观者只走 VIP 通道，不进休息室的安排措施。物业部门根据测试情况，迅速对卫生清洁管理工作进行调整，在场馆外，增加一个清洁岗位，重点做好等候区、喷泉区的卫生清洁管理，并及时排除一楼公共卫生间下水道堵水故障。

2010 年 4 月 27 日上海世博园闭园。石油馆参展项目部部署闭馆，安排礼仪服务、安保物业人员休息。

第三节　上海世博会开园亮灯仪式

2010 年 4 月 30 日，上海世博园区进行 40 万人的测试活动，并进行开园亮灯仪式。石油馆对测试中发现的尾展主题标志音效、排队等候区的整改、电影院设备、展区指示牌、音乐喷泉播放、讲解词、餐厅服务、签字本及提醒服务等问题逐一进行解决。在 4 月 30 日前，由石油馆工程部配合做好音箱、强弱电布置工作，对尾展的主题标志音效进行调试；对排队方式进行整改，研究制订出整改方案，采取安装固定围栏方式，对排队等候区的整改；对影院的座椅进行调试，保证整个运行期不出现质量问题，做好喷水均匀性调试，厂家维修人员 24 小时驻场，随时做好维护，对一些特殊设备，提前进货，留足储备量；从展馆展线入口，到排队等候区摆放时间提示牌，对排队区的时间提示进行研究，制订等候时间提示；制订音乐喷泉播放方案，明确接待不同观众，播放不同的音乐、水型；明确什么时间播放、关闭时间；做好尾展的讲解工作，由设计单位提供尾展的全部版文，岗位讲解员认真研究、消化；调配力量，加强餐厅服务人员。

2010 年 4 月 30 日，在上海世博园亮灯仪式中，石油馆完成接待服务工作。

第三篇　石油馆接待

2010 年 5 月 1 日，上海世博会正式开幕。在上海世博会期间，石油馆连续 4 个月位列世博园观众排队等候时间第一，创造了世博排队纪录。截至 2010 年 10 月 31 日，石油馆举行熄灯仪式，共接待观众 361 万余名，VIP 累计接待达 206857 人，成为上海世博园区贵宾接待量最大、级别最高的展馆之一。

联合参展项目部在试运行的基础上，动员组织石油馆各部门研究并进行多次模拟、调试，逐步形成较为科学的接待运行机制。并迅速就优化流程、提高观展流量进行讨论，形成石油馆优化运行方案，制订“优化流程、简化岗位、开放尾展”的工作方针，形成普通观影、VIP 观影和非观影三部分观展人流，增加石油馆参观量。接待服务人员开展人性化服务，做到岗前准备、岗后回顾，不断改进服务方式，在上海世博会期间赢得良好口碑。

在上海世博会期间，石油馆先后组织了选取第 100 万名参观者并举行答谢仪式活动；2010 年 7 月 30 日，在石油馆前广场组织“特别活动日”，吸引万余名参观者参与互动，并发出“节约石油　绿色发展”倡议；8 月 27 日，石油馆牵头举办“科技进步与城市未来发展”世博畅想活动等，各种特别活动宣传石油馆展陈内容，倡导清洁能源和低碳生活方式，吸引更多的参观者前来参观。

上海世博会展期内，正值上海天气最热的季节。石油馆采取馆外喷放冷雾降温、在观众等候区的三角屏上播放足球比赛、实时监控馆内温度等措施，为广大参观者营造舒适、清爽观展环境。在石油馆接待的 184 天，场馆运营实行每天两班倒，少数岗位实行三班倒，每班需要 130 人。参与运营、接待服务人员 320 名，使“石油，延伸城市梦想”的参展主题，石油石化人优秀管理经验、宝贵精神传统，给参观者留下深刻印象。

上海世博会接待工作中，上海世博园区外接待由三大公司分别负责各自嘉宾和员工的接待工作。中国石油的园区外接待工作按照“谁邀请，谁负责”的原则，由中国石油办公厅、外事局、老干部局和企事业单位分别组织，中国石油上海浦东华油实业有限责任公司（以下简称浦东华油公司）承担观博接待任务。从 2010 年 4 月 20 日上海世博会试运行，至 10 月 31 日上海世博会闭幕，上海中油阳光大酒店以五星级标准迎接宾客，共接待观博人员 11450 人（次）。

第一章　调整接待流程

第一节　优化参观流程

2010 年 5 月 30 日，中国石油总经理助理、办公厅主任、联合参展领导小组办公室主任李润生组织人员到石油馆调研，并召开现场办公会议。李润生指出，经过一个月的运行，石油馆基本达到了“安全、成功、精彩、难忘”的工作目标，要把“确保安全、优化运行、提高流量、扩大影响”作为重要任务，在保障安全的前提下，保证 150 万人的流量底线，确保在 184 天的展期内突破 200 万人的目标。

石油馆联合参展项目部在试运行的基础上，动员组织各部门研究并进行多次模拟、调试，逐步形成较为科学的接待运行机制，形成普通观影、VIP 观影和非观影三部分观展人流，增加石油馆参观量。

一、优化流程

石油馆将每日参观流量划分为高峰期、次高峰期和非高峰期三个时段。根据不同时段，实施不同的运行方案，安排相应的入场批（次）、入场人数，使接待流程能够科学、高效。在高峰期和次高峰期，及时把贵宾接待等礼仪人员调配到繁忙岗位；把一些非关键防护部位的安保人员调配到排队等候区等重点部位，形成灵活的岗位设置模式。石油馆在 VIP 和 MIP 接待上形成较为优化的流程，从 2010 年 6 月 12 日起，每天入馆人数达到 2 万人（次）左右。

石油馆日入馆人数优化流程表

表 3–1

时 间 段	入馆人流间隔
9 时 30 分	进入第一批客流
9 时 30 分—12 时（高峰期）	9 时 35 分进入第二批客流
	此后，每隔 8 分钟进入一批客流。（这个节奏在参观高峰期，即开馆至 12 时期间保持）
12 时 — 18 时（次高峰期）	每隔 10 分钟进入一批客流
18 时—21 时 15 分（非高峰期）	每隔 12 ~ 13 分钟进入一批客流

二、简化岗位

石油馆礼仪接待人员在高峰期和次高峰期，根据情况及时从一些工作负荷相对较轻或暂时空闲的岗位调人，充实到 4D 影院的 3 个入口。非高峰期回到原岗位，实现岗位设置最优。安保人员通过对个别通道加锁等措施，把一些非关键防护部位的安保人员调配到排队等候区、尾展等重要部位，加强安保防护力量。

为确保大流量超负荷状态的安全运行，石油馆配合简化岗位实施，组织加强播放、座椅等关键设备的养护维修工作，并实行日检查、周保养制度。同时，定期开展消防演习、故障演练，完善各种应急预案，夯实展馆正常接待运行的设备保障基础。

三、开放尾展

联合参展项目部研究决定，从 2010 年 6 月 4 日起，对尾展区实行开放式管理，形成开放式展厅。对尾展区进行开放式管理，使石油馆参观流量比原来增加近 3 倍，平均每天达到 1.50 万人以上。同时，一些非观影观众无需排队就可直接进入尾展区参观，参观者可以全面了解石油石化知识、满足部分参观者盖章愿望，增加售卖区销售额。

第二节　人性化接待服务

中国石油、中国石化、中国海油党组领导对石油馆接待服务工作提出要求。2010 年 4 月 30 日，中国石油总经理、党组书记蒋洁敏到石油馆参观指导。蒋洁敏指出，石油馆的硬件设施很过硬，整个展馆建设达到了预期目标。在接下来的运营中，将会有大量的参观者来到石油馆。这是一个让公众了解石油、了解石油石化行业的重要平台与机会，石油馆要在非石油石化行业、普通参观者方面做更多工作，用生动、科普的讲解，给广大参观者留下深刻印象，让参观者切身体会到石油的不可缺少、来之不易与弥足珍贵。蒋洁敏鼓励石油馆工作人员，展馆建成只是“万里长征的第一步”，后期运行更加艰苦，各项工作要跟得上开馆后越来越多参观者的需要，服务要更加完善，涉及数据要更加清晰明了，礼仪接待要更加亲和，讲解要更加通俗易懂，借助上海世博会平台，充分展示石油石化行业的良好形象。7 月 10 日，中国石化总经理、党组书记苏树林到石油馆参观指导，对石油馆建设和运行情况给予高度评价。苏树林在观看 4D 影片《石油梦想》后指出展馆设计和构思让人充满了惊喜，并评价：“这么多的观众，大家排队等候几个小时进入石油馆参观，已充分说明我们这个馆的建设水平，石油馆确实代表了三大石油公司的水平。”

石油馆按照三大公司领导要求，实施人性化接待服务，在石油馆排队等候区、石油馆内参观、4D 电影观看等过程中，石油馆工作人员始终处于饱满的精神状态，迎接“大客流”服务。石油馆要求接待服务人员在岗前做到“三准备”，即妆容、微笑、心态准备；岗后“三回顾”，即快乐、失误、进步回顾，保证参观者的满意。特别是进入 2010 年 6 月中旬，石油馆每天虽有两万人左右的参观量，却创造了半个月内参观者“零投诉”的成绩。

一、国际政要及友人参观石油馆

2010 年 5 月 1 日，哥伦比亚矿产与能源部部长埃尔南 · 马丁内斯 · 托雷斯参观石油馆。评价：“石油馆非常好，有个非常棒的主题，电影非常震撼，展览不仅呈现了石油对于现在生活的重要作用，还指出了在未来的不可或缺。”

2010 年 5 月 5 日，国际展览局主席蓝峰参观石油馆。评价：“石油馆非常非常非常令人难忘！我想，它对年青一代特别有教育意义。”

2010 年 5 月 26 日，挪威石油能源部部长特杰恩 · 约翰森参观石油馆。题词：“这是一个很棒的展示，感谢带给我们这种奇妙。”

2010 年 6 月 10 日，缅甸外长吴年温参观石油馆。题词：“我非常难忘在上海世博会参观石油馆，我祝石油馆越办越好！”

2010年6月15日，厄瓜多尔前总统卢西奥·古铁雷斯·博武阿参观石油馆。题词:“你们的馆非常神奇，我希望我们国家可以学习你们的技术，来保护大自然。”

2010年6月17日，泰国驻华大使MR.PiamsakMilintachinda参观石油馆。题词:“你们的展示内容非常有教育意义而且震撼。”

2010年7月1日，乍得爱国拯救运动全国政治局总书记纳古姆·亚马苏姆参观石油馆。题词:“非常感谢你们安排的这次参观活动，我们从中了解了石油的过去和未来，受益匪浅。”

2010年7月15日，哈萨克斯坦副总理舒克耶夫参观石油馆。题词:“祝石油馆及上海越来越好。”

2010年7月21日，泰国公主诗琳通参观石油馆。题词:“中流砥柱。”

2010年8月28日，吉尔吉斯斯坦外交部长鲁斯兰卡扎克巴耶夫参观石油馆。题词:“感谢中国世博会石油馆的热情招待！祝愿中华人民共和国在经济发展中取得重大成就。”

2010年9月16日，津巴布韦副总理 Arthur G.Mutambara 参观石油馆。题词:“石油，延伸城市梦想。展览很精彩，但石油资源是有限的，我们需要减少石油资源的使用，感谢精彩的展览。”

二、两院院士参观石油馆

2010年5月7日，中国工程院院士邱中建参观石油馆。题词:“油气创造七彩人生，也创造梦想和彩色。”

2010年5月11日，中国工程院院士崔国良参观石油馆。题词:“石油精神，中国楷模。”

2010年6月5日，“杂交水稻之父”、中国工程院院士袁隆平参观石油馆。评价:“来这之前，没想到石油与生活有这么广泛的联系，看来，以后不能只说要节约粮食了，更要节约石油。”

2010年7月7日，中国科学院士于渌参观石油馆。评价:“石油馆为全世界的观众做了一个很好的科学知识普及，4D 电影用最先进的形式表达了珍惜石油，爱护地球的理念，非常具有教育意义，令人印象非常深。”

2010年7月10日，中国工程院院士柳百成参观石油馆。题词:“没有石油就没有我们的生活，向石油战线工作者致敬！”

2010 年 7 月 12 日，中国科学院院士柴之芳参观石油馆。题词：“感谢石油战线为我们做出的贡献”。

2010 年 8 月 16 日，中国工程院院士李鹤林参观石油馆。

2010 年 8 月 18 日，中国科学院院士王铁冠参观石油馆。题词：“发展石油工业。”

2010 年 9 月 17 日，中国工程院院士曹湘洪参观石油馆。

三、石油馆排队等候区服务

2010 年 5 月，石油馆正式开馆后，排队等候区域一再扩大。5 月中下旬，排队等候的参观者队伍延伸到相邻的可口可乐馆外。6 月，蜿蜒曲折的排队等候参观者队伍占满了石油馆门前的小广场，扩展到世博园 D 片区的高架步道下。进入 7 月，每天一大早，石油馆排队等候区就挤满了参观者，沿着高架步道一直往东排，排过中国人保馆、上海企业联合馆，一直到七八百米外的震旦馆附近。

为排队等候区参观者降温　针对夏季气温持续升高及石油馆排队等候区参观者越来越多的情况，石油馆采取喷放冷雾、开启喷泉等方法，帮助排队等候区参观者降温，并增设多个大型遮阳伞，提供相对舒适的排队环境。2010 年 6 月 18 日，上海进入梅雨季节。19 日，上海世博园迎来入梅后首个高温日，世博会气象站测得园

2010 年 6 月中旬，石油馆排队等候区

（联合参展项目部　提供）

区最高温度达36.2摄氏度。为缓解高温对排队等候区参观者的侵袭，石油馆及时打开馆外冷雾喷放设施。喷雾过程中，不少参观者暂停脚步，站在石油馆的周围，享受蒙蒙细雾带来的清凉。

进行友好沟通 石油馆从试运行开始，就是上海世博会最热门展馆之一。因为人多，按电影场（次）放入参观者，排队时间相对较长，参观者难免出现抱怨等。接待服务人员耐心安抚大家情绪，有的小朋友排队时间久了，需要上厕所，而家长又要排队不放心让孩子一个人去时，接待服务人员主动带小朋友上厕所。

石油馆的安保和接待服务人员与排队等候区观众进行友好沟通。进入2010年6月，学校陆续放暑假，到上海世博园参观的观众不断增加。16日，上海世博园参观人数达55.20万人，创下开园以来单日客流的最高纪录。石油馆的排队时间一度突破5个小时，排队等候的参观者队伍一直延伸至其他场馆附近。为给参观者提供相对舒适的排队环境，石油馆不仅在排队区增设数把大型遮阳伞，礼仪服务、安保人员还为有需要的参观者送水。在场馆排队的杭州游客说："石油馆的服务工作想得周到，做的具体。"石油馆参观等候区的接待服务人员每天要为成千上万的参观者做参观疏导，耐心解答各种问题。

保持排队等候区清洁 石油馆的物业人员为保持排队等候区的卫生，又不影响观众排队，总是跟在队尾，一点点地清扫垃圾。每打扫一遍需要3个小时，完成清洁后从出口走出，再跟到队尾进行新一轮的排队打扫。经过一个上午，排队等候区地面都有不少垃圾。每天11时，石油馆保洁部都组织人员手攥着大号塑料袋，进入排队等候区一边跟随缓慢移动的队伍向前走动，一边捡拾垃圾。从进入排队等候区域，走到石油馆入口算一圈，然后再次回到硬围栏区队尾继续排队，保洁部人员一天要走上3圈，直到20时，相当于一天要排队9个小时。一天下来，保洁部人员捡拾起的垃圾，按120升容量的垃圾桶计算，要装满约30桶。

四、石油馆内接待服务

石油馆礼仪工作人员在馆内遇到参观者面带微笑或道一声"您好"；物业人员不时调整空调出风口的温度和送风角度，保证馆内适宜的观展温度；接待服务人员根据不同参观者的需求做好服务工作，保证每天接待任务完成。

石油馆一号口　石油馆一号口是石油馆的第一道“服务线”。无论刮风下雨，寒冷炎热，为保持石油馆优质的接待服务形象，礼仪人员穿着高跟鞋和短裙站在入口处坚守岗位。每天面对如潮的参观者，还要处理多种突发情况。为缓解参观者排队等候时的烦躁情绪，礼仪人员主动做好石油馆参观秩序宣传，为老人及小孩等需要帮助的参观者提供小板凳，让参观者在等待时可以坐下稍事休息；由于4D影院电影比较刺激，礼仪服务人员会在一号口不断提醒参观者观影须知，为三楼影院服务做好铺垫工作。

石油馆二号口　石油馆二号口是VIP入口，针对人数多、任务重；VIP接待标准要求高；想走快速通道的人多，压力大等情况，每天要完成繁重的接待工作，并兼顾三号口的MIP通道疏通管理。二号口接待服务人员承担着每天预约记录工作，预约单位多、名称长，稍不注意就会出现问题，接待服务人员细心将预约单上联系人名字划上红线突出出来，并按预约时间段分段记录，使预约单的联系人一提姓名，马上就能找出相应的接待信息。

全程服务　全程服务是石油馆内最重要的工作岗位，每天接待的各级领导、知名人士很多，需要礼仪接待人员以饱满的精神、美丽的妆容、完美的笑容来迎接贵

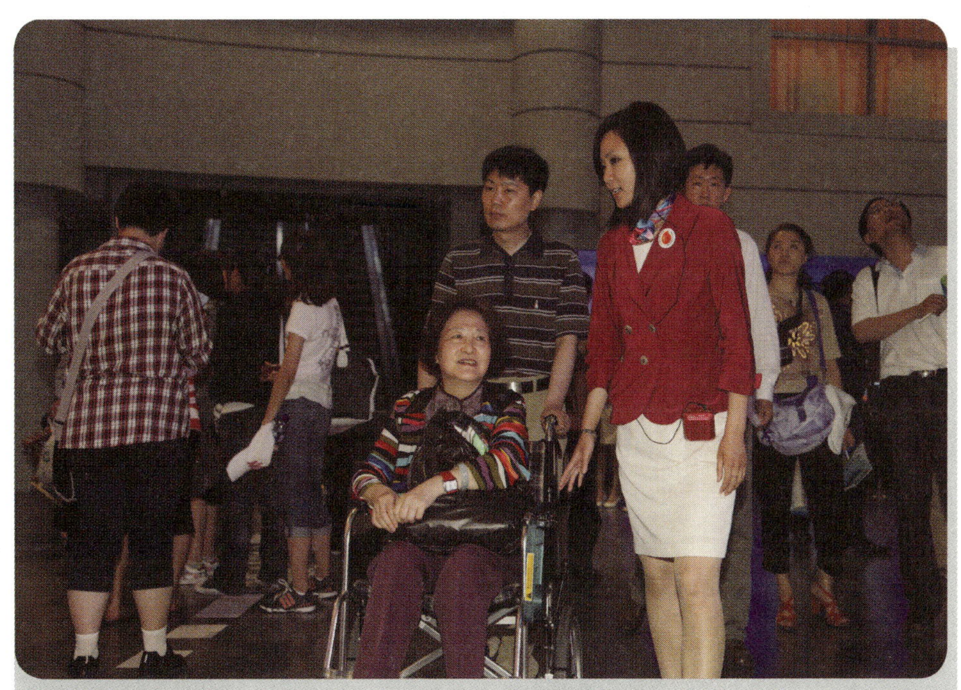

石油馆礼仪服务人员为老人、孩子等提供热情周到的服务

（联合参展项目部　提供）

宾。在执行每天接待任务前，礼仪接待人员要做好熟悉展线、了解贵宾情况等准备。在接待过程中，不仅要保证服务质量，还需要注意许多细小的环节和极大的耐心、细心和责任心。在一次接待某部部长时，由于部长时间较紧，临时决定离开，可没有从出口离开场馆，礼仪接待人员发现部长并未按照预定路线经过，未留下观感，不顾穿着高跟鞋不便，迅速从问讯处取到签字本，追赶上部长说明情况，补上留言。

三楼接待服务 三楼是石油馆的预展与主展区。在预展的参观途中，接待服务人员要提供帮助观众推轮椅、指引参观路线等服务。

尾展部分服务 尾展部分是石油馆聚集人流量最大的地方，不仅有从影院出来的参观者，还有很多从非观影通道进来的参观者。但是，尾展部分安排的接待服务人员并不多。接待服务人员通过细心观察，经常会发现需要帮助的人。一天，接待服务人员发现一位患小儿麻痹症的参观者，没有家人陪同，要拍照留念时，主动上前询问并帮参观者拍照。2010 年 6 月 9 日下午，接待服务人员发现在海洋平台前面有个小女孩东张西望，在找什么。经询问得知，小女孩和父亲一起参观石油馆，看完电影后，由于人多拥挤，小女孩与父亲走散。小女孩边说边哭，情绪激动，接待服务人员马上询问到小女孩父亲的电话，告诉小女孩的父亲放心，并约定在石油馆出口父女见面。

问讯处服务 问讯处是石油馆出口处的一个服务窗口，接待服务人员既要在问讯处为大多数参观者提供服务，还要随时兼顾二楼 VIP 的接待任务，每天不厌其烦地重复同样的动作，回答相同的问题，为参观者找回遗失物品。接待服务人员每天

石油馆问讯处的工作人员为参观者提供服务

（联合参展项目部　提供）

接待的参观者大都会在问讯处停留要求盖章，留下“到此一游”的印迹。问讯处接待服务人员每天盖章盖到后面经常手酸颈椎疼；为能让参观者快速找到盖章点，接待服务人员还动手制作了卡片，上面不仅写有醒目“盖章点”字样，还画上可爱的漫画，以便客人寻找。

五、4D 影院服务

上海世博会大部分展馆利用电影艺术来表达展示的核心思想和价值，而多媒体影像技术更由于其巧夺天工的展示功能和感染力。石油馆的 4D 电影《石油梦想》受到很多参观者喜爱，石油馆观众排队的终极目标是观看 4D 电影。石油工作者在野外勘探的惊险艰苦，使参观者身临其境。

石油馆 4D 影片《石油梦想》的播放时长为 10 分钟，影片惊险刺激，不适宜 5 岁以下儿童观看。4D 电影馆在三楼接待区，是石油馆的亮点，很多观众都不想错过观影机会。特别是带孩子的家长，因害怕影片的惊险场面对孩子健康不利，也怕影响其他参观者观看，家长又不想放弃观影机会。接待服务人员主动上前带孩子离

观众观看石油馆 4D 影片《石油梦想》

（联合参展项目部　提供）

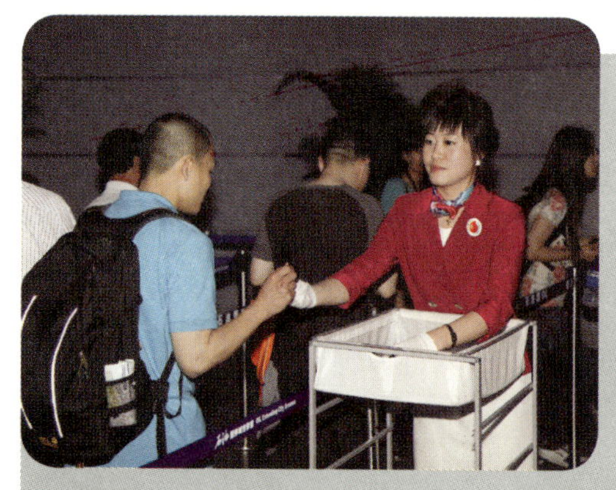
礼仪人员为观影者发放眼镜

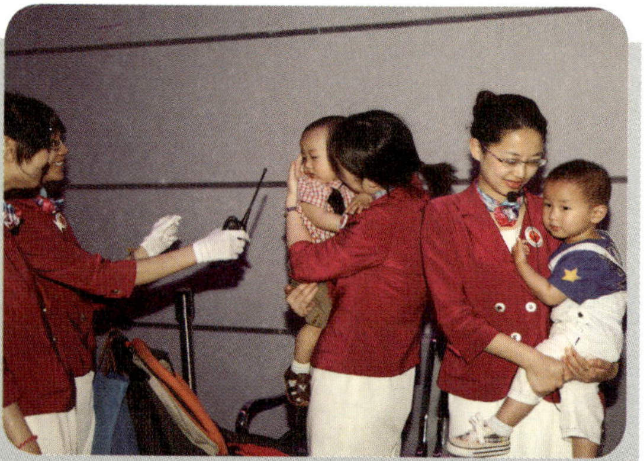
服务人员充当“临时家长”

（联合参展项目部 提供）

开影院，让家长观看。三楼的接待服务人员都充当过“临时家长”的角色，安慰被吓哭的孩子，陪孩子们玩。

一次，几位西班牙 VIP 客人前来观影，待用中文讲解完安全须知后，接待服务人员用业余时间自学的西班牙语向客人问好致谢，再详细解释一次观影须知。让客人感到亲切。观影后，西班牙客人贵宾围住接待服务人员问好并鼓励说：“你的话语虽然简单普通，但是在上海世博会石油馆 4D 影院里听到正宗的西班牙语问候，我们特别激动。”

4D 影院的接待服务人员，在每次客人离场后都认真清场。由于 4D 眼镜片时常会在参观者观影时不慎掉落，造成眼镜无法使用。清场时，接待服务人员仔细搜寻眼镜镜片，及时修补损坏的眼镜以减少损失。清场中，还会捡拾到手机、提包、相机等物品，一经发现，会迅速送至一楼问讯处，方便参观者认领。

六、石油馆大型 LED 显示屏

石油馆三角大型 LED 显示屏处于参观者等候区上方，位置醒目、画质清晰，是石油馆对外宣传窗口。视频内容包括，动态欢迎词、主展影片片花、三大公司宣传片、三大公司风光图片、意境片（皮影、竹筒、水墨画串联）、海底世界片、娱乐片、现场实时互动视频。石油馆运用大型 LED 显示屏，为参观者营造温馨的参观气氛。上海世博会期间，迎来“六 · 一”儿童节，石油馆利用大型 LED 显示屏，全天播放经典儿童歌曲，播放小朋友喜爱的动画片，还为进馆参观的小朋友提供精美礼物。在 2010 年南非世界杯足球赛期间，石油馆外大型 LED 显示屏及时转播比赛实况，有效缓解参观者长时间排队等待的急躁情绪。

石油馆大型LED显示屏每晚都特意划出一块长方形的区域，转播中央电视台新闻联播节目。2010年6月12日19时25分，石油馆排队等候还需要近3小时。新闻联播结束后，正好是世界杯阿根廷对阵韩国的比赛时间，大屏幕还停留在中央电视台综合频道播出的广告上，不少等候的参观者悄悄询问工作人员："能换台吗?要是能转播世界杯比赛多好。"3分钟后，屏幕画面跳到中央电视台体育频道的直播球赛。20分钟后，石油馆大屏幕对面的广场上聚集起大批球迷参观者，有的随身携带小板凳，有的席地而坐，双方球队每一次进攻都引来阵阵喝彩，参观者聚集到石油馆排队，看球观展两不误。来自福建省泉州的参观者说："从播放世界杯足球赛这一点，就能看出石油馆服务的细致和周到，进馆的时候看展陈，排队的时候看比赛，时间可以充分利用，两不耽误。"在2010年南非世界杯足球赛期间，石油馆陆续挑选重要比赛场次进行转播。

第二章 石油馆特别活动

第一节 第100万名游客答谢活动

石油馆为感谢参观者的支持与喜爱，特别选取第100万名参观者，举行答谢仪式。2010年7月11日16时左右，来自贵州省贵阳市的李惠女士成为石油馆第100万名参观者。李惠得到了极具石油馆特色的纪念品，并由石油馆馆长刘俊杰陪同，享受全程讲解参观石油馆的VIP待遇。

李惠是听说石油馆很热门，特意赶过来。在石油馆参观中，不同的展示、展品及4D电影吸引了李惠。参观结束时，李惠说："我太幸运了，谢谢石油馆为我提供这么一个幸运的机会！""在石油馆学到很多东西，知道了石油是怎么来的以及石油很珍贵、很不容易得到。看到我们用高科技技术得到石油，让我觉得石油人很聪明、很伟大。虽然排了4个小时才进入石油馆，但觉得很值得，让我大开眼界，让人很震撼。"

2010年7月11日，石油馆迎来第100万名参观者

（联合参展项目部　提供）

第二节　举办特别活动日

一、发出“节约石油　绿色发展”倡议

2010年7月30日9时30分—10时30分，石油馆在馆前江南广场，举行了“特别活动日”，万余名观众参与互动体验。三大公司以上海世博会石油馆为平台，以“国际化、时效性、高层次”为理念，围绕“低碳生活、清洁发展及环境保护”为主题，进行学术研讨，向海内外宣传展示三大公司清洁发展、低碳发展、绿色发展的企业形象。

中国海油领导介绍出席活动的主要嘉宾；中国石油副总经理周吉平做主旨发言；中国石化领导宣读倡议书；国际天然气联盟协调委员会主席 Ho Sook Wah、康菲石油中国公司总裁 Georg Storaker、俄罗斯石油亚太地区首席代表冈察洛夫等在“节约石油　绿色发展”倡议活动上演讲。上海世博局局长洪浩致辞。

周吉平在“节约石油　绿色发展”倡议活动主旨发言中指出，上海世博会石油馆特别活动日共同发起“节约石油　绿色发展”的倡议活动，希望能够得到全社会的积极响应和支持。让我们共同行动起来，成为改变“高碳”行为和生活方式的践行者，实现人与自然的和谐相处。我们应该认识到人类社会在创造物质财富的同时，更应实现人与自然的和谐共生。为实现这一目标，更加合理的使用石油资源，以今天“节约石油　绿色发展”倡议活动为契机，呼吁全社会携起手来，主动节约石油和天然气等能源资源，不断提高能源利用效率，加快开发清洁能源，积极推动能源多元化发展。通过加强低碳技术合作与交流、始终坚持安全清洁生产，走低能耗、低污染和低排放的可持续发展之路。

三大公司联合向全社会发出“节约石油　绿色发展”的倡议，并号召石油石化企业带头做节能减排的模范，积极倡导清洁能源和低碳生活方式。倡议书提出，三大公司在全力保障经济社会能源稳定供应的同时，一直努力减少对环境造成的负面影响。为子孙后代的未来，为减轻地球的能源负担，作为生产商和销售商的石油石化企业必须做节能减排的模范，全力践行节约石油、绿色发展，积极倡导清洁能源和低碳生活方式。让全社会增强“人类只有一个地球”的忧患意识，携手共建生态家园、绿色家园、和谐家园。与会嘉宾和群众代表共同在倡议旗上签名，支持和响应“节约石油　绿色发展”的号召。

“畅游世博，走进石油”群众性纪念品派送活动持续了一天，在石油馆观影通道入口进行发放，特别活动日纪念品（发给每名观影观众），数量为 1 万份左右；特别活动日礼包（发给整百数位进馆观众），数量为 100 份左右；特别奖（发给第一位及整千数位进馆观众），数量为 10 ～ 15 份。

二、院士现场讲解并签名赠书

2010 年 7 月 30 日 14—16 时，中国工程院院士王德民、关兴亚、曾恒一来到石油馆，在石油馆尾展区三大公司形象墙前设立的咨询现场，由礼仪人员引导院士为参观观众进行现场讲解咨询。专家根据自身研究方向及本公司业务特点准备咨询内容，主要为参观者讲解陆上石油开采、石油化工、海洋石油开采等方面知识。在石油馆尾展区三大公司行业展示展位前开展赠书活动，3 位院士赠出《百年石油》、《世界石油史话丛书》中的“找油的故事”和“石油科技史话”、《世界石油史话丛书》中的“石油风云故事”、《机动车驾驶员油品使用常识》、《漫画安全》、《油价震荡中国经济》、《世界能源展望》等，部分参观者还得到院士签名赠予的《世界石油史话丛书》等石油石化科普类书籍。

2010 年 7 月 30 日，中国工程院院士王德民在尾展向参观者赠书
（联合参展项目部　提供）

2010 年 7 月 30 日，中国工程院院士关兴亚在尾展为参观者讲解咨询
（联合参展项目部　提供）

2010 年 7 月 30 日，中国工程院院士曾恒一在尾展为参观者讲解咨询
（联合参展项目部　提供）

第三节　举办世博畅想活动

2010 年 8 月 27 日，石油馆牵头组织太空家园馆、中国航空馆、中国船舶馆、国家电网馆、信息通信馆等中央企业馆举办“科技进步与城市未来发展”世博畅想活动，探讨畅想未来城市发展方向，推进未来城市与自然、生态、科技的结合，宣传和实践未来城市发展的低碳、和谐目标。各中央企业馆负责人分别对依靠科技引领未来城市发展的重要意义进行阐述。一致表示，作为大型骨干中央企业，要面对新形势、新机遇、新任务，始终不渝地坚持科学发展观，通过推进科技进步，保护人类的生存环境，促进经济的发展和人类社会的全面进步。石油馆馆长刘俊杰作了题为《依靠高新技术，发展清洁能源，为未来城市发展提供不竭动力》的发言。

世博畅想活动以“科技进步与城市未来发展”为主题，搭建沟通交流平台，畅谈城市发展未来，共享世博科技成果。特邀国资委代表、世博会企业馆所在地卢湾区区委等领导，中国馆、德国馆、英国馆等 20 余家展馆代表出席活动。新华社、中央电视台、中央人民广播电台、上海电视台、东方电视台、解放日报、文汇报等媒体参加活动。

第三章　上海世博会观博接待

第一节　观博接待部署

一、成立上海世博会观博接待服务组织机构

中国石油上海世博园区外观博接待工作由中国石油办公厅、外事局、思想政治工作部、老干部局分别组织负责。办公厅负责国内嘉宾、外事局负责国外嘉宾、思想政治工作部负责劳动模范、老干部局负责离退休老同志，集团公司驻上海代表处负责受邀嘉宾的具体接待工作。

成立中国石油世博会接待工作办公室　根据上海世博会观博接待工作的需要，中国石油成立世博会接待工作办公室，李润生任主任，中国石油副总经济师关晓红、

中国石油外事局局长章欣、中国石油老干部局局长樊胜利、中国石油办公厅副主任王志刚任副主任。

世博会接待工作办公室按照工作分工成立中国石油上海接待组，上海销售分公司总经理佟福财任组长，成员由中国石油驻上海其他企业主要负责人、办公室主任、工作人员组成。成立北京协调组，中国石油办公厅公共关系处处长李荡任组长。

成立中国华油集团公司上海世博会参观接待服务工作领导小组 中国石油办公厅，要求全力做好中国石油在上海世博会期间的参观接待服务工作，中国华油集团公司（以下简称华油集团）成立上海世博会参观接待服务工作领导小组（以下简称接待工作领导小组）。由华油集团公司总经理王文沧任接待工作领导小组组长；华油集团上海公司总经理吴熙荣，上海浦东华油实业有限责任公司（以下简称浦东华油公司）党委书记李建新，华油集团总经理助理王保生任接待工作领导小组副组长。领导小组分别在北京设立联络小组、在上海设立接待小组，负责世博会观博接待服务工作的具体事项。

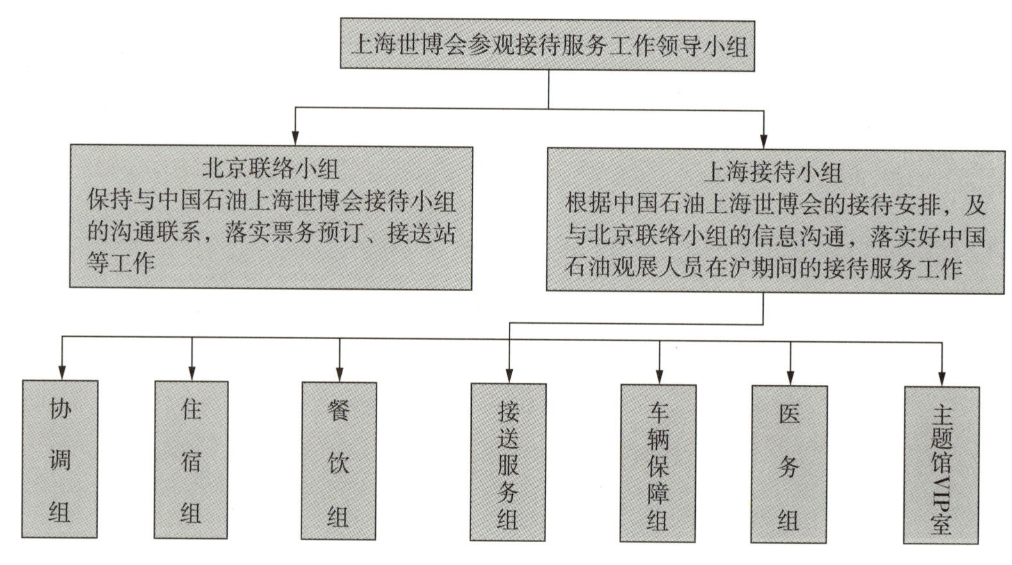

上海世博会参观接待服务工作领导小组组织流程图

浦东华油公司成立世博会上海接待小组 华油集团公司下发《关于成立上海世博会参观接待服务工作领导小组的通知》。浦东华油公司据此于 2010 年 5 月 5 日迅速下发《关于认真做好上海世博会参观接待服务工作的通知》，成立世博会上海接待小组（以下简称上海接待小组），李建新任上海接待小组组长。上海接待小组下设 9 个工作组，承担观博人员在上海期间的接待服务工作。

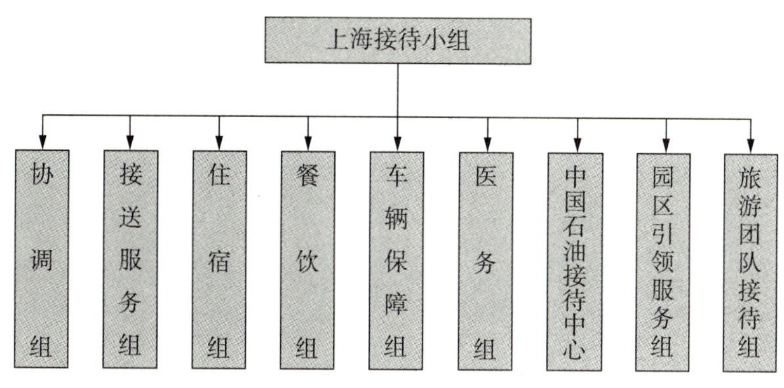

上海接待小组组织机构图

各工作小组按照工作职责，完善接待流程、工作标准、工作制度、安全规范、人员配备等方案。并依托各组织机构，形成 HSE、人力资源、财务 3 个保障系统。

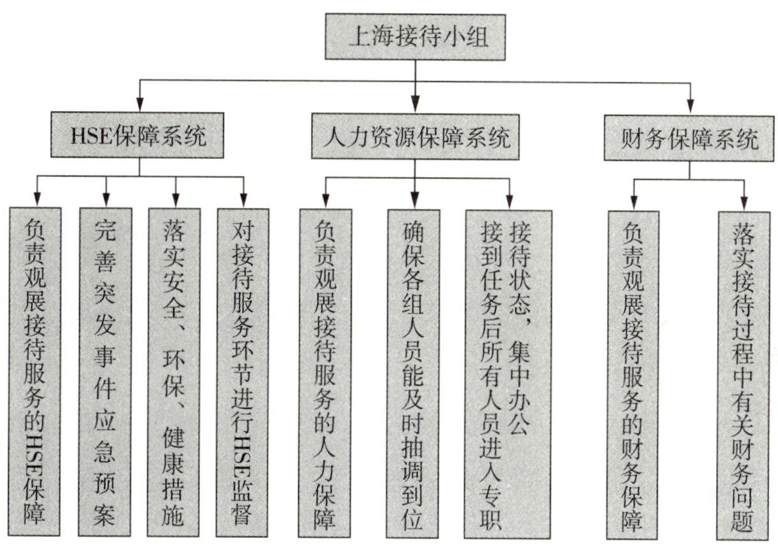

上海接待小组保障系统工作流程图

二、制订工作方案

制订上海世博会观博接待工作方案　2010 年 3 月 31 日，中国石油提出“安全有序、分工负责、嘉宾优先、节约满意”的观博接待原则，并对观博组织安排、接待资源及分配、组织保障等进行明确要求。

华油集团公司研究制订《上海世博会参观接待服务工作方案》，对服务接待工作进行规范和要求。

资源准备。上海中油阳光大酒店经装修改造，从 2010 年 4 月 15 日开始，承担上海世博会观博接待任务。上海还有 3 家石油系统的酒店、宾馆，华油集团公司根据接待工作实际需要，统筹配置使用酒店资源。

票务、旅游准备。华油集团责成所属中油阳光国际旅行社（以下简称阳光国旅），负责世博会期间中国石油及所属各企事业单位观博人员往来的票务预定工作。阳光国旅准备“石油人看世博”专题旅游套餐及周边地区游览方案。

接待用车。华油集团采取购置、租赁等方式，在上海组成接待车队，保证观博人员接送站和在上海期间的活动需要。其中，50 人大客车 1 辆；20 ～ 30 人中客车 4 辆；商务面包车 5 辆；小车 10 辆。

抽调人员。华油集团公司抽调 40 名工作人员，安排在各工作小组，承担接待服务具体工作。

同时，按照接待规格及工作流程制订接待服务工作方案、接待服务标准、餐饮标准、出车标准、费用预算标准等。

浦东华油公司还制订上海世博会接待服务工作应急预案，包括火灾预案、停电预案、食物中毒预案、天然气泄漏预案、电梯困人预案、传染性疾病预案、安全交通事故处理预案、防台风防汛预案、地震预案、应对恐怖事件预案。

“迎世博 600 天”行动工作方案 浦东华油公司根据上海市《迎世博 600 天行动计划》和《浦东新区迎世博社会宣传动员与市民文明素质建设 600 天实施计划》，制订《“迎世博 600 天”行动工作方案》。以企业文明建设创建活动为主线，以改善

浦东华油公司组织开展以“迎世博倒计时 400 天”为主题的迎世博文明践行活动

（浦东华油公司 提供）

企业文明环境、培养员工文明行为规范素养、提升文明服务质量为目标，深化“更美的城市、更好的生活、更深的情谊”主题，营造“当好东道主”气氛，增强员工光荣感、责任感、使命感。上海中油阳光大酒店更新改造工程完成，达到五星级高级商务酒店标准；迎世博宣传培训落实，在岗员工知晓率达100%；员工文明素质提高，杜绝乱扔垃圾、乱穿马路、不守秩序、待人冷漠等突出陋习；文明服务水平提升，细节管理、温馨服务明显提高。

浦东华油公司组织开展以“迎世博倒计时400天”为主题的迎世博文明践行活动。2009年3月27日，浦东华油公司及上海中油阳光大酒店部分员工到东方路段清洁环境。大家走上街头，认真清扫街道、草坪，整治环境卫生。

三、世博会接待服务工作动员与培训

接待工作专题研讨　2010年3月24日，中国石油组织召开“上海世博会石油馆参观接待工作研讨会”，专题研讨世博会观博组织接待工作。会上，李润生传达中国石油总经理、党组书记蒋洁敏关于切实做好上海世博会期间有关工作的要求，即要确保油气供应，确保组织有序，确保石油馆运行安全。还要利用上海世博会参展的有利时机展示企业形象，树立品牌，推进国际间油气合作。李润生强调，上海世博会规模大、时间长、任务重，各部门要按照中国石油要求，在联合参展领导小组统一部署下，分级、分层、分块做好观博接待工作。中国石油财务部、预算管理部、国际事业部、勘探与生产分公司、销售分公司、华油集团公司等单位负责人分别就观博情况、接待资源、接待组织、工作分工等进行讨论，并提出具体建议。

现场办公　2010年3月29日—4月1日，王文沧等赴浦东华油公司对上海中油阳光大酒店改造工程进展情况进行考察。3月29日，王文沧等未入住宾馆就对上海中油阳光大酒店改造工程进行实地勘查，并对上海中油阳光大酒店逐层进行查看并进入房间亲身体验，针对工程进度、噪音异味、物品采购和存放、成品保护和运输等认真询问解决措施。30日上午，王文沧组织浦东华油公司领导班子成员和联合参展项目部负责人召开会议，听取工作汇报并指出，上海世博会是中国石油展示企业形象的重要平台，届时中国石油领导、国内外嘉宾入住上海中油阳光大酒店，进行会见、商谈等活动，上海中油阳光大酒店在4月23日前具备接待能力。保证酒店一楼至五楼、三十一楼及部分客房等重点部位在4月10日前完成施工，具备入住条件；在4月15日前完成网络、通讯、水电、音响、电梯等系统调试工作；做好恢复营业准备工作；做好竣工验收工作，重点是消防和食品卫生验收，确保酒店开门营业并做好酒店周边的绿化工作。浦东华油公司总经理吴熙荣表示，明确分工，落实到人，确保按时迎接中国石油领导入住。31日，浦东华油公司召开领导班子会议，逐项落实工作任务，领导班子成员进行明确分工，采取各种措施，多管齐下，确保上海中油阳光大酒店在中国石油领导来上海之前具备入住能力，并达到五星级服务标准。

浦东华油公司召开动员会，安排部署上海世博会接待服务工作

（浦东华油公司　提供）

世博会接待服务工作动员　2010年4月2日，浦东华油公司召开会议，动员并安排部署上海世博会接待服务工作，李建新到会讲话。会议就做好世博会期间集团公司各级领导和国内外嘉宾赴上海的接待服务工作做出安排。会议明确，成立浦东华油公司接待小组9个工作组及HSE、人力资源、财务3个保障系统，并宣布各工作组和保障系统的负责人，明确工作职责和主要任务，要求负责人按照工作职责，完善各自的接待流程、工作标准、工作制度、安全规范、人员配备等，立即进入角色，开展工作。会议还布置近期需要实施的工作任务。

组织在上海企业举行世博知识讲座　2010年4月2日，距离上海世博会开幕还有近30天，作为世博会的全球合作伙伴和赞助商，中国石油组织安排系统内外有关嘉宾参观上海世博会，为做好接待服务工作，浦东华油公司牵头组织中国石油驻上海企业举行世博知识讲座，特邀上海浦东新区区委宣传部副部长胡建平做题为《世界的盛会·我们的期盼》报告。通过9个方面介绍世博会历史、上海世博会特色及如何参观世博园等知识。中国石油驻上海单位的分管领导和有关上海世博会接待人员参加讲座。

浦东华油公司牵头组织中国石油驻上海企业举行世博知识讲座

（浦东华油公司 提供）

四、开发上海世博会接待工作管理系统

2010 年 3 月 1 日，联合参展领导小组办公室接待组根据三大公司上海世博会接待工作方案要求，为保障接待工作有序开展，确保信息及时准确，统计查询快捷，协调沟通便利，提出《关于开发上海世博会接待工作管理系统的报告》，确定由中国石油信息技术服务中心进行研制开发。报告明确系统主要功能及应用范围、系统开发原则和目标、开发计划和时间、经费预算、工作建议等内容。4 月 8 日，接待工作管理系统项目组向联合参展领导小组办公室进行审核汇报演示。根据中国石油世博工作领导小组工作安排，确定 4 月 20 日，接待工作管理系统试运行，25 日上线运行。

中国石油信息技术服务中心协助联合参展领导小组办公室部署世博会接待工作管理系统并提供备份等技术支持工作，实时监测系统运行状态，保障系统平稳运行。接待管理系统于 2010 年 4 月 16 日正式对外提供服务。中心运行维护人员严格控制系统部署流程，对程序代码进行反复审核与测试，测试无误后发布至正式环境，同时实时监控系统运行状态，期间系统曾 3 次报警，运行维护人员及时处理，为规避风险，技术人员搭建备份环境，制订风险防范措施，提高系统不间断服务能力。系统平台稳定运行，保障中国石油世博会接待工作顺利进行。

第二节　观博接待服务

一、完成参加上海世博会开幕式接待任务

2010年4月29日，上海世博会正式启动前，蒋洁敏、王宜林等陆续抵达上海市，参加上海世博会开幕仪式及有关外事活动。浦东华油公司依托上海中油阳光大酒店全力做好接待服务工作，完成接待任务。

上海接待小组统一部署，相关部门和酒店员工放弃休息，加班加点，克服改造施工交工时间短等困难，从细节服务入手，努力提供一流服务，顺利完成领导及工作人员在上海酒店的住宿、用餐、宴请、外事等活动。

二、完成中俄原油管道第六次协调会接待任务

2010年7月5日，中国石油副总经理、党组成员汪东进等50余人抵达上海市，入住上海中油阳光大酒店，并组织召开中俄原油管道第六次协调会，与俄罗斯鲁克公司举行会晤，参加国家能源局组织的中澳上海LNG论坛等活动。

浦东华油公司周密安排，精心服务，根据工作要求完成中方工作人员及俄罗斯外宾在酒店的住宿、用餐、会谈、宴请等活动的服务工作。

三、完成中国石油参加石油馆“特别活动日”接待任务

中国石油副总经理、党组成员、中国石油天然气股份有限公司总裁周吉平等，于2010年7月29日前后抵达上海市，入住上海中油阳光大酒店，准备参加7月30日上海世博会石油馆“特别活动日”相关活动。浦东华油公司承担周吉平等在上海期间的住宿、餐饮、会见等方面服务工作。乍得石油能源部部长塔贝·安皋乌拉姆，苏丹石油部部长鲁瓦勒·阿奇维勒·丁格，阿尔及利亚、孟加拉、伊拉克、尼日尔驻华大使，巴基斯坦、缅甸、伊朗、委内瑞拉、乌兹别克斯坦等国驻华使节，部分石油公司代表，也在上海中油阳光大酒店下榻。

石油馆“特别活动日”活动是上海世博会“5·1”开幕仪式后，中国石油参与上海世博会又一重大活动。中国石油召开专题会议研究制订活动方案，并要求浦东华油公司下属的上海中油阳光大酒店承担中外嘉宾接待工作。浦东华油公司

和上海中油阳光大酒店接到任务后，准备方案，研究细节，将石油馆“特别活动日”活动所需房间准备到位，并对有关场所进行布置，酒店全体员工全力投入接待工作、保证参加“特别活动日”领导、外宾在上海酒店活动顺利。

四、举办中俄联合文化晚宴

2010 年 10 月 15 日，中国石油天然气股份有限公司与俄罗斯天然气工业股份公司（以下简称俄气公司）在上海中油阳光大酒店举办联合文化晚宴。王宜林、李润生，中国石油外事局局长章欣，原中国石油天然气总公司总经理王涛、中国石油原总经理助理史训知，俄气公司副总裁谢列达夫妇等中外嘉宾 200 余人出席活动。中国石油和俄气公司每年都进行文化交流活动，在上海世博会期间，来自中国石油和俄气公司的文艺工作者受邀在上海世博园演出，并在上海中油阳光大酒店为来上海观博的领导及驻上海单位举行慰问演出，中俄艺术工作者的表演赢得全场观众喝彩。

浦东华油公司要求上海中油阳光大酒店全力以赴，确保万无一失。根据活动的具体情况，酒店成立住宿、餐饮、会议、演出等接待小组，为客人提供 VIP 个性服务。按照不同情况，安排房型并根据客人的饮食口味精心制作菜肴，针对演出团队中学龄前儿童较多的情况，从住宿到餐饮进行调整以适应孩子们的需求。

五、完成闭馆联欢

2010 年 10 月 31 日，上海世博会闭幕。王宜林、中国石油副总经理曾玉康、李润生等入住上海中油阳光大酒店，参加上海世博会闭幕活动及石油馆闭馆仪式。王宜林、曾玉康、李润生等代表中国石油参加上海世博会闭幕仪式系列活动后，于 11 月 1 日 0 时 45 分，上海世博会石油馆闭馆联欢会在上海中油阳光大酒店举行。参加闭馆仪式的领导及中国石油驻上海企业领导，与石油馆工作人员近 400 人联欢。上海酒店组织人员连续加班布置活动现场，餐饮部员工为来宾服务至次日 6 时。

联欢会节目由石油馆工作人员自编自演，极具特色。上海世博会闭幕、石油馆闭馆，浦东华油公司历时近 200 天（含试运行）的上海世博会观博接待服务工作结束。

第四篇　石油馆安保

为保证联合参展上海世博会石油馆安全，在世界和中国人民面前展示三大公司良好的品牌形象，联合参展领导小组与中国石油维稳信访工作办公室（综合治理办公室）[以下简称中国石油维稳办（综治办）] 全力组织完成上海世博园区石油馆安全保卫（以下简称安保）及消防任务。

2010 年 2 月 5 日，根据石油馆设计、建设、布展完成情况，中国石油副总经理、党组成员、联合参展领导小组组长王宜林向三大公司领导进行汇报，并对石油馆安保工作提出要求。中国石油成立世博工作领导小组及联合参展领导小组办公室安全保卫小组，从部分企业抽调保卫人员，承担石油馆安保消防任务。石油馆安保消防人员发扬大庆精神铁人精神，战烈日、斗酷暑，克服北方人对南方气候不适应等困难，保持一流工作标准，一流工作作风，展示新时代石油工人能打硬仗、善打硬仗、永不放弃的精神风貌，“以服务好世博、服务好石油馆”为目标，用优质服务，为三大公司赢得赞誉，为实现上海世博会“安全、成功、精彩、难忘”目标做出贡献。

在上海世博会期间，石油馆安保消防部共有 77 人，参与接待观众 361 万余人，制订规章制度、重大活动预案 37 项，先后出动保卫人员 11240 人（次），维护排队等候区秩序并处理矛盾纠纷 3000 余起，救助突发病患游客 317 人，应急处置各类突发事件 39 起，消防巡检 1550 次，处置各类消防隐患 173 次（其中重大隐患 3 起），拒绝有意贿赂 2000 余次、金额 40 万余元。

第一章　安保工作部署

第一节　成立联合参展领导小组办公室安保组

为实现“安全、成功、精彩、难忘”的上海世博目标，保证石油馆运行、接待、宣传等各项工作安全、有序。2010 年 3 月 25 日，中国石油成立中国石油世

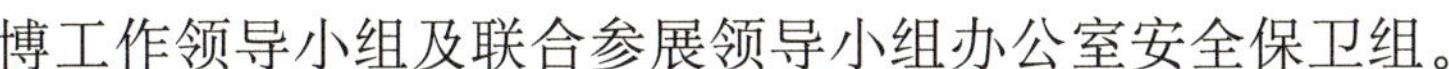
博工作领导小组及联合参展领导小组办公室安全保卫组。

表 4–1　联合参展领导小组办公室安全保卫组成员名单

安保组职务	姓　名	职　务
组　长	陈　忻	维稳办（综治办）副主任
副组长	汤长江	维稳办（综治办）治安保卫处处长
副组长	李国华	维稳办（综治办）治安保卫处副处长
成　员	吴运亭	维稳办（综治办）治安保卫处副处长
成　员	冯治中	长庆油田分公司保卫部主管
成　员	许厚标	大庆炼化公司保卫部副主任
成　员	乔旭烁	华北油田分公司消防支队干部

第二节　制订安保工作方案及制度

一、制订安保工作方案

中国石油维稳办（综治办）积极联系联合参展项目部获取资料，有针对性地制订石油馆安保防火工作方案、专项应急预案。并制订石油馆日常管理规定、工作制度和安保消防人员岗位职责等 32 项规章制度。分期、分批组织石油馆安保人员进行岗前培训，组织预案演练，培训内容包括入园须知、礼仪培训和消防知识培训等课程。

石油馆安保消防部建立健全支委会会议制度、早晚点评制度、消防巡检与安防巡检制度，研究完善石油馆安保消防体系，建立起消防设施基础台账，并作为石油馆施工方的基础资料，一直沿用到石油馆闭馆；以增强应急处置能力为目标，讨论制订消防应急预案、入口中暑事件应急预案及影院突发晕厥应急预案等。围绕重点接待，安保队员精心制订三级接待流程，并进行多次模拟演练，完成接待国家领导人、部分外国使团和政要任务。

2010 年 4 月，中国石油维稳办（综治办）制订上海世博会石油馆安保消防制度汇编、工作手册、应急预案、管理规定和暂行规定等 13 项规章制度，并针对馆内施工进入收尾期的情况，配合消防专家对石油馆进行全面消防排查，共查出各类消防隐患 12 项 37 条，提出工作建议 10 条，全部提交石油馆主管领导进行整改。在石油馆体验日、试运营、启动仪式等重要活动前，制订《石油馆体验日参观人员流量控制方案》，经多次演练，提出整改意见。根据运营期间情况，又与石油馆有关部门协商，重新摆放观众排队等候区维护秩序护栏，并提出设置固定护栏建议。

在2010年4月29—30日石油馆开馆仪式期间，中国石油维稳办（综治办）针对重大活动和重要贵宾增多的情况，提高安保防范等级，按照重大活动工作预案，全员加强防范，先后完成党和国家领导人、省部级领导参观石油馆活动的安保任务。

二、制订安保制度

在石油馆222天（含试运行）运行中，安保消防人员制订各项安保制度，确保石油馆安全运行。

建立施工管理制度 2010年3月28日，石油馆第一批到达上海的抚顺石化分公司10名安保队员，针对石油馆施工队伍多、进出人员杂的现象，为确保施工期间安全，迅速采取建立值班巡检及登记制度、发放施工人员出入证、进入现场强制戴安全帽、更换和补充灭火器材等措施，在没有值勤室、没有休息室、没有饮用水、展馆出入口没有安装门体的情况下，白天坚守执勤岗位，夜间找块木板席地而坐，确保施工期间馆内安全施工。

建立执勤岗位划分制度 针对石油馆建设交工后，消防设施资料不全、底数不清等情况，石油馆安保消防部组织消防人员将馆内各种消防设施进行地毯式排查，查清和落实全部消防栓、灭火器具、手动报警器、火灾报警显示盘、烟感报警器、自动喷淋器、应急指示灯、排风口等设施数量与分布位置。为更好履行安保消防责任，安保消防部根据馆内各防范部位的特点，有针对性地将安保执勤岗位划分为一级重点要害部位3个、二级重点防范区域4个、三级安全防控区域3个，全部实行重点管理三级制。同时，以轮岗、巡护制度为衔接，打造全时空严密无缝的安全防范体系。

制订操作规程 在2010年5月1日石油馆正式开馆后，为实现“平安石油馆”的工作目标，石油馆安保消防部率先提出“消防为主，确保秩序”的方针，全面指导石油馆安保消防工作。同时，根据四级风险评估等级及应对管理措施方案，提出管理办法和工作要求。在日常管理工作中，为切实落实消防管理责任，消防人员严格遵守白天巡检4次、夜间巡检8次的操作规程，严查死守，巡检认真，多次发现违反消防安全的隐患问题，提出整改建议。

三、制订处置预案

火灾事故处置预案　石油馆安保消防部火灾事故处置预案要求，接到发生火灾事故报告时，信息组人员迅速到达现场，对事故性质进行有效确认，将事故性质、发生地点、是否存在人员伤亡等重要信息立即上报领导，并第一时间对初期火灾进行自救。人员疏散组安排人员守住展馆内各安全出口和安全疏散通道，保障通道畅通，对展馆内的参观者进行有序、紧急疏散撤离。安保警戒组立即组织人员对事故现场进行封锁、看护，维护场馆秩序，保护相关证据，防备有人趁乱滋事破坏，保护参观者安全，控制事态蔓延。

人员拥挤、踩踏事件处置预案　石油馆安保消防部人员拥挤、踩踏事件处置预案要求，当展区内参观人员过多，易发生人员拥挤、踩踏事件时，各岗位人员要提前预警，做出安排。观众入口处值勤岗要立即禁止参观者继续进入，停止上行滚梯继续运行。同时，组织位于滚梯上的参观者从入口处快速撤出。二、三楼展厅过廊处巡防人员要立即赶赴事发地点，维护秩序，抢救伤员，组织参观者沿最近安全通道快速撤离。各巡逻、值勤岗位人员要及时提醒、告知参观者切忌慌乱，保持镇定，注意安全，快速、有序撤离。

人员滋事处置预案　石油馆安保消防部人员滋事处置预案要求，当发生人员滋事事件时，要立即上报值班主管领导，并派人赶赴现场进行劝解，根据发生的矛盾类型、原因、位置等具体因素，利用各种方法，力争将矛盾化解，人员劝离，要注意言词礼貌，避免矛盾升级，减小负面影响。

停电事故处置预案　石油馆安保消防部停电事故处置预案要求，当发生停电事故时，各岗位工作人员要立即赶赴各安全通道出口处，打开随身携带的手电筒，高举过头，为展馆内的参观者确定疏散路线提供方向依据。组织人员疏散时语言要镇定，情绪要平稳，提醒参观者不要慌乱，要在有序的组织下，按照安全指示标志，沿安全通道，快速、安全撤离，并做好安全警戒工作。

第三节　组织应急演练

石油馆安保消防部根据石油馆参观人数多，馆内布置复杂等实际情况，制订了

1个总预案（包括石油馆灭火和应急疏散预案）和1个专项预案（包括2010年4月20日开馆、7月30日石油馆日、10月31日闭馆的灭火和应急疏散预案），并适时组织演练。

在石油馆试运行期间，针对参观者预约排队等候区人员拥挤情况，安保人员除每天加岗、加人维护门前秩序，多次劝导和阻止参观者推搡拥挤事件，其中有3次过激参观者推搡拥挤事件中，都是安保队员用身体作盾牌，阻挡和保护被挤压参观者，确保未发生人员拥挤和踩踏事件。

石油馆安保消防部针对石油馆参观人数多等情况，及时制订救助危重病人应急预案，鉴于影院放映4D宣传影片较刺激、激烈，制订了《石油馆突发医疗卫生事件应急预案》，并牵头组织礼仪人员利用晚上闭馆时间，在影院观众预约等候区进行救助突发危重病人应急演练。在上海世博会期间，安保消防人员按照应急处置程序，在影院快速、成功配合救助了10余起突发危重病人事件，在石油馆门前救助数十起高温中暑病人。

在上海世博会期间，石油馆安保消防部与上海消防总队世博四分队在石油馆进行一次实地灭火演练，调动3辆消防车，60余人参加演练，通过组织、安排使消防演练达到预期工作要求。由于平时组织应急演练，使安保消防队员在妥善处置石油馆内两次突发停电事故中，紧急启动处置突发事件应急预案，有组织、有秩序地及时疏散馆内参观人员，做到快速反应，及时到位，部署准确，确保石油馆安全保卫工作万无一失。

第二章　组建安保队伍

第一节　调集安保力量

为保证上海世博会期间石油馆安全，中国石油维稳办（综治办）决定，由综治办抽调一名处级干部担任石油馆副馆长，全面负责石油馆安全工作，并参加石油馆安保消防任务的筹备和组织工作。先后从抚顺石化分公司、长庆油田分公司、中国石油机关经警大队和华北油田分公司等单位调集安保人员，并组织进行培训，建立临时党支部，保证石油馆安全万无一失。

上海世博会石油馆2010年4月20日进入试运行阶段。为保障石油馆安保工作稳定有序，联合参展领导小组办公室决定，由中国石油维稳办（综治办）负责组织选配石油馆安保人员。3月22日，中国石油办公厅发出《关于委托选配上海世博会石油馆安保人员的通知》，提出石油馆安保人员要具备五级保安资质，工作期为2011年4月20日—10月31日。所选安保人员工资、奖金等由原单位支付；食宿、补贴等由联合参展项目部负责协调解决；期满后回原单位工作。要求3月底前，组织选配安保人员赴上海进行相关培训，合格后上岗。

根据石油馆安全保卫工作任务需要，中国石油维稳办（综治办）先后抽调抚顺石化分公司、长庆油田分公司、中国石油机关经警大队和华北油田公司等单位保卫人员，承担石油馆安保消防任务。其中，长庆油田分公司40人，抚顺石化分公司的内保部门10人，中国石油机关经警大队10人，华北油田分公司10人。同时，中国石油维稳办（综治办）还从企业抽调两名专职消防人员，对石油馆进行消防大排查。

抚顺石化分公司10名安保消防队员最早到达上海，进入展馆开始执行安保工作任务，并有4名队员分别担任安保消防部经理、消防主管和值班主管等职务。长庆油田分公司是上海世博会期间，中国石油抽调人员最多的单位。2010年3月22日，中国石油维稳办（综治办）致函长庆油田分公司，抽调40名骨干警员赴上海世博会石油馆值勤。长庆油田分公司立即召集会议专题研究警员抽调工作，并要求长庆油田分公司保卫部具体负责，抓好落实。经过摸底、推荐、审查等工作，24日，从长庆油田分公司10个基层单位，抽调40名警员。其中，11名民警、17名经警、12名消防队员。4月8日，40名警员组成长庆安保消防队按期抵达上海世博园石油馆，与来自中国石油机关经警大队和华北油田分公司的20余名队员组成石油馆安保消防部。

第二节　安保队伍培训

接到上海世博会石油馆执勤任务后，长庆油田分公司严格筛选后确定警员。2010年4月6日，由长庆油田分公司保卫部牵头，组织举办为期两天的长庆油田分公司赴上海世博会安保人员培训班。培训以执勤礼仪为核心，除为每名学员配发世博礼仪教材外，还组织专家为学员讲解相关礼仪知识，组织大家讨论，进一步提升服务安保人员世博会的责任意识和安全意识。长庆油田分公司安保人员抵达上海后，还先后组织为期 3 天的专题培训和实战演练。

石油馆安保消防部在安保人员中开展参展运营相关规定的教育培训。上岗前，对安保人员进行秩序维护、展品保护、消防灭火及人员疏散等工作技能的集中培训。同时，加强对安保人员的思想教育和服务意识培养，确保安保人员能够胜任本职工作。

通过培训，安保队员认识到，上海世博会与北京奥运会安保工作有很大不同，“奥运安保最主要是确保安全，而世博安保还要提供服务。上海世博会参观者多，会期时间长，工作难度更大。”

长庆油田分公司选调参加上海世博会的安保人员整装待发

（张海云　摄）

第三节　安保岗位设置与职责

一、安保岗位设置

石油馆面积大、建筑造型结构复杂、人流量较大，安保消防部在馆内设置 15 个安保消防的固定岗，在石油馆外围设置 3 ~ 5 个流动哨。其中，石油馆一层视频监控室、消防控制室和员工通道固定哨等5个岗位为24小时值守，其余岗位为每天8时至24时值守。

二、安保岗位职责

做好石油馆内防火、防盗、防破坏、防事故等安全防范工作；加强石油馆内安保消防工作检查，提醒入馆参观者注意配合做好安全防范事项，确保安全。

做好石油馆内参观秩序管理，协助组织方做好石油馆外因参观等候而自然延伸的排队管理工作，必要时控制进馆人员流量。

配合做好VIP客人在石油馆内活动期间的安全保卫工作，确保VIP客人及随行人员的人身财产安全。

做好石油馆内重大庆典、演出等活动的安全保卫工作。

发生突发事件后，采取有效措施控制事态发展，组织开展应急救援和处置工作，并及时向组织方报告。

第三章　安保工作实施

第一节　树立服务意识

石油馆安保消防队员发扬“特别能吃苦、特别能战斗、特别能奉献”的精神，

石油馆安保消防部组织召开安保誓师大会

（联合参展项目部　提供）

全力维护石油馆的秩序和安全，树立服务意识、大局意识，积极应对石油馆的“大客流”，制订工作措施，启动工作预案，化解各种矛盾，耐心疏导观众，并完成贵宾接待的安保任务，彰显出能打硬仗的高素质安保队伍，赢得参观者好评。

在222天（含试运行）的执勤工作中，石油馆安保消防队员每天工作长达16小时；在观众入口处执勤队员每天面对万余名观众，耐心劝说和解答观众提出的各种问题；在影院入口执勤队员遇到观众有困难，有求必应；遇到突发危重病人及时进行救助；在消防岗位上的队员积极协调各部门排查隐患，防患未然；许多安保消防队员因水土不服、伤风感冒、湿疹发炎、身体外伤等仍带病坚持工作。石油馆安保消防部按照联合参展项目部部署，在安保消防队员中强调树立服务意识，完成接待保卫任务。

面对工作压力。石油馆安保工作艰难复杂，负责维护秩序的安保队员承受委屈和痛苦，心里堵得难受，有时气得回到休息室用手直打墙。安保队员讲政治、顾大局、无私奉献的精神，换来安保消防工作110天无投诉事件的好成绩。安保消防部是石油馆负责处理投诉事件的接待部门，成功化解80余起其他部门的投诉事件。自2010年5月下旬开始，石油馆几乎每天都与德国馆、日本馆、沙特阿拉伯馆等热门场馆一样，成为上海世博会平均排队等候时间最长的展馆。特别是6月以后，石油馆排队等候区围栏不断加长，排四五个小时的队，参观者困、热、烦情绪交织在一起。6月15日，在接近40摄氏度的阳光暴晒下，个别参观者情绪逐渐烦躁、失控，将维护排队内秩序的围栏冲破，排队等候区中逆向排队的两支队伍两百余人挤到一起，排队等候区出现混乱。在排队等候区巡逻的3名安保队员果断冲到混乱的两支队伍当中，对参观者进行劝解和分离，十几个情绪激动的参观者辱骂、推搡安保队员。有的安保队员被打伤，仍忍着伤痛和前来支援的队友们手拉手组成“人墙”，用身体分离队伍，保护参观者安全，并不停向周围参观者做解释工作，终于将挤到前面想插队的参观者劝回去。在石油馆排队等候区发生过多次这样的情况，安保队员们都组成维护秩序的“人墙”，为石油馆营造良好的秩序与环境。遇到情绪急躁的参观者，安保人员不是简单阻拦，而是采取单独交流、赠送饮料等方式进行劝慰，缓解急躁情绪。一位来自黑龙江的参观者在高温的环境下排队两个小时后，失去耐心，张口诋毁在其周围值勤的安保人员。安保人员将参观者领至一边，自费买来饮料递过去，并耐心劝慰。10余分钟后，参观者情绪稳定，重又走进排队等候区，耐心等候进馆参观。

石油馆安保队员在排队等候区执勤

（联合参展项目部　提供）

面对气候考验。2010 年上海的天气异常炎热。八九月份上海世博园区管理中心连续十几天发布高温预警公告。站在室外不走动，没两分钟就是一身汗，再加上园区为了降温，持续喷洒水雾，园区里的空气潮湿、闷热，使人浑身黏糊糊的、透不过气来。石油馆外排队等候的参观者可以在遮阳的伞棚下躲避，但在石油馆外值勤的安保队员在骄阳下，不停地来回走动维护秩序，就是一小时换一次班，一人一天也要工作 7 小时以上。因为天气闷热，很多安保队员大腿根部、腋下、腰部出现大片湿疹，皮肤因摩擦红肿，一走动就钻心的疼，脖子上的痱子被汗蛰得钻心疼。2010 年 6 月一天下午，室外执勤的一名安保队员在门前排队等候区值勤时，突然感觉不舒服，头晕乏力、呼吸困难。安保队员咬牙强忍病痛，慢慢挪进石油馆内，顺着墙壁瘫倒在地上，没有在排队等候的观众面前晕倒。石油馆工作人员立即将安保队员抬进更衣室，平躺在凳子上，用扇子扇风。经 120 医生紧急抢救，两个多小时后，安保队员中暑的症状有所缓解，微张嘴唇吃力地说："我，还有岗呢。"在石油馆运行期间，很多队员出现中暑现象，为能够连续坚持在工作岗位上，队员们每天早上都强制自己喝一瓶藿香正气水，预防中暑。

克服生活不适。石油馆安保消防部的队员来自多个单位，对上海的生活习惯都不太适应。长庆油田分公司的安保队员大多数是北方人，除忍受南方潮湿、闷热的天气外，还要克服上海世博园内就餐的困难，同样的饭菜吃几天还可以，吃十几天还可坚持，持续吃200余天实在难以坚持。安保队员们克服生活上的不适应，为上海世博会石油馆的安全，饭菜不可口也坚持吃，保证值勤体力。

石油馆安保队员每天7时出发，23时回到寝室，连续工作16小时，连续几个工作日，劳动强度之大是常人难以想象和承受的。安保队员绝大多数都是独生子，在单位也没有经历过这样大的工作强度。为保证石油馆安全，安保队员自觉调整“生物钟”，适应新的作息时间，抓紧在往返场馆和寝室乘车途中休息，补充睡眠。

舍小家顾大家。在上海世博会期间，有两名安保队员家中老人辞世，但为完成世博安保消防任务，两名安保队员将哀思和泪水深藏在心中，以做好本职工作为首要目标，快速调整心态，化悲痛为力量，出色地完成勤务工作。有的安保队员妻子在家中待产，有的安保队员家中老人病重，但是大家依然舍小家、顾大家，全身心投入到安保值勤工作中；有的安保队员中暑累倒在岗位上，有的安保队员发烧导致肺炎被连夜送往医院，有的安保队员胃炎犯了疼得满头大汗。有的安保队员不小心将脚烫伤，第二天就是上海世博园开园的日子，为不耽误工作，不给队友增加负担，瞒着队长，强忍着疼痛坚持上岗。

石油馆的事就是自己的事。2010年7月30日，是石油馆的“特别活动日”。石油馆为“特别活动日”进行准备，在安保方面制订了多套突发事件预案。按照计划安排，所有从观影通道进入石油馆的参观者，都会领到一份“特别活动日”纪念品。当天每整百数位进入石油馆的参观者，还会收到活动大礼包；每整千数位数的参观者及最后一名入馆参观者，将得到石油馆的特别奖。29日晚，为“特别活动日”派送活动准备的礼品很晚才送达石油馆，1万余份礼品的分装工作迫在眉睫，宣传部门只有几个人，无法完成分装任务。29日23时，宣传部门向安保消防部求援，希望给予帮助。40余名安保队员刚结束一天十多个小时的工作，正坐在石油馆外的台阶上等待集中乘车，返回宿舍休息。安保部负责人将队伍集合起来，打算征求一下大家的意见，本着自愿的原则为宣传部提供帮助，为保证“特别活动日”顺利进行，所有在场安保队员听到消息后，异口同声说：“都这个时候了，没有什么条件好讲，石油馆的事就是我们的事。哪一个环节没做好，都会影响‘特别活动日’的效果，我们就是不吃饭、不睡觉也要完成这个任务。”40余名安保队员，4个人1组，立即投入分装礼品的工作中。经4个多小时，1万余份礼品顺利装袋完成，摆放在指定地点。

第二节　加强协调联动

一、内部协调

石油馆安保消防部主动与物业、礼仪、工程、售卖等部门负责人加强联系，制作各部门负责人联络表，不定期协商工作中的问题和解决办法。特别是与中国石油上海世博会接待联络组、石油馆礼仪部建立信息共享，构筑重点岗位互动机制，确保参观预约等候区、MIP 贵宾接待、VIP 贵宾接待工作稳定有序。

二、外部协调

石油馆安保消防部加强与公安部上海世博会前指联系，协助解决中国石油领导注册 VIP 证件进入 DE 园区手续和通行车辆等问题，商讨停车场停车证办理事宜。与上海世博园区消防局开展两次消防报警设备联动测试、消防工作实战演练。与园区 DE 安保部建立要事件报警程序，解决发生在石油馆前观众排队等候区出现的各类问题。与上海世博园区太空馆、船舶馆、电信馆、电力馆、航空馆等场馆安保负责人建立联络工作机制，共同做好安保消防和情报信息互动工作。

三、武警维持秩序

提交优化排队等候区请示　上海世博园开园后，石油馆一直是浦西片区乃至整个园区最受关注的场馆之一，参观者排队时间不断增长。进入 2010 年 7 月后，排队等候时间连续排在整个园区第一位。8 月，石油馆高峰时段排队等候时间几乎每天都在 7 小时以上。为保证石油馆参观秩序，安保消防部推出新措施，增加排队等候区硬围栏长度，在排队等候区内安装长凳供参观者休息，增设遮阳篷、冷风机，实行参观者分批放行措施，每隔 20 分钟从后排队等候区放行 200 人进入前排队区，并增加人力加强参观者流量和密度监控，想方设法改善参观者排队环境。

尽管不断强化措施加强管理，但石油馆展馆接待能力依然有限。排队等候区个别参观者翻越围栏、插队等不文明现象，极易引发争执；放行时个别人拥挤抢位，也容易发生跌到、碰擦、踩踏等事件。石油馆先后向有关部门提出申请，要求上海世博园区安保部派武警进驻石油馆协助维持秩序，并扩大排队等候区域，增加排队等候围栏。

为更好地维护场馆参观秩序，保证参观者安全参观，联合参展项目部根据参观人数逐渐增加的趋势，于 2010 年 7 月 19 日，向上海世博会事务协调局 DE 片区提出《关于优化排队等候区的请示》，调集武警协助维持秩序，保证石油馆排队等候区秩序井然有序。

向石油馆增派武警　石油馆的请示得到上海世博会事务协调局 DE 片区及相关部门重视，上海世博局、上海市公安局与驻上海武警部队进行沟通部署，决定从 2010 年 8 月 18 日起，每天部署两个班（次）、40 名武警官兵，协助石油馆进行排队等候区的疏导和秩序维护。截至 8 月 18 日在上海世博园内，只有中国馆、沙特馆、日本馆等为数不多的热门场馆有武警部队进场执勤的特殊安排，石油馆列在其中。

2010 年 8 月 18 日起，上海世博局、上海市公安局与驻上海武警部队调集武警部队在石油馆外执勤

（联合参展项目部　提供）

上海世博局还特别将 D 片区高架步道下面的大片区域，划为石油馆的排队等候区，并加设 7 排围栏，使每天石油馆的排队等候长度达到 4 千米以上。

第三节　应对大客流

2010 年 5 月 1 日，上海世博园区开放，石油馆排队区秩序井然。但随着参观者不断增多和媒体报导，从 6 月初开始，前往石油馆的参观者逐渐增多，排队等候区最长需要等候 5 小时以上。进入 7 月份，石油馆展区超负荷运转，每天接待参观者达2万余人，排队等待区最长需要等候9小时以上。

2010年8月14日，中共中央政治局委员、上海市委书记、上海世博会执委会主任俞正声到浦西片区进行调研，来到石油馆门前排队区，看到石油馆门前排队的六、七千人秩序井然，现场确定将石油馆定为上海世博园区模范秩序单位。10月10日，俞正声再次来到石油馆进行调研，在看到石油馆排队等候区虽然参观者众多，但工作人员有条不紊地指挥、引导，没有拥挤、混乱等现象，参观者平稳有序进入展馆时，俞正声再次对石油馆安保管理工作给予肯定。

一、制订应对措施

为有效应对2010年9月底至10月的大客流和极端天气带来的诸多问题，切实保证石油馆的安全、平稳、有效运行。石油馆领导多次组织有关部门人员积极探讨，认真研究，最终确定以做好“三准备，三解决”，做到“五防范”，掌握“三种矛盾化解渠道”的具体措施。

“三准备，三解决”维护排队秩序 石油馆安保消防部做到，准备疏散通道，解决台风雷暴天气尾展大客流拥堵问题。通过前期遇到台风雷暴天气的情况看，尾展的拥堵现象严重，很难有效疏导，如遇台风雷暴天气持续时间较长情况，问题会愈发严重。为解决问题，计划制作尾展出口至高架步道的遮雨疏导棚，并准备应急雨伞，以保证快速将尾展滞留参观者疏导到高架步道下。准备提示标牌，解决有序排队问题。为保证更大客流时依然保持良好的排队秩序，在石油馆周围及高架步道下设立多个排队导向指示牌，有效解决开园时参观者冲排石油馆找不到队尾现象；在排队区多处设置停止排队提示牌，在参观者入口上方大屏幕上提前显示提示语，及时提醒参观者停止排队信息，并在排队区入口加装硬围栏关闭门，有效控制参观者硬闯排队区问题；在排队区分段设立排队等候时间提示牌，提示参观者排队等候时间，减少参观者焦虑情绪。准备离队凭证，解决排队等候期内参观者离队和归队确认问题。在现有离队发票形式的基础上，改变确认排队位置形式和确认票的形式，以排队等候区内吃饭、如厕等理由离队时的位置为准，限定归队时间，归队后回到离队时位置，并准备一式两联的参观者签字确认票，有效减少参观者间的矛盾，防止“黄牛党”倒票现象发生。

“五防范”确保展馆平稳运行 石油馆应对大客流和极端天气采取“五防范”应急措施，防范台风雷暴破坏、防范火灾发生、防范设备事故隐患、防范突发政治事件、防范中暑等突发疾病。

“三种矛盾化解渠道”保证展馆有序运行　石油馆组织人员做好耐心细致的解释工作、妥善处理参观者投诉事件、寻求警察等执法人员帮助，较好地处理各种矛盾，使石油馆运行顺畅。

二、启动应急预案

石油馆影院放映4D影片较刺激、激烈，安保部门制订了《石油馆突发医疗卫生事件应急预案》，并牵头组织礼仪人员利用晚上闭馆时间，在影院、参观预约等候区分别进行救助突发危重病人应急演练。在上海世博会期间，值勤人员按照应急处置程序，救助数十起高温中暑病人。

2010年7月，上海地区进入梅雨季节，连续几天阴雨连绵，经常突降暴雨并伴有台风，导致排队等候区的几千名参观者遇到天气突变出现躁动，随着石油馆门前入口处放行向前拥挤，秩序突然出现混乱时，安保人员及时赶到现场，用身体挡住被拥倒的参观者，全力维护现场秩序。安保队员经常在风雨中一站就是3个多小时。

2010年10月，前往石油馆排队的参观人数每天在10时前就达到高峰，相当于往日全天的接待人数。安保消防工作组紧急启动《超大客流应急预案》第三方案，放弃休息日、全员上岗，全力保障石油馆最后阶段安全、平稳运营。10月16日，上海世博园迎来入园人数的最高峰日，当日入园参观人数超过103万人。超大客流为安保工作增大难度，为确保石油馆参观秩序，安保消防部紧急启动《超大客流应急预案》，全力确保石油馆高峰时段安全平稳运行。

三、落实三级保卫方案

在上海世博会期间，石油馆先后接待党和国家领导人及外国政要、首脑等，安保消防部按照工作方案认真组织，协调配合，完成接待保卫任务。

为做好各级领导参观时的保卫工作，安保消防工作组制订《贵宾接待保卫方案》和《MIP贵宾接待工作三级保卫方案》，明确提出遇有MIP接待任务时，当日值班主管要根据时间提前做好保卫部署，值勤队员要提前10分钟到达岗位，检查周边情况，开启通道门；领导到达前一分钟，对门前区域闲散参观者进行清理疏散，保障门前区域安全畅通。如遇特殊情况，根据现场环境和工作要求及时增调队员，确保安全保卫工作无误。

表 4-2　　石油馆三级保卫方案一览表

保卫级别	方案内容
三级保卫工作	来访领导为副部级以下（包括副部级）时，调集 4 名备勤队员执行保卫勤务，副班值班主管到现场进行协调指挥工作
二级保卫工作	来访领导为副部级以上时，调集 6 名备勤队员执行保卫勤务，当日值班主管到现场进行协调指挥工作
一级保卫工作	来访领导为国家领导人或外国元首时，调集 10 名以上人员执行保卫勤务，当日值班主管和副班值班主管到现场进行协调指挥工作，并提前上报安保消防主管

注：MIP 接待人数在 10 人以内时，执行三级保卫工作；MIP 接待人数在 10 人以上 20 人以下时，执行二级保卫工作；MIP 接待人数在 20 人以上时，执行一级保卫工作。

在发生各种情况时，石油馆有两条贵宾通道，一条是为副部级以下领导提供的 VIP 快速通道；另一条是为副部级以上（包括副部级）领导提供的 MIP 通道。

四、协调化解矛盾

石油馆排队等候时间过长，引起参观者情绪烦躁，相互之间发生冲突，纠纷矛盾时有发生；长时间的等候造成有些参观者上卫生间、饮水、就餐离队频繁；个别参观者为提前进入展馆参观，不遵守排队秩序，不服从工作人员的管理，甚至辱骂、推搡工作人员，给安保人员造成很大的心理压力。2010 年 6 月 8 日，在排队区停止排队后，两名参观者强行闯入排队区内，为避免产生肢体接触，安保队主管利用身体挡在入口处。可在现场 20 余名警察解释和劝说下，一名参观者仍从背后将安保队主管猛然推倒，正好压在面前的参观者身上，该参观者将安保队主管紧紧抱住，在其右腿上狠狠咬了两口，裤子都被咬破。警察见状，立即拽起参观者，可参观者还是咬住不松口，两个伤痕齿印深入到安保主管的肉里，鲜血沁透了裤子。为缓解这类事情产生的压力，安保队员首先从自身找差距，提出“转变作风，灵活机动，文明服务，礼貌接待”的工作要求，争做“礼仪先生”。面对辱骂，不急不躁，把工作与生活中的情绪分开，采用“换人解释、避免激化，及时汇报、协调处理，报警增援、化解矛盾”等方式，保持冷静、耐心解释规劝，承受辱骂、忍受推打，用真情感动参观者，化解矛盾，合理有效地协调解决各类矛盾。有的安保队员总结说：“合理的是训练，不合理的是磨炼，合理的不合理的都是锻炼。”

参观排队等候区是矛盾易发集中地，做好排队等候区秩序管理工作，与确保石油馆馆内安全同样重要。2010 年 6 月后，参观上海世博会的客流逐渐增大，石油馆需要排 4 个小时以上的长队参观。石油馆安保人员每天面对几十万游客，不论是到石油馆还是到其他馆参观的，安保人员每天都要无数次面对参观者提出的各种问题，几千次、上万次的重复着同样的话，向参观者进行解释。但无论多累、多烦，安保人员始终保持文明、亲切的态度，把服务工作做好。安保部及时调整工作思路，多措并举，主动维护馆外游客排队秩序，队员们采取人员疏导和设施隔离相结合的方式，将排队参观者有序地组织起来入馆参观。安保队员为疏导参观者有时嗓子都说哑了，脚也磨起泡，皮肤被晒得黝黑，水土不服使身体明显消瘦，但还是向参观者耐心解释。尤其是每天晚上闭馆时，安保队员用文明服务，化解很多矛盾，劝慰参观者尽快离开。

石油馆安保人员开展“微笑服务”活动

（联合参展项目部　提供）

对参观者观展上厕所、排队等可能遇到的问题，安保人员制订了 13 条文明用语，“您好，由于观展观众多，为保障 22 时 30 分能够顺利闭馆，我们已经停止排队，请谅解。”“您好，请不要坐在栏杆上。”“您好，现在等候时间可能超过 3 小时，请合理安排观展。”针对各种突发情况都有预案和文明用语，确保为参观者服务彬彬有礼。

2010 年 7 月 5 日中午，安保队员在执勤时发现，1 名等候参观者因高温突然晕倒，立即组织队友将参观者扶进休息室，坐在通风的地方，用急救方式进行抢救，待参观着苏醒后，送上备用的避暑药，使参观者渐渐恢复。

在上海世博会期间，石油馆安保队员每天都要现场处理参观者发生矛盾 10 起以上，共处理纠纷矛盾超过 3000 起。接待解决石油馆各种投诉事件 87 起，成功化解 65 起，尤其是 7 月后的 113 天里，安保队员文明执勤，没有产生一起投诉记录，实现“零投诉”目标。

五、更换排队等候区设施

2010 年 4 月石油馆试运行初期，使用简单护杆作为排队等候区软围栏设施，随着参观者增多，软栏杆不能适应需求。4 月下旬，石油馆及时加装不锈钢硬栏杆围栏，但由于空间过宽，导致参观者争抢拥挤，秩序相当混乱。安保消防部多次重新调整排队等候区硬栏杆，改善排队等候区秩序管理工作。随着参观者的日益增多，门前排队等候区栏杆设施不断加长，由最初的 160 米逐步增加为 2400 米。由于上海世博会后期，不断出现“大客流”现象，石油馆排队等待区栏杆总长度超过 5 千米，从排队等待区入口到展馆入口需要近 20 分钟的行程。

第四章　处置突发事件

第一节　处置消防隐患

在上海世博会期间，石油馆安保消防组主要负责全馆消防安全工作，在每天开馆前、闭馆后，安保消防组队员对展馆进行全方位地毯式排查，确保石油馆在开闭馆时的平稳运行。

2010 年 4 月 20 日 9 时 58 分，石油馆消防监控室内的消防报警主机连续 7 次出现火警报警，安保消防组队员每次都迅速赶赴现场进行确认，皆为 4D 影院发出误报火警。在确定无误的情况下，消防组队员立即联系工程部人员对设备进行检查，发现影院内的报警监测系统有两个模块损坏，严重影响探头监测功能。鉴于各展馆消防报警系统与上海世博消防局报警中心联动，几次误报也直接反映到上海世博会消防局指挥平台，指挥平台先后几次打来电话询问。石油馆安保消防部立即向展馆负责人报告，并督促工程部加紧抢修，确保消防监控设备良好运行。

2010 年 7 月 12 日，当安保消防组队员巡检到石油馆 4D 影院时，隐约闻到一丝焦煳味道，立即引起安保消防组队员警觉，在迅速上报有关领导的同时，立即通知物业、工程等部门一起排查寻找隐患，安保消防组队员立刻对展馆进行地毯式检查。经仔细排查，发现 4D 影院投影机由于长时间工作，夹层滤波器被烧焦，散发焦煳味。隐患源被查找到并消除在萌芽状态，有效避免由电器设备引发火灾事故隐患。

2010 年 10 月 25 日，在距离世博会闭幕还有 6 天的时候，石油馆南侧彩管突闪火花，安保消防组队员及时发现并快速扑灭火源，避免事故的发生。

第二节　处置停电事故

2010 年 6 月 19 日和 8 月 13 日，石油馆两次发生突然停电，停电时间都在 40 分钟以上，使参观者情绪激动。安保消防部紧急启动处置突发事件应急预案，有组织、有秩序地将馆内参观者及时疏散。同时，有序撤离尾展大厅内其他参观者。安保人员耐心解释，合理调度，在重点部位加派人员，有效控制局面，保证参观者安全。

2010 年 6 月 19 日 19 时 07 分，石油馆影院、尾展大厅、办公室等区域大部分照明灯突然熄灭。在影院内，有 128 名参观者正准备观看影片。面对突如其来的停电，安保消防部紧急启动突发事件应急预案，现场值班主管通过对讲机连续下达 5 条指挥令，要求所有值勤队员严守岗位，密切观察岗位所在区域动向，引导周边人员疏散；通知 5 名应急备勤队员，手持电筒赶到三楼影院及办公区的疏散楼梯口，做好人员疏散准备工作；增派两名队员赶到影院现场，配合礼仪人员做好影院滞留参观者的安抚工作及突发情况处置；通知出口执勤队员迅速关闭尾展大厅非观影通道，由双向进出口改为单向只出不进，以避免人员拥挤和踩踏；组织在尾展大厅内的参观者有序向紧急出口撤离。同时，其他队员迅速赶到参观入口处，共同做好近 2000 名排队等候参观者的解释工作，并在视频监控室大屏幕上打出停止排队的公告说明。20 时左右，隐患被排除，石油馆电力系统正常工作，参观秩序恢复正常。

2010 年 8 月 13 日 19 时 10 分，石油馆突然发生大面积停电。安保消防部再次启动应急预案，及时有效地疏散影院和尾展大厅的参观者。由于停电时有 13 名 VIP 贵宾正在乘电梯上二楼，被困在电梯间里。安保队员发现有人被困后，机警地通过电梯间缝隙和困在电梯里的 VIP 客人对话，安抚客人情绪。19 时 30 分，维修人员人工打开电梯门，VIP 客人安全撤出。安保队员还主动背起两位残疾人从三楼下到一楼，保证参观者的安全。入口岗位全体队员，主动调解在排队等候区内滞留的 2000 余名观众情绪。消防监控室的队员协助工程人员快速查找停电原因，及时恢复电力，保障石油馆的正常运营。从突发停电到恢复供电，石油馆内没有发生任何参观者不满、情绪躁动、起哄吵闹及投诉事件。

在两次突发停电事故中，安保队员快速反应，在隐患排除、人员撤离过程中，没有发生任何拥挤、踩踏等人身伤害事件。

第三节　处置其他突发事件

一、突发患者处置

2010 年 4 月 21 日 11 时 30 分，一名 50 多岁的女士，在观看 4D 影片的过程中，由于没有充分的心理准备，承受不住影片的刺激而发生心悸，整个人全身瘫倒在座椅上。在女士身边的家人还没有意识到的情况下，被密切关注影院内情况的安保队员发现。安保队员立即按照预案演习中学到的应急处置程序，通过对讲机向值班主管进行汇报。同时，守护在患者身边关注情况变化。不到 1 分钟，接到通知的 6 名应急队员快速赶到现场，首先对周边参观者进行疏散，维护现场秩序，对患者家人进行询问、安排急救车，并在患者家属同意的情况下，将患者转移至僻静处，经短暂休息后患者恢复正常，在家人陪同下离开石油馆。

2010 年 5 月 11 日，在石油馆影院内一名 60 多岁的老人因承受不了影片的强烈刺激，产生心跳加快，随后呕吐、脱力、眩晕、口不能言、目光呆滞，安保队员立即上报并紧急调动 9 名应急队员，启动应急预案，并拨打急救电话。待 9 名队员到达现场后，立即组织参观者疏散，维护现场秩序，接引救护车辆，为患者提供必要的用品。老人发生呕吐时，呕吐物溅到队员们的衣服上，家属连忙道歉，队员们微笑着，劝慰患者和家属不要紧张。当急救人员到来后，值勤队员配合医务人员抬担架将患者送至急救车上。

2010年5月20日17时许，在石油馆外参观者排队等候区一名男士突然发生抽搐、舌头外露、嘴角溢出白沫、瘫倒在地。出现情况后，现场一片混乱，有些参观者吓得惊叫起来。现场值勤的2名安保队员和礼仪人员立即赶上前控制现场，闻讯赶到的8员应急队员将围观人员疏散，协助家人进行抢救，并用轮椅将患者转移至僻静处等候医护人员。值勤队员为患者擦汗、遮阳，用水擦拭脸部污物，赶到现场的医护人员检查发现参观者患有癫痫类疾病。在医护人员急救后，患者逐渐清醒，并坚持要参观石油馆。经医护人员同意，安保部安排专人进行全程陪护，直到患者安全离开石油馆。临走时，不能言语的患者还不断向安保队员竖起大拇指。

二、突发漏水处置

2010年4月22日15时，石油馆试运行期间，消防巡检人员在例行检查中发现石油馆内出现漏水现象，漏出的水沿水管线从三层顶部流到消防监控设备室。值勤队员立即用塑料布将配电箱罩住，防止溅起的水触发电路故障。随后，立即报告安保值班主管和当日值班馆长。经工程部抢修后发现是位于四层的主管线开裂，致使水从管线内大量涌出，将三层至一层沿途的设备间等处冲泡。做好初步防范后，执勤队员迅速向值班主管和馆长报告。随后，巡检人员沿用电线路进行检查，将漏水有可能接触到的用电设备进行断电或遮盖保护，并配合工程抢修人员进行抢修，在各楼层漏水位置区域专门看护。经1小时紧张抢修，排除漏水险情，管线恢复完好。由于发现及时、措施得当，漏水事件没有造成设备损坏和人员受伤，保证了展馆的运行。

三、应对老年人和小学生参观数量猛增

进入2010年5月中旬后，上海世博园区内各旅行社组织的中老年人和小学生及贫困地区学生参观陆续增多，每天在石油馆前排队等候的70岁以上老人不少于80人。11日，高龄老人每天参观人数猛增到140余人。仅11时至15时期间，就接待70岁以上老人60余人，接待80岁以上老人39人。根据老年人、小学生猛增的情况，安保消防部紧急调动24名休班队员增援，防止老人和小学生发生不测。当天，值班队员都连续工作9个多小时。石油馆前排队等候区值勤岗位一般最多时，安排12名队员维护秩序，及时有效地维护参观秩序，保障老人和孩子的安全。

照顾老人。安保队员在4D影院秩序维护工作，每天都会接待几千名参观者，每次都会仔细巡查每个角落，遇有老年人、残疾人和小朋友都会亲自陪同入座，并在观影过程中加倍关注。参观者离场后，影院发现有参观者将手机、银行卡、衣服等物品遗失，安保队员都会及时交还失主。安保队员每当看到老人从电梯上来时，就主动上前扶一把，微笑地说："欢迎您，请小心。"

在上海世博会期间，上海经历台风"圆规"。下雨，是安保队员们最不想遇到的事情，石油馆排队等候区的排水系统不很通畅，一下雨，参观者在积水区排队，难免要踩在小凳子上，一上小凳子，翻越栏杆便成了轻而易举的事情。个别参观者翻越栏杆插队，就会造成秩序混乱，引起连锁反应影响到石油馆的观展秩序。为维护秩序，安保队员们每逢下雨，就全体上岗，不论雨下多大，队员们都不断地跑动巡视，确保每条隔离带、每个遮阳伞不出问题，确保参观者安全和正常参观秩序。2010年8月的一天，雨很大。在4号遮阳篷西北角，一位腿脚不便的老太太由于退得慢，挤不到人群中去，只能站在队伍最外圈，雨水打在老人身上，冷得直哆嗦。正在巡回执勤的安保队员看到后，冲到老人跟前，用身体挡住雨水，又把老人跟前的人群分开，让老人往里站一些。老人拿出被雨打湿一半的手帕，给安保队员擦掸头上的雨水。

石油馆安保人员在雨中执勤

（联合参展项目部 提供）

照顾孩子。自 2010 年 6 月初开始，随石油馆在上海世博园知名度提升，前来观看 4D 电影的人越来越多，即使在晚上，石油馆外仍排起长队。一天 17 时许，离闭馆只有 3 个小时，馆外参观者都按秩序排着队，等待入馆。这时，备勤安保队员的对讲机里突然传来入口处需要支援的信息。几名备勤队员立刻赶到入口，发现一名女孩躺在地上。备勤队员迅速上前仔细观察女孩状况，并向女孩母亲询问情况，了解到女孩突发精神疾病，并伴有癫痫。备勤队员立即找来轮椅，把女孩扶到轮椅上，推到较安静的无障碍通道，与神色紧张的女孩说话并安慰，使女孩逐渐恢复正常。备勤队员陪母女俩参观石油馆，以免再次发生意外。15 日晚，临近闭馆安保队员发现排队等候区有一女孩在哭泣，急忙上前询问，得知女孩与母亲走失。通过耐心询问，迅速与女孩母亲取得联系。当得知母亲已乘坐去浦东的轮渡找孩子后，安保队员安慰母亲，并陪女孩参观石油馆，直至将女孩安全交给母亲。

第五篇　石油馆宣传

联合参展领导小组办公室下发《上海世博会联合参展宣传工作建议方案》，提出石油馆宣传宗旨、工作原则，对内部媒体、外部媒体、网络媒体宣传提出具体要求。2010 年 3 月 15 日，石油馆吉祥物“油宝宝”发布，全国 40 余家中央和地方媒体进行宣传报道。从 4 月初开始，三大公司所属电视媒体播放石油馆形象宣传片，报纸刊发宣传画等。在上海世博会期间，国内外新闻媒体 220 家、记者 3500 余人（次）聚焦在石油馆，累计发稿 1350 余篇。

联合参展领导小组办公室组织石油馆宣传册、张贴画设计配送工作，扩大石油馆宣传面。石油馆开展三大公司石油特色纪念品售卖，以“油宝宝”系列纪念品、石油石化特色纪念品、上海世博会特色纪念品等为主。抚顺石化分公司设计制作的“油宝宝”纪念品等受到参观者喜爱。

中国石油信息技术服务中心协助策划制作中国石油世博官方网站和世博石油馆官方网站，通过文字、视频、动画、图片等方式，跟踪报道上海世博会及石油馆相关信息，发布世博会信息 230 余条，网站累计访问量 21 万人（次）。

第一章　石油馆宣传部署

第一节　宣传安排

一、制订宣传方案

联合参展领导小组办公室制订“以内部媒体宣传为主，外部宣传为辅”的宣传原则，由联合参展领导小组办公室宣传组统一组织策划，并与三大公司共同推进落实。2010 年 3 月 18 日下发媒体注册工作通知，提请三大公司做好组织落实工作，并尽快将网上申请情况提交联合参展领导小组办公室宣传组。宣传组将进一步与上海世博局做好沟通，协助做好采访证件办理工作。

2010 年 3 月 30 日，联合参展领导小组办公室下发《上海世博会联合参展宣传工作建议方案》，提出石油馆宣传工作宗旨是充分展示“石油，延伸城市梦想”的主题，拉近石油石化与大众的距离，向社会和公众介绍石油石化工业的科技理念，增进理解和交流，提升三大公司的品牌影响力和整体形象。宣传工作坚持“统筹资源、注重实效、宣传适度、有感染力”的原则，利用上海世博会的契机和重要窗口，开展宣传工作。

二、内部宣传报道

2010 年 3 月 25 日，联合参展领导小组办公室宣传组下发联合参展内部媒体宣传工作安排。内部媒体宣传从 4 月 1 日开始，到 11 月 20 日结束。开设“石油，延伸城市梦想”专栏，三大公司统筹安排内部媒体宣传，策划内部宣传方案，组织各公司内部媒体成立专门报道机构，围绕宣传重点和安排，以系列报道、访谈、专题、侧记等多种形式开展报道，保证整体宣传效果。

做好主要活动动态报道，对党和国家领导人、知名石油石化专家、社会各界名人、外宾等参观石油馆的情况进行报道；对与石油馆或展览主题相关的会议、活动进行报道。

做好重要节点集中报道 在 2010 年 4 月 15 日、4 月 20 日、4 月 30 日、5 月 1 日、7 月 30 日、10 月 31 日等重要节点，以特刊、图片专刊、专题报道等形式，集中宣传推介石油馆。

做好台前幕后花絮报道 从 2010 年 5 月中旬起，在三大公司所属报纸、电视推出“石油馆 · 精彩花絮”专栏，刊播石油馆台前幕后的感人故事、精彩花絮、新闻特写、参观反响等，或以画刊的形式推出“照片背后的故事”。

推出“亲历石油馆”系列访谈 专访在石油馆建设中做出贡献的设计、施工、管理、运行等相关人员，三大公司相关领导，参观石油馆的石油专家、学者等，回顾建馆过程，回忆建馆思路、目的，畅谈参观感受。

推出石油馆形象宣传 从 2010 年 4 月初至 10 月底，在三大公司所属电视媒体不定期播放石油馆形象宣传片，在报纸上不定期刊发石油馆宣传画。同时，做好石油馆吉祥物“油宝宝”的宣传。

在以上宣传的基础上，三大公司利用《车友报》、《现代司机报》等媒体开设专题版面进行宣传，并做好宣传单夹带发放工作。

三、外部宣传报道

石油馆对外媒体宣传报道主要以开馆仪式、开园日、馆日活动、闭园日等重要节点为契机，邀请中央及上海主流媒体到石油馆进行采访报道。同时，按照国资委的要求做好宣传工作。

四、网络宣传

按照联合参展领导小组办公室的要求，三大公司在各自的门户网站中开设上海世博会石油馆专题网页，内容以石油馆官方网站内容为基础，可添加通知、公

中国石油内网上海世博会专题网页

（联合参展项目部 提供）

告、名人游石油馆、石油媒体的新闻报道、石油馆游戏插件、世博会知识等栏目。从 2010 年 3 月 15 日起，与“网上世博会石油馆”有效链接，并延伸至所属企业子网站。

中国石油外网上海世博会专栏及动画宣传

（联合参展项目部　提供）

联合参展领导小组办公室宣传组邀请国家及上海主流媒体包括主流网站做好石油馆宣传，提请三大公司及时搜集整理相关报道，及时更新充实各自上海世博会石油馆专题网页。同时，建议三大公司结合实际，在各自门户网站中开设网上论坛，进行互动交流、网上研讨。石油馆游戏插件开发完成后，三大公司发挥群团组织优势，设计开展相应活动，吸引广大员工广泛参与。

第二节　制订预案

为做好石油馆突发事件媒体应对和危机防范工作，掌握宣传报道工作的主动权，正确引导舆论，维护石油馆和三大公司的良好形象，石油馆宣传部门制订媒体应对与危机防范预案。

一、突发事件媒体应对

石油馆做好突发事件发生的应对工作，采取主动出击，掌控事态，及时准确地发布相关信息，正确引导舆论等方式，妥善处置。

突发事件种类 在石油馆发生踩踏等容易引起公众混乱、媒体炒作的突发事件；网上关于石油馆和三大公司的负面信息；可能对石油馆造成不利影响的三大公司突发事件。

信息报送 当与石油馆相关突发事件发生时，要快速向联合参展领导小组办公室宣传组提供相关情况，以便及时掌握突发事件情况。

应急响应 石油馆宣传组负责突发事件媒体应对工作，明确工作要求和工作人员，制订媒体应对措施。引导舆论避免各种谣言的出现，最大程度减少公众猜测和新闻媒体不准确报道。要持续滚动发布最新情况，公布应对措施，体现负责任的企业形象。对过去由于情况不清晰而发布的不准确信息要及时纠正，保证信息权威发布者的地位。要与上海世博局新闻宣传部做好情况沟通，赢得支持。

新闻发布 在突发事件发生后，石油馆宣传部门迅速拟定新闻发布内容，报联合参展领导小组办公室审批。在组织新闻发布过程中，对难以把握的重大和敏感问题及时上报。通过新闻发布会、新华社发通稿、散发新闻稿、接受记者采访、口头或书面回答记者提问等形式进行。

采访组织 要及时受理记者的采访申请，并提供突发事件有关信息，给记者采访报道提供方便。石油馆宣传组要派人到突发事件现场，协调组织记者采访活动，做好现场记者管理和引导工作。

舆情监控 建立健全舆情收集、跟踪、分析和应急管理机制，监测媒体对石油馆的报道，跟踪互联网舆情动态，及时掌握社会舆论和群众反映相关情况。

二、防范危机

在突发事件未发生时，建立完善有效的预防措施，做到有效规避、有序运作、临危不乱。

把好宣传资料关 在宣传册、新闻背景资料和接受采访中，准确介绍石油馆信息，不给媒体留下炒作空间，杜绝引起歧义的内容。

搞好媒体公关 借助三大公司与媒体的良好合作关系，做好与主要媒体的合作、沟通、交流，主动提出宣传需求，赢得理解与支持。

加强正面引导 邀请媒体到石油馆参观采访，加大对石油馆的正面宣传力度，让公众了解、认同石油馆。对主动来访的媒体，要了解采访动机，做好宣传引导，防患未然。

避免连锁反应 做好三大公司在世博会期间的突发事件处置，避免对石油馆造成间接影响。

第三节 宣传设计

为做好石油馆的宣传推介工作，对外宣传工作本着“统筹资源、注重实效、宣传适度、有感染力”的原则展开。2010 年 3 月 25 日，联合参展领导小组办公室召开上海世博会石油馆宣传品设计方案审议会。确定宣传单、宣传册设计方案，通过“1+3”张贴画模板设计和宣传片文案脚本。中国石油总经理助理、办公厅主任、联合参展联合小组办公室主任李润生在会上强调，宣传品要以实用为原则，设计要简洁、大气、统一，要将三大公司的标识、理念与世博元素充分结合，体现石油馆“一个整体、一个形象、一个精品”的总体要求，所有宣传品要在 2010 年 4 月 13 日前正式进馆。会议还审议了上海世博会石油馆售卖品开发及销售方案，部署三大公司内部媒体宣传工作安排等。

石油馆宣传按照“1+3”的思路组织设计制作形象片、张贴画，即石油馆的形象片、张贴画 1 种，三大公司各 1 种。同时，设计印制石油馆宣传册、宣传单，以展示石油馆为主，并涵盖三大公司内容。石油馆宣传册、张贴画采用中英文两种文字印刷；宣传单主要印制中英文两种版本，并印制少量日文、韩文、西班牙文、阿拉伯文等版本。石油馆宣传册、宣传单、张贴画由联合参展项目部宣传组组织印制，三大公司个性化张贴画按照统一规格标准各自印制。

一、形象宣传片设计

石油馆形象宣传片以演绎“石油，延伸城市梦想”的参展主题，由联合参展项目部宣传组、运行组共同策划制作。三大公司各自形象片在紧扣“石油，延伸城市梦想”主题的基础上，以体现个性化内容为主，各自负责策划制作。所有形象片统一采用 1920×1080 全高清标准拍摄，片长均为 3 分钟，无解说，统一使用中英文两种字幕。另外，运行组根据主展影片素材，开发石油馆外表面 LED 幕墙动画展示片 16 部，三角屏展示片 5 部。

二、宣传册（单）设计

石油馆宣传册总印量 10 万册，其中中文版 9 万册，英文版 1 万册。宣传册以传播石油馆展示创意为重点，并涵盖三大公司形象宣传页，内容通过艺术化、生活化的场景介绍展馆，展示企业，演绎主题，由联合参展项目部宣传组与三大公司共同设计为三折页式，规格为 210 毫米 ×95 毫米，采用环保再生纸全彩设计印刷。宣传册主要赠送给贵宾、领导和记者，在石油馆现场发放。由印刷厂负责为石油馆配送中文版宣传册 8.10 万册、英文版 9 千册；为中国石油总部和北京地区单位配送中文版 9 千册、英文版 1 千册。

石油馆宣传册设计式样

（联合参展项目部 提供）

石油馆宣传单总印量610万张。其中，中文版560万张、英文版40万张、其他语种版本10万张。宣传单内容为石油馆主展介绍，为单页式设计，规格为210毫米×95毫米，采用环保再生纸全彩设计双面印刷，主要在石油馆内及三大公司驻沪宾馆摆放及发放，也可延伸至全国。

表5–1 石油馆宣传单配送表

配送单位	配 送 情 况
印刷厂	负责300万张，其中中文版250万张，英文版40万张，其他语种版本10万张
中国石油	配送76万张。配送北京地区200座加油站40万张、上海地区150座加油站30万张；华油集团负责本系统的北京地区宾馆4万张、上海地区宾馆1万张；中国石油总部机关1万张
中国石化	配送224万张。配送北京地区600座加油站120万张、上海地区500座加油站100万张；北京地区宾馆2万张、上海地区宾馆2万张
中国海油	配送10万张（自行安排）

三、张贴画设计

石油馆张贴画总印量6万张，为中英文对照版。张贴画内容要能够演绎上海世博会主题，使用与大众最贴近的语言及最有亲和力的画面，由联合参展项目部

石油馆张贴画设计样式

（联合参展项目部 提供）

宣传组组织设计，规格为 840 毫米 ×570 毫米，采用 157 克铜版纸全彩设计单面印刷，背面采用双面胶粘贴，要做防雨、防晒处理。张贴画主要在三大公司所属宾馆、加油站粘贴，并在醒目位置同时粘贴石油馆张贴画 1 张、本公司个性化张贴画 1 张。

表 5–2　石油馆张贴画配送表

配　送　单　位	配送张数	配　送　情　况
中国石油销售分公司	18000	中国石油系统上海加油站配送
中国石油华油集团阳光物业公司	1000	负责所属中国石油系统宾馆配送
中国石油办公厅公共关系处	1000	负责中国石油所属单位办公场所张贴画配送
中国石化	32000	配送工作自行安排
中国海油	2000	配送工作自行安排

第四节　开馆前宣传报道

联合参展领导小组办公室宣传组提出，在 2010 年 4 月 30 日石油馆开馆前预热宣传阶段，重点做好介绍上海世博会和石油馆背景资料；宣传石油馆“石油，延伸城市梦想”的展览主题，“贴近生活，趣味石油”的展览理念，预展、主展、尾展中的亮点；做好石油馆形象宣传片、张贴画，吉祥物“油宝宝”形象展示；做好社会各界在 4 月 20—30 日体验石油馆的报道；集中报道 4 月 20 日石油馆体验日活动，报纸推出特刊、电视推出专题节目；策划好 5 月 1 日开馆报道；报道三大公司在联合参展上海世博会过程中，继承和弘扬石油石化行业优良传统，紧密配合，并肩作战，精益求精，共建精品石油馆；报道联合参展项目部全力抓好场馆运行，加强日常管理，提高应急能力，周密安排接待服务，高水平构建石油石化行业的形象窗口；报道石油馆建设者发扬大庆精神，克服困难，科学组织，日夜奋战，确保工程按计划顺利进行；报道三大公司坚持低碳理念、科技创新、节能减排和生态环保，走绿色发展、和谐发展、可持续发展之路的生动实践；报道三大公司支持和服务上海世博会，促进国家和上海经济社会发展等情况。

石油馆开馆后，按照联合参展领导小组办公室相关要求，全面开展石油馆宣传工作。

第二章　石油馆纪念品制作与售卖

第一节　纪念品制作售卖部署

2010年3月9日，三大公司向上海世博会事务协调局发出授权书。授权书指出，“兹中国石油、中国石化和中国海油共同授权上海石博展览展示有限公司负责2010年上海世博会石油馆的商业经营活动，并以上海石博展览展示有限公司的名义办理开展零售商业活动所需的相关手续。”

2010年3月25日，按照联合参展领导小组要求，结合上海世博会商业部相关规定，根据石油馆运行实际，经市场调查研究，联合参展领导小组办公室宣传组制订《上海世博会石油馆售卖品开发及销售方案》，围绕石油馆参展主题、建筑风格、展览内容及石油石化行业特征，在开发石油馆售卖品过程中，遵循“低价位、环保性、实用性、标识性、收藏性、滚动性”原则。石油馆售卖品开发主题体现低碳、节能、环保理念和行业特色。

售卖种类　主要包含世博会特许商品，石油馆开发的石油馆特色类、时尚装饰类、日常日用类、服装服饰类、文具玩具类售卖品，石油馆开发的纪念品，三大公司已有的纪念品，有关能源环保科普读物。

销售方式　基于运作时间及相关资源现状，石油馆售卖品运营模式是自行销售，即石油馆向设计制作商提出设计、制作和采购要求，由设计制作商负责售卖品的设计、制作、提供货源。售卖品销售、仓储、物流、闭园后库存产品处理及销售管理人员均由石油馆承担。加强石油馆内销售，利用石油馆售卖平台，采取一定的宣传形式，吸引参观者购买。同时，加强与三大公司驻沪加油站、宾馆、酒店的合作，组织进行石油馆售卖品的代销。对有组织参观的团体，可打折售卖。对在石油馆销售的三大公司及所属企业的纪念品和出版社的科普读物，销售所得归原单位所有，石油馆只收取须上缴上海世博局及物流公司的税费。

石油特色售卖品利用内部资源，在石油馆售卖三大公司石油特色售卖品。售卖品标注上海世博会标识、三大公司标识及单位名称。科普读物按照生动活泼、通俗易懂、图文并茂的要求，组织征集石油、天然气、海洋石油、石化工业4类科普读

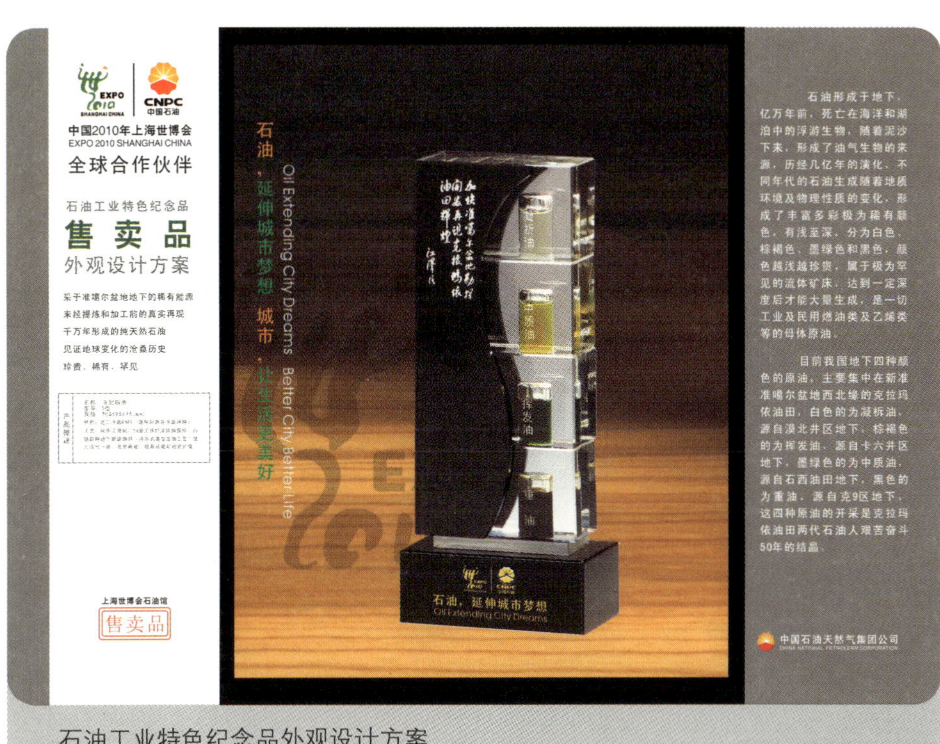

石油工业特色纪念品外观设计方案

（联合参展领导小组办公室　提供）

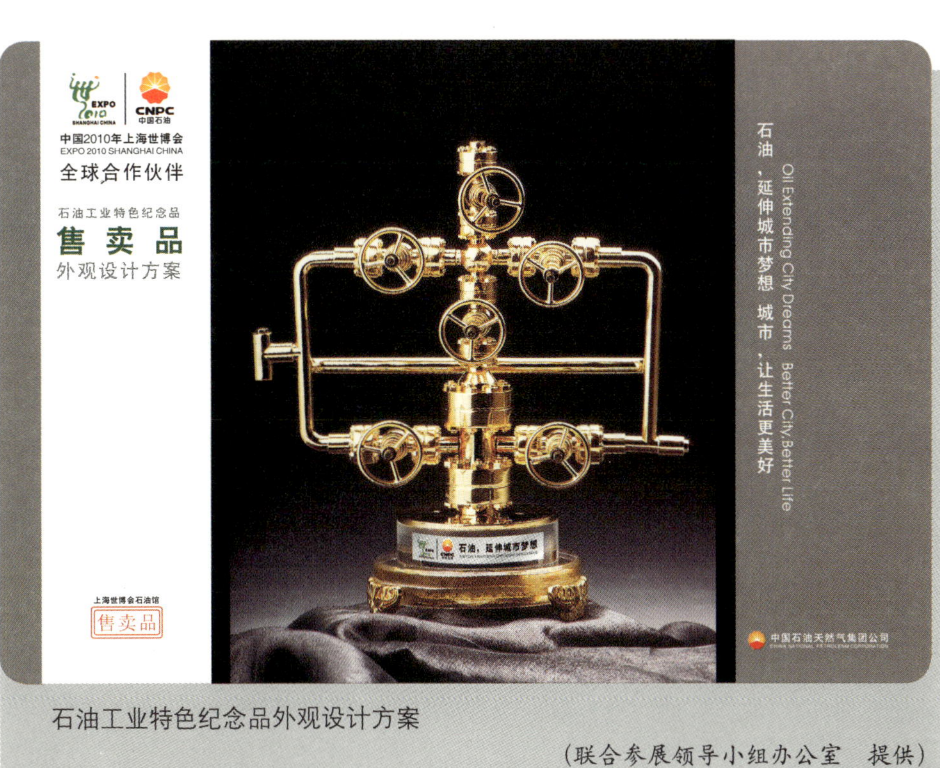

石油工业特色纪念品外观设计方案

（联合参展领导小组办公室　提供）

物，包括书籍、画册、光盘等。三大公司各自整理科普读物名录，并提供目录及样书，经审定后，各自制作提交运行组。

第二节　石油馆特色纪念品

上海世博园内，各展馆都设有纪念品商店，用以吸引游客，扩大影响。石油馆特色商品，不仅是展馆吸引参观者的重要窗口，也是宣传石油文化，展示石油文明的重要阵地。

一、“油宝宝”系列纪念品

2010 年 3 月 15 日，“油宝宝”吉祥物发布。“上海世博会石油馆吉祥物‘油宝宝’发布暨开馆倒计时 40 天动员会”在北京召开，引起国内各大媒体广泛关注。上海世博会石油馆吉祥物取名为“油宝宝”，造型以“油滴”和“油气管”为原型，色彩以金黄色为主。“油”取自“油气”，即石油和天然气的总称。“宝宝”寓意为“成长和希望”。体现石油资源来之不易，又表现中国石油石化工业朝气蓬勃、活力四射、不断成长和进取的形象。新华社 3 月 15 日 22 时发布通稿，以“上海世博会石油馆将于 4 月 25 日开馆”为题，全面介绍石油馆基本情况和“油宝宝”的

2010 年 3 月 15 日，石油馆吉祥物“油宝宝”亮相

（联合参展领导小组办公室　提供）

形象及寓意。中央电视台“新闻直播间”于3月16日9时05分以“上海世博会石油馆吉祥物亮相”为题，进行专门报道。中央电视台“朝闻天下”栏目也对“油宝宝”进行相关报道。活泼可爱的“油宝宝”造型跃然于荧屏，在行业内外引起广泛关注。同时，新华社、中央人民广播电台、人民网、新华网、新浪网和网易等媒体当日都刊发消息。《中国日报》、《中国化工报》、《北京日报》、《新京报》、《京华时报》、上海世博局官方网站等媒体，进行重点关注和报道。《中国石油报》在3月16日第一版头条刊发“上海世博会石油馆吉祥物‘油宝宝’亮相”的消息，并对“油宝宝”进行详细介绍。中国石油网也在显著位置刊登“油宝宝”亮相的消息，点击率超过5900次。在中央及首都新闻媒体关注石油馆“油宝宝”的同时，各地方媒体也纷纷报道和转载相关信息。在“油宝宝”吉祥物发布后，全国40余家中央和地方媒体对石油馆及“油宝宝”进行宣传报道。

石油馆吉祥物“油宝宝”正式对外发布后，石油馆在积极对外宣传的同时，以

2010年3月15日，石油馆吉祥物“油宝宝”正式对外发布

联合参展项目部　提供

活泼可爱的“油宝宝”为基础，迅速开发出毛绒玩具、服装、徽章、工艺品、明信片等系列纪念品，受到参观者喜爱。“油宝宝”活泼可爱的形象，成为广大参观者认识石油馆、了解石油馆的重要途径和载体。

二、石油石化特色纪念品

为宣传石油石化企业，扩大石油馆和企业知名度、影响力，石油馆售卖部专门从大庆油田公司、新疆油田分公司、辽河油田分公司等单位组织一批原油、凝析油、抽油机等石油特色纪念品，通过纪念品发售，让更多人了解石油、认识石油，加深对石油石化行业的理解和认同，弘扬石油精神、传播石油文化，树立石油石化企业的良好形象。

三、上海世博会特色纪念品

为适应上海世博会商品售卖规律，石油馆售卖店先后开发和引进系列上海世博会特色纪念品，包括青花瓷盘、瓷瓶，海宝系列纪念品，中国馆系列纪念品，世博纪念章、护照系列等特色商品。上海世博会特色纪念品的售卖，丰富了石油馆商品种类，方便广大参观者购买。

在纪念品售卖中，石油馆并不把经济效益当做纪念品销售的唯一目标，而是通过商品售卖，向参观者传递商品背后更多的附加信息，让参观者感受石油石化人真诚和贴心服务。售卖店经营的“油宝宝”、原油工艺品、抽油机等，让很多参观者流连忘返。

第三节　特色纪念品制作与提供

一、设计制作纪念品“油宝宝”

2010 年 3 月 15 日，三大公司联合发布上海世博会石油馆吉祥物“油宝宝”。20 日，中国石油副总经理、党组成员、联合参展领导小组组长王宜林主持召开会议，决定由抚顺石化分公司承担“油宝宝”礼品蜡生产任务，并作为石油馆纪念品赠送来宾。国资委在 4 月 15 日对石油馆进行验收，联合参展领导小组办公室要求抚顺石化分公司在 4 月 13 日前将“油宝宝”运抵上海世博园石油馆。

抚顺石化分公司接到礼品制作生产任务后，立即成立礼品（蜡）筹备工作组，责成所属全国唯一一家国企蜡制品生产单位化塑厂制订礼品创意方案。2010 年 3 月 31 日，抚顺石化分公司为上海世博会量身打造的礼品蜡创意方案，通过联合参展领导小组审核。

抚顺石化分公司化塑厂领导周密协调，组织蜡制品车间和相关部室人员召开专题会议，确定各项工作的负责人。从设计到验收，生产车间在 12 天就完成了模具制作、生产样品、点燃测试等工作。各条生产线全部为上海世博会礼品蜡开通“绿色通道”，组织最优秀的技术人员充实到生产一线，对生产线、包装组、手工制作组进行技术指导和监督。车间安全员、设备人员加密巡检频次，全力保证生产安全稳定运行。生产车间 100 余人 12 天未休息，加班加点赶工期，成功开发出黄、绿、红三种颜色，8 个表情的“油宝宝”和两个批（次）共 10323 支上海世博会礼品蜡烛，生产合格率达到 100%。2010 年 4 月 12 日 13 时，第一批 500 个“油宝宝”蜡工艺品发往上海世博会石油馆，接受国资委的审核。4 月 15 日“油宝宝”在上海世博会中央企业馆试运营启动仪式上展出。

抚顺石化分公司设计的“油宝宝”纪念品，是以石油油滴为主造型的人工浇注异形蜡，搭配单面透明、色彩艳丽的外包装，突出实用与可爱的特点。“加油世博”突出为世博会加油的元素，选择世博简写烛台，具有很强的纪念礼品色彩。“飞行

“油宝宝”礼品蜡

（抚顺石化分公司　提供）

棋”是将世博地图印刷在桌布上，配以手绘立体图案，用蜡制品做成飞行棋的样式，更加具有实用性和娱乐性。除上海世博会石油馆吉祥物“油宝宝”外，另两款蜡制品“加油世博”和“飞行棋”也在上海世博会期间展售。

产品上架一个月后，抚顺石化分公司领导带领包装设计方、化塑厂技术人员组成的工作组，赶赴上海世博会石油馆，考察礼品（蜡）的售卖与赠送情况。在与石油馆宣传部沟通后，发现产品销量明显赶不上其他几家。工作组经分析和对比，发现公司产品虽然质量上乘，顾客也很喜欢，但定价略高，且包装大、重量沉，不便于参观者携带。工作组在现场及时调整产品价格和外包装尺寸。采取化整为零、降低价格等方法，以更经济的价格、更轻便的包装，吸引参观者，通过改进提高产品销售量。

制作“油宝宝”礼品蜡

（抚顺石化分公司　提供）

二、完成能源综合沙盘续展

2010 年 2 月，石油工业出版社接到中国石油办公厅《关于配合上海世博局完成能源综合沙盘续展任务的通知》，要求“在新中国成立 60 周年成就展活动中，由你社制作的‘能源综合沙盘’模型得到中央领导的充分肯定，该模型要在 2010 年的上海世博会上进行展出，上海世博局已来函确认续展该模型”。针对模型续展工作，石油工业出版社迅速成立模型续展项目组，全力配合上海世博局，做好“能源综合沙盘”模型的修复、运输、安装调试、维护培训、展后处理等工作。

石油工业出版社为上海世博会中国馆提供的“能源综合沙盘”模型

（石油工业出版社有限公司 提供）

“能源综合沙盘”模型在建国60周年成就展展出一个多月后，硬件、电动装置、线路等出现老化、破损现象，项目组采用补救、更新、改造方式，对百余根线路逐一进行检查和改造；对20余处破损部位进行整体重做、加固；对老化电机全部更换；对上千盏LED灯进行检测及更换。采用“整体和分装相结合”的方式，把模型底座与液晶显示屏、易碎零部件、钢化玻璃、铝制围板等分别分层包装，防止在长途运输及装卸中造成损坏。在模型安装时，细心、耐心地接好线路，拧紧螺丝，加固连接处，并由专人最后进行检查，从细微处把好关。

上海世博会会期长达半年，参观人数多，客流量大，“能源综合沙盘”模型要保持每天点亮13个小时以上，连续展出184天，对模型本身损耗较大。项目组指定专人定期从模型动态系统、液晶显示系统、电路系统、硬部件及模型外观进行维护和检修，并在模型底部安装多个散热设备，防止因设备过热引发问题。

“能源综合沙盘”模型作为上海世博会主题馆展示项目，系统全面展示了中国近年能源建设成就，并采用独立研发的LED发光体展示，效果显著，是上海世博会唯一一个发光体效果模型。模型设计新颖，将厂区装备效果与技术原理相融合，采用点线面的设计方式及声光电的制作手段，破茧抽丝，形象、集中地反映出能源建设面貌及技术特点，给参观者以直观清晰、生动易懂的观感；采取实物与三维动画相结合，动态与静态展示相结合，地面建筑物与地下构造原理相结合，增强展示效果。“能源综合沙盘”模型与展馆主题、风格完美契合，获得上海世博局、参观者、媒体的广泛肯定，成为展区一大亮点。

上海世博会事务协调局
Bureau of Shanghai World Expo Coordination

感谢函

石油工业出版社：

中国2010年上海世博会已于10月31日完美落下帷幕。本届世博会规模之大，内容之丰富，特色之鲜明，影响之深远，是举世公认的。

由国家能源局牵头，贵社提供的“能源综合沙盘”在上海世博会主题场馆之城市未来馆展出，作为“未来正在实现”展区的展示亮点，表达未来城市对能源的可持续利用。

在十个多月的筹备和运行期间，贵社的工作团队本着服务世博的精神，依靠多年专业经验，体现出极强的应变和协调能力，不仅配合城市未来馆主色调迅速调整模型方案，并且高效率、高质量、高水平地完成了“能源综合沙盘”的展陈工作。同时，在184天的展出期间，积极主动地配合我部的运营要求，为上海世博会城市未来馆和世博会的圆满落幕做出了重大贡献。

在此，我部代表上海世博局向贵社表示衷心的感谢，感谢贵社奉献世博，服务世博的精神，以及令人赞赏的模型效果和令人信服的专业能力，并十分感谢贵社从大局出发，对工作安排调度的无条件配合精神。正是因为上海世博会筹办过程中像贵社一样的优秀企业与我们风雨兼程，携手同行，上海世博会才得以成功的举办。

特致此函以表谢意。

上海世博会事务协调局
主题馆部
二〇一〇年十二月十三日

上海世博会事务协调局给石油工业出版社发来的感谢函
（石油工业出版社有限公司提供）

三、石油展示内容英文翻译稿审核

2010年3月23日中午，中国石油办公厅发函，由经济技术研究院安排英语翻译专家，审核石油馆展示内容英文翻译稿。经济技术研究院在时间紧、任务重的情况下，迅速组织技术团队开展译文审校工作，逐字逐句审核，修改语句及专业名汇，为符合英语表达习惯，连夜邀请外籍专家进行语言润色。24日上午，审校小组又对译文进行第三次审核，于16时及时提交审核意见，仅用1天时间完成译稿审核任务。

第三章 石油馆媒体宣传

第一节 网络宣传

在上海世博会期间，中国石油信息技术服务中心协助联合参展领导小组办公室策划并制作中国石油世博官方网站（2010 年 4 月 21 日上线）和世博石油馆官方网站（2010 年 4 月 15 日上线），发挥网络媒体和信息技术优势，通过文字、视频、动画、图片等多种方式，及时跟踪报道上海世博会和石油馆相关动态，全方位展示上海世博会尤其是石油馆盛况。同时，在中国石油内外网策划并制作了上海世博会专栏，共发布世博会相关信息 230 余条，网站累计访问量 21 万人（次）；针对上海世博会石油馆工作人员提出的微博需求和石油馆开展的“创先争优”活动，进行功能开发和专题页面设计与搭建，上线后获得用户好评。

一、开通网上展馆直通车

网友登陆中国石油世博官方网站和世博石油馆官方网站，网友“一路”要做的只是动动手中的鼠标。鼠标就是脚步，屏幕就是眼睛。由腾讯网总集成、总运行、总维护的网上世博会，借助 3D 技术，浏览上海世博园区，这种体验就像行走在黄浦江畔的世博园一样身临其境。网友沿上海世博园 2 号门高架步道一路向南，世博浦西园俯瞰场景。再往前，一宝石蓝色管道建筑，外立面正对应排队等候区的三角形屏幕光影变幻。这就是上海世博园排队超过 10 小时的热门场馆——石油馆。

“网上世博会”将 230 万平方米的世博园区浓缩其中，缩短了参观者的耗时。同时，利用互联网，可以把世博会无限延长。在上海世博会结束后，仅有 5 个场馆作为永久保留，其余将随即拆除，但“网上世博会”则无时限。石油馆网上展馆，不仅将实体石油馆的预展区、主展区和尾展展区都搬上网络，而且还有“油宝宝”为网友做 VIP 讲解。特别值得注意的是，在网上石油馆浏览点击各展区跳转，出现视频内容的正是石油馆 4D 电影精彩片段。

二、抽取幸运网友

2010 年 10 月 13 日，网上世博会通过“展馆直通车之石油馆”活动网上抽取

10名幸运网友。18日上午，网上上海世博会展馆直通车进入上海浦西园区石油馆，这是石油馆直通车活动开展后第14个展馆、第22站，10名幸运网友受到石油馆馆长刘俊杰与上海世博局新闻宣传部助理部长的热情欢迎，并得到“油宝宝”徽章等石油馆特色礼物。随后，网友们在石油馆工作人员引导下参观了石油馆各特色展区。网友们说，没想到石油和人们的日常生活关联如此密切，“进了石油馆，长了大见识”。在观看完4D电影《石油梦想》后，来自黑龙江齐齐哈尔的幸运网友表示，要请假过去看看石油馆，因为“电影实在是太震撼了。能在网上世博会抽中石油馆的幸运网友资格，太幸运了。”

上海世博会石油馆宣传网页

（联合参展领导小组办公室　提供）

第二节　传统媒体宣传

2010年4月13日11时06分，中央电视台新闻频道《新闻直播间》栏目以“石油馆完成布展备战试运营”为题，用4分30秒长的篇幅报道了石油馆完成布展，亮相上海世博园区的消息。同日，中央电视台《新闻联播》以“上海世博会：石油馆等一批场馆建成”为题，首次进行石油馆建成的公开报道。夜幕中的石油馆画面展现了“石油，延伸城市梦想”的主题，多种高科技手段的运用及平实独特的讲述方式，将石油馆呈现在全国电视观众面前。

石油馆开馆后，共接待境内外新闻媒体220家、3500余人（次），累计发稿1350余篇，策划组织重大主题宣传40余次。留存图片资料6万余张，视频资料200余小时，中央电视台、人民日报等新闻媒体多次对石油馆进行直播及专题报道，新华社还专门为石油馆编发内参，营造浓厚的舆论氛围，展示三大石油公司和石油馆良好形象，完成宣传任务。

中国国际广播电台直播石油馆节目
（联合参展领导小组办公室、联合参展项目部　提供）

凤凰卫视资讯台采访石油馆负责人
（联合参展领导小组办公室、联合参展项目部　提供）

石油馆接受世博官方记者采访
（联合参展领导小组办公室、联合参展项目部　提供）

中国台湾 TVBS（无线卫星电视台）采访石油馆
（联合参展领导小组办公室、联合参展项目部　提供）

英国广播公司（BBC）采访石油馆

（联合参展领导小组办公室、联合参展项目部 提供）

关于石油馆的电视报道

（联合参展领导小组办公室、联合参展项目部 提供）

平面媒体对石油馆的报道

（联合参展领导小组办公室、联合参展项目部　提供）

第六篇　石油馆闭馆与表彰

在上海世博会期间，石油馆创造了多项业绩，两项“大世界基尼斯之最”，成为上海世博会热门场馆之一。2010 年 10 月 31 日 23 时 30 分，石油馆完成 184 天的运行任务，举行闭馆仪式，石油馆管理团队在闭幕仪式上向联合参展领导小组报告了工作情况。

在联合参展领导小组及办公室的领导下，联合参展项目部严格贯彻落实中共中央总书记、国家主席、中央军委主席胡锦涛关于推广廉洁奥运经验的讲话精神，落实中共中央纪律检查委员会（以下简称中纪委）、国资委及上海世博局的相关规定，执行三大公司共同审定的项目管理制度及办法，本着“合法合规、简捷高效、严控投资”的项目资金使用原则，主动接受各方面监督，发扬石油石化企业“三老四严”的优良传统，坚持“廉洁办世博”，努力打造精品工程、阳光工程，积极实现“成功、精彩、难忘”的参展目标。

在石油馆闭馆后，联合参展领导小组办公室召开会议，研究部署石油馆撤展等后续工作，要求提前做好与上海世博局相关部门的沟通联系，合理安排拆除期间安保、施工、运输等各项工作计划。并根据工作实际需要，做好后期资金支出平衡，组织部分人员按照程序开展撤展，善始善终做好石油馆展后工作。

上海世博会期间，三大公司联合参展工作得到国资委、上海市委市政府及社会各界的大力支持，参展人员共同努力，取得丰硕成果。2011 年 2 月 25 日，国资委召开总结表彰会，中国石油获中央企业参与 2010 年上海世博会突出贡献奖，3 个集体、15 名个人分获先进集体和个人奖。三大公司研究决定，授予 23 个集体杰出贡献奖、授予 10 名同志特殊贡献奖、授予 68 名同志突出贡献奖。国资委在中央企业参与 2010 年上海世博会工作表彰决定中，中国石油荣获突出贡献奖，3 个单位荣获先进集体奖，15 名同志荣获先进个人奖。

2010 年 12 月 27 日，中国 2010 年上海世博会总结表彰大会在北京举行。胡锦涛在会上发表重要讲话。会上授予北京参博运行团队等377个集体“上海世博会先进集体”荣誉称号；授予陈峰等515名同志“上海世博会先进个人”荣誉称号，追授吴毅强等4名同志“上海世博会先进个人”荣誉称号。其中，中国石油天然气集团公司石油馆项目部获上海世博会先进集体；刘俊杰获上海世博会先进个人。

第一章　石油馆闭馆

第一节　闭馆仪式

2010年10月31日23时30分，石油馆运行184天正式闭馆。

在闭馆仪式上，石油馆向与会各界代表、新闻媒体和全体参展人员报告了石油馆在上海世博会上创造的业绩，运行184天，接待游客超过361万；连续4个月游客平均排队等候时间在全部展馆中位列第一；创造上海世博会单日游客排队时间12小时30分钟的最高纪录；创造一开馆就宣告停止排队的“世博传奇”，成为上海世博会最热门的场馆之一。

“大世界基尼斯之最”认证机构，向石油馆馆长刘俊杰颁发代表“中国之最”的两份证书。上海世博会石油馆的外立面，以极富石油石化特色的PC板精细成像的独特创意和优良技术，创造国内“异型PC板组合LED精细成像面积之最”；石油馆的主展4D电影《石油梦想》，连续放映13166场，创下国内“连续188天（含试运行）累计放映单一4D影片场（次）之最”。

2010年10月31日23时55分，中国石油副总经理、党组成员、联合参展领导小组组长王宜林，中国石油副总经理曾玉康及中国石化、中国海油和大庆油田公司的有关领导共同启动石油馆熄灯仪式。王宜林宣布石油馆闭馆。

中国石油总经理助理、办公厅主任、联合参展领导小组办公室主任李润生为石油馆闭馆致辞。李润生在致辞中指出，石油馆用“石油，延伸城市梦想”的宣言，成功演绎了上海世博会主题。拉近了石油和大众的距离，深刻诠释了石油对人类文明发展的推动作用，加深了社会各界对石油石化行业和企业的了解，搭建了社会了解中国石油工业的纽带、桥梁和平台；用石油人的智慧，生动展示了国脉所系的企业形象；用清洁绿色和可持续发展的理念，通过百万人的切身感受，展示了石油石化企业的责任和担当；用大庆精神铁人精神完美体现了石油员工队伍新的时代风采；用共同的目标和情感，成功创造了三大公司密切合作的经典范例。上海世博会虽然结束，但“石油，延伸城市梦想”的追求，会永远激励石油石化人，为演绎未来的美好城市生活而努力奋斗。

联合参展领导小组办公室及有关人员、石油馆全体工作人员、相关运行保障单位管理人员代表及部分媒体记者300余人参加了闭馆仪式。大庆油田公司党委副书记、纪委书记、工会主席、联合参展领导小组办公室副主任王昆主持石油馆闭馆仪式。闭馆仪式后全体人员签字留念。

在闭馆仪式前，王宜林、曾玉康、李润生等参加了上海世博会闭幕招待会和闭幕式。

第二节　报告工作

石油馆管理团队在闭幕仪式上向联合参展领导小组报告工作情况。

石油馆策划设计历时两年，先后组织国内外17家顶级团队、23位国际专家、600余位设计人员携手创作，设计和调整建筑、展示方案120版次，绘制图纸7000张，完成文稿10万字，拍摄影片素材500小时。大面积PC板精细成像、超宽屏4D影片立体融合等3项技术全球首创，炫彩呈现，惊艳浦江。

石油馆安全平稳运行184天，接待观众3611388人，播放4D影片13166场，创累计单片播放场（次）中国之最。排队等候时间113天排名园区第一，最长12小时30分钟创上海世博会之最。全馆各类设备153台，全部安全平稳无故障运行，归还手机等各类遗失物品1312件。中共中央政治局委员、上海市委书记、上海世博会执委会主任俞正声先后16次到石油馆现场检查，都给予充分肯定。

自2010年4月15日中央企业馆启动后，石油馆共接待重要贵宾820人，VIP累计接待量达206857人，成为世博园区贵宾接待量最大、级别最高的展馆之一。同时，与园区所有展馆建立良好的馆际关系，充分展示了形象，赢得广泛支持与尊重。

石油馆运行以来，共接待国内外新闻媒体220家、3500余人（次），累计发稿1350余篇，策划组织重大主题宣传40余次。留存图片资料6万余张，视频资料

200余小时，中央电视台、人民日报等新闻媒体多次对石油馆进行直播及专题报道，新华社还专门为石油馆编发内参，营造了浓厚的舆论氛围，展示了三大石油公司和石油馆的良好形象，完成宣传任务。

石油馆安保消防部近80名队员自2010年3月28日来到上海，历经217天（含试运行）保障运行出勤11240人（次），未发生一起安全事故，维护排队等候区秩序处理纠纷矛盾3000余起，拒绝贿赂近2000次、40万余元，救助突发病患游客317人，应急处置各类突发事件39起，巡检1550次发现处置各类消防隐患173次，80%以上队员经受伤病困扰，实现了在“外国人面前我们代表中国，在中国人面前我们代表石油精神”的诺言。

2009年11月，上海世博会石油馆临时团委被中央企业团工委、中央企业青联授予“中央企业‘迎世博、展风采’优秀服务窗口青年文明号创建活动创建单位”称号

（联合参展项目部 提供）

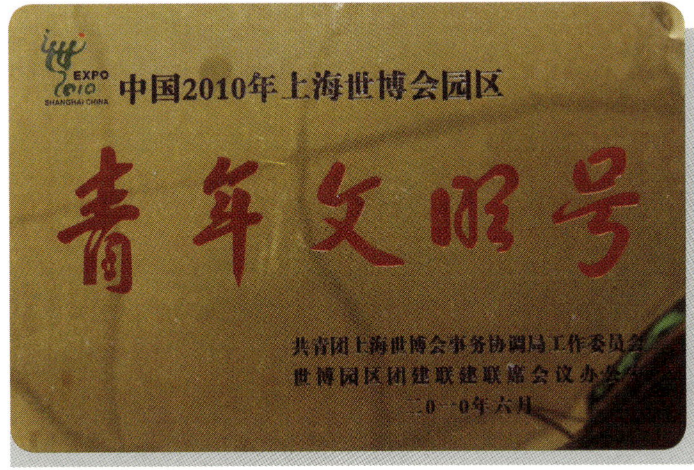

2010年6月，上海世博会石油馆临时团委被共青团上海世博会事务协调局工作委员会、世博园区团建联建席会议办公室授予中国2010年上海世博会园区青年文明号称号

（联合参展项目部 提供）

石油馆2009年4月20日奠基，7月22日在企业馆中率先封顶，获得上海市建设工程金属结构“金钢奖”、“世博文明工地”、“上海市文明工地”荣誉称号。运行期间，先后荣获上海市“五好”先进党组织、优秀集体、工人先锋号、文明场

馆、青年文明号；园区先进集体、先进团组织、公益爱心馆等称号；先后涌现上海市先进个人 3 人、优秀党员 7 人、青年岗位能手 1 人，上海世博园区文明服务标兵 9 人、先进个人 3 人、月度冠军 200 人，并先后有 19 人提出入党申请，4 人加入党组织。石油馆运行期间获得上海世博局所有集体、个人最高奖项。

第三节　获大世界基尼斯纪录认证书

在石油馆闭馆仪式上，上海大世界投资管理有限公司总经理潘伟宣读大世界基尼斯总部中国 2010 年上海世博会石油馆外立面投影总面积 4080 平方米，创造了“异型 PC 板组合 LED 精细成像面积之最”的大世界基尼斯纪录。

中国 2010 年上海世博会石油馆 4D 影院播放的 4D 影片《石油梦想》13166 场，创造了“连续 188 天（含试运行）累计放映单一 4D 影片场次之最”的大世界基尼斯纪录。

石油馆闭馆仪式上，大世界基尼斯之最认证机构向石油馆颁发认证证书

（联合参展项目部　提供）

第二章　监督管理

第一节　监督管理工作部署

一、开展廉洁办世博教育

联合参展领导小组及办公室根据石油馆项目的特殊性，提出从政治和全局的高度，增强“廉洁办世博”的责任感和使命感。联合参展项目部组织干部员工学习“廉洁办奥运”经验、中纪委文件及上海世博局有关“廉洁办世博”的规定。在建设资金投入集中、利益涉及面广、世博会展览市场复杂等情况下，联合参展项目部开展思想教育，保证自身队伍纯洁性，并带动相关合作方，坚持廉洁办世博。

二、建立监督管理机制

2009 年 2 月 27 日，联合参展领导小组会议提出，由中国海油牵头，中国石油、中国石化参与共同组成联合审计小组，确保上海世博会工程为阳光工程。中国海油研究提议，由中国海油审计监察部监察专员（部门副总经理级）陆静民任联合参展上海世博会石油馆联合审计小组组长，对联合参展全过程进行跟踪审计。审计坚持内外同审，遇到重大事项和关键节点，特别是重要招标采办工作，按程序向联合参展领导小组及办公室请示汇报，经批准后组织开展工作，保障石油馆项目建设及顺畅运营。

联合参展领导小组针对上海世博会石油馆项目的特殊性、创新性和复杂性及异地建设、投资渠道多元等情况，研究决定由大庆油田公司组建联合参展项目部，并在上海注册成立项目公司。联合参展项目部作为甲方代表和执行机构，对内直接接受联合参展领导小组及办公室的领导，对外按照市场化规范进行运作。联合参展重大事项决策由联合参展领导小组研究决定，由联合参展领导小组办公室负责协调、督导。

联合参展项目部按照联合参展领导小组及办公室的要求，本着“高水平、有亮点、不落后”的原则，找准建设定位，规范高效使用建馆资金。截至 2010 年 3 月，根据招投标结果，联合参展项目部先后签订展览展示、策划创作及设计、建筑装修设计、施工监理、土建施工总承包、展陈及内装施工总承包等合同，与其他同等规模、性质的企业馆相比总体价格处于中等水平。

第二节 监督管理工作实施

一、完善制度

联合参展项目部加强制度建设，制订完善上海世博会项目、石油馆建设和运行制度。针对三大公司联合投资、异地建设、周期较长、国际化招标合作，展后就拆等情况，决定项目既不能按照三大公司的项目运作模式开展工作，也不能完全执行大庆油田公司的制度规范。

联合参展项目部结合三大公司联合建馆的实际情况及上海世博会展馆项目特点，做好整章建制工作，组织开展调研，分析查找筹建过程中可能存在的廉政风险点，做好整章建制工作，起草涉及综合、设计、物资、财务、施工、工程造价、招投标、合同、档案等方面的管理制度及办法，并及时上报联合参展领导小组及办公室审定。联合参展项目公司的各项工作也遵循管理制度及办法进行实施，从筹建石油馆到上海世博会闭幕的两年多内，项目公司不断增强制度执行力度，形成“用制度管权、管事、管人”的监督管理机制。

联合参展项目部按照联合参展领导小组及办公室审定的方案，组织人员参与技术实施方案优化设计，与创作设计团队共同优选对比、广泛询价、实地考察，在保证实现最佳效果的前提下，选择经济合理的实施方案，有效控制工程投资。

二、公开透明

联合参展项目部成立即由三大公司联合成立跟踪审计小组，对项目运行全过程，尤其是招标、采购、财务、内控等关键点进行监督审计。在策展、建筑方案竞赛评选和土建施工总承包、运行服务管理总承包、弱电、喷泉、内装及展陈施工总承包、幕墙、消防、网上世博等重要项目的评标中，联合参展领导小组办公室人员作为评委直接参与，联合审计小组派专人进行全过程监督。

2009 年 7 月 21 日，联合审计小组在上海召开第一次审计工作会议，听取联合参展项目部关于资金使用和内控的工作汇报，对工作予以肯定，并提出进行财务处理以合理避税的建议。同时，联合参展项目部邀请社会第三方审计单位，对2008年财务管理情况进行外部审计，并出具无保留意见报告。

2009年底，联合审计小组进行中期审计，认为“项目公司注重内控制度建设，并能按照联合参展领导小组及办公室审定的各项制度严格执行，把石油馆建设项目做成阳光工程，重大采办招投标活动均委托国信招标代理机构按程序开展，未发现违反程序的行为。”在此基础上，联合参展项目部邀请社会第三方审计单位对项目部财务管理进行外部审计，并出具无保留意见报告。

在石油馆进入常态化运营阶段，园区内存在游客贿赂工作人员进馆参观现象，贿赂金额最高时达到两万元（人民币）。联合参展项目部预防工作措施得力，没有发生一起受贿事件。

三、节约挖潜

联合参展项目部本着“少花钱，多办事”的原则，努力节约挖潜，千方百计提高资金使用效率。

控制投资 联合参展项目部管理人员与创作设计团队共同优选对比、广泛询价、实地考察，选择最经济合理的实施方案，严格控制工程投资。

实现增值 联合参展项目部在保证资金安全的前提下，根据工程资金使用进度安排，编制资金预算。同时，将闲置资金基本存款账户转存为定期、通知、协定及活期存款，产生的利息用于工程建设。

厉行节俭 石油馆坚持依靠自己的力量搞运营，节约资金几百万元。在房屋租赁、办公用品采购、员工差旅、招待费使用等方面，精打细算。严格控制生活标准，减少费用支出。上海市物价水平位于国内前列，为节省餐饮开支，联合参展项目部自办食堂，自行采购农副产品，每人每天餐饮开支控制在40元以内。

2010年9月19日，国资委召开向中纪委“廉洁办世博”监督检查工作组汇报会。联合参展项目部副经理、石油馆长刘俊杰向会议做了题为《弘扬“三老四严”优良传统，坚持廉洁办世博打造阳光工程，为2010年上海世博会增光添彩》的发言。发言中提到，石油馆自2008年3月筹建开始，发扬石油石化企业“三老四严”的优良传统，坚持廉洁办世博，打造阳光工程。主要做到“五抓五提高”，即抓思想教育，提高廉洁自律意识；抓流程规范，提高领导决策效率；抓制度完善，提高制度的执行力；抓公开透明，提高监察审计力度；抓节约挖潜，提高资金使用效率。

第三章　石油馆撤展

第一节　展后工作安排

2011 年 1 月 4 日，中国石油办公厅向中国石化、中国海油发出《关于对石油馆保护性拆除的征求意见函》，并及时收到同意意见的回复函。

2011 年 3 月 11 日，中国石油办公厅向联合参展项目部下发《关于石油馆展后相关工作安排的通知》指出，根据三大公司研究决定，由中国石油全权负责对石油馆进行保护性拆除。

按照“谁拆除，谁负责”的原则，中国石油委托联合参展项目部善始善终、安全稳妥做好石油馆展后各项工作；大庆油田公司继续对石油馆展后工作予以支持，2011 年 5 月 1 日前，石油馆地下、地面恢复达到上海市要求。

展后工作分两部分进行　石油馆展后工作分撤展、拆展两部分。展品、展项、外装饰、影院等撤展工作由承建单位负责，2010 年 3 月 31 日前完成。主体结构、地基基础等拆除工作优选专业破拆队伍，5 月 1 日前完成拆除，恢复原地貌。

开展保护性拆除　对石油馆有价值、可再利用的部分开展保护性拆除。石油馆 PC 幕墙、PC 幕墙 LED 模组、户外三角全彩显示屏、展区模型、电子设备、家具等有价值部分进行变现处理，并优先考虑三大公司内部单位需求；三大公司提供的展品由联合参展项目部征询三大公司分别收回或授权处置；两座 4D 影院设备分别赠予大庆油田公司和新疆油田分公司。

产权及档案管理　石油馆 4D 电影《石油梦想》知识产权归三大公司共同拥有，由三大公司办公厅负责影片版权管理。联合参展有关档案资料在大庆油田公司归档保存。

第二节　撤展工作实施

一、实施时间及内容

人员休整　从 2010 年 11 月 1—5 日，石油馆礼仪、安保等工作人员短暂休整；

部分管理人员筹备总结表彰会议、展馆拆除等相关工作。

礼仪、安保人员交接　2010年11月5日，三大公司礼仪、安保派出单位各派1名负责人参加礼仪、安保人员交接工作。现场发放礼仪、安保人员个人鉴定、劳务补贴。礼仪、安保人员返回本单位后享受带薪休假15天的待遇。

资料归档　2010年11月1日—2011年5月1日，联合参展领导小组办公室、联合参展项目部各部门对所负责的电子、纸质资料进行收集整理，做好相关资料移交大庆油田公司归档保存工作。

展馆拆除　经上海世博局审批同意后，根据相关拆除计划和要求，按照联合参展领导小组确定的方案，由联合参展项目部协调相关技术人员，2011年5月1日前组织完成石油馆拆除工作。

项目结算审计　2010年12月1日—2011年5月1日，清理项目所有合同款项，按照相关要求和约定及时支付各种费用，并提前做好后期工作资金预算。各项款项结算后，由三大公司联合审计小组对项目进行终审。

项目公司注销　2011年5月1日—6月1日，在项目审计合规后，按照相关规定和程序完成项目公司注销工作。

二、人员留守及撤离安排

为确保石油馆工程、物业、宣传、销卖、财务、综合等工作有序开展，部分工作人员留守，根据工作需要有计划、分批（次）撤离。

管理人员　石油馆共有管理人员50名，其中35名管理人员需要驻沪或两地兼顾开展后续工作，15名管理人员撤离。

安保人员　石油馆从各单位抽调的安保人员全部撤离。在石油馆拆除前，雇佣20名上海市保安员负责展馆安全保卫工作，场馆拆除单位确定后安保工作由拆除单位负责。

物业人员　在石油馆拆除前，保留4名工作人员，负责财务清算、展馆日常保洁工作。

工程维保人员　在拆除单位确定后，各单位保留两名技术人员，配合拆除工作，其余人员在2010年11月15日前全部撤离。

第四章　总结表彰

第一节　三大公司总结表彰

2010 年 12 月 1 日 15 时 30 分，中国石油、中国石化、中国海油联合参展上海世博会总结表彰大会隆重召开。袁光宇主持会议。会议播放了《石油馆让世博更精彩》专题片；刘俊杰向大会报告石油馆完成参展任务情况，中国石化高级副总裁、党组成员、联合参展领导小组副组长章建华宣读表彰决定，到会领导向获奖集体和个人颁奖，获奖集体及个人代表大庆油田公司党委副书记、纪委书记、工会主席、联合参展项目部经理王昆，优秀接待人员王伟景，优秀礼仪人员王彧珠，优秀安保人员李明春先后发言。

国资委副秘书长阎晓峰和王宜林先后讲话。王宜林在讲话中指出，上海世博会完美落下帷幕。三大公司联合参展获得圆满成功，实现了“安全、成功、精彩、难忘”的目标，在世界人民面前展示了三大公司良好的品牌形象，为上海世博会成功举办做出了重要贡献，向党和人民交上了一份满意答卷，使 260 万石油石化人为之骄傲和自豪。

三大公司在表彰决定中指出，三大公司联合建馆参展工作，得到国资委、上海市委市政府、武警部队和社会各界的大力支持。中共中央政治局委员、上海市委书记、上海世博会执委会主任俞正声先后 16 次到石油馆调研，做出指示要求。国资委领导对三大公司联合参展非常重视，寄予厚望，多次给予指导帮助。上海世博局协调各方力量，先后 3 次增派武警部队官兵协助维护秩序，并增设座椅，搭建凉棚，给予石油馆支持。三大公司党组正确领导，全体参展人员共同努力，各相关单位和合作方密切配合，联合参展工作取得丰硕成果，创造了人气奇迹、打造了世博亮点、赢得了公众口碑、扩大了合作交流、提升了品牌形象、锤炼了团队作风，为今后组织参与更高层次大型活动锻炼了队伍、积累了经验。石油馆先后荣获上海市“五好”先进党组织、优秀集体、工人先锋号、文明场馆等殊荣，涌现出上海市先进个人、优秀党员、青年岗位能手 12 人，园区世博文明服务标兵、先进个人 314 人（次）。

三大公司召开联合参展上海世博会总结表彰大会

（联合参展领导小组办公室　提供）

经三大公司研究决定，授予大庆油田公司特别荣誉奖，授予联合参展项目部和中国石油办公厅、中国石化办公厅、中国海油办公厅集体特殊贡献奖，授予中国石油维稳信访工作办公室、中国石化出版社和中国海油科技发展部等23个集体杰出贡献奖，授予李润生、魏君超、李新建等10名同志特殊贡献奖，授予葛庶、吴则光、王伟元等36名同志杰出贡献奖，授予施伟、张家健、陆晓峰等68名同志突出贡献奖（详细名单见附录）。

表彰会合影

（联合参展领导小组办公室　提供）

第二节　国资委总结表彰

2011 年 2 月 25 日上午，中央企业参与 2010 年上海世博会总结表彰大会视频会议在国资委召开。国资委主任王勇出席表彰大会并讲话，国资委副主任黄淑和主持大会，国资委副主任金阳、纪委书记强卫东出席会议。

王勇在讲话中充分肯定了国资委和中央企业参与上海世博会的工作。并指出，在中共中央、国务院的领导下，中央企业以高度的责任感和使命感积极参与上海世博会，投入了大量人力、物力和财力，彰显了中央企业强烈的大局意识和爱国精神，追求卓越的创新精神，团结奋斗、密切合作的团队精神，广大干部职工爱岗敬业的奉献精神，圆满地完成了上海世博会的各项任务，为世博会作出了重要贡献。王勇强调，中央企业要把世博精神转化为进一步推进中央企业改革发展的强大精神动力，大力弘扬上海世博会精神；大力践行绿色发展、引领未来的科学理念；大力推进科技创新；大力提高国际化经营水平和能力。

会上，黄淑和宣读了《国务院国资委关于中央企业参与 2010 年上海世博会工作表彰的决定》，授予 15 家中央企业“中央企业参与 2010 年上海世博会突出贡献奖”；授予太空家园馆等 34 个集体“中央企业参与 2010 年上海世博会先进集体”称号；授予吴卓等 159 名同志“中央企业参与 2010 年上海世博会先进个人”称号；授予中国船舶重工集团公司第七一一研究所等 55 个集体“中央企业参与 2010 年上海世博会荣誉集体”称号；授予赵东明等 40 名同志“中央企业参与 2010 年上海世博会荣誉个人”称号。出席会议的国资委领导为部分获奖代表颁奖。国家电网公司副总经理曹志安，大庆油田公司党委副书记、纪委书记、工会主席王昆，航天科技集团原副总经理吴卓分别作为突出贡献奖、先进集体和先进个人代表发言。

国资委副秘书长阎晓峰、郭建新，国资委有关厅（局）负责同志，67 家获奖中央企业负责同志及部分获奖代表 150 人在表彰大会主会场参会。会议在 70 家中央企业设分会场。

王昆以《不辱使命，不负重托，用大庆精神演绎石油梦想》为题作大会发言。王昆在发言中谈到，大庆油田公司受三大公司委托成立石油馆联合参展项目部负责联合参展工作。在参展过程中，联合参展项目部牢固树立为石油石化工业争光，为中央企业争光的坚定信念，历经 720 天策划建设、184 天运行服务。坚持“一个整体、一个形象、一个精品”，建好精品展馆；立足“一个平台、一个窗口、一张名片”，展示企业形象；遵循“一支军队、一所学校、一个家庭”，打造和谐团队。将石油馆打造成为上海世博会最热门的展馆之一，实现了“安全、成功、精彩、难忘”目标。

在国资委关于中央企业参与2010年上海世博会工作表彰的决定中，中国石油获中央企业参与2010年上海世博会突出贡献奖；中国石油办公厅、大庆油田公司、上海销售分公司获中央企业参与2010年上海世博会先进集体奖。

国资委中央企业参与上海世博会先进个人中国石油获奖人员名单

表6–1

姓　名	单位及职务
王宜林	中国石油天然气集团公司副总经理、党组成员
李润生	中国石油天然气集团公司总经理助理、办公厅主任
王志刚	中国石油天然气集团公司办公厅副主任
陈　忻	中国石油天然气集团公司维稳信访工作办公室（综合治理办公室）副主任
王广昀	中国石油天然气股份有限公司西南油气田分公司党委书记、副总经理
王　昆	大庆油田有限责任公司党委副书记、纪委书记、工会主席
佟福财	中国石油天然气股份有限公司上海销售分公司总经理
李　荡	中国石油天然气集团公司办公厅副总经济师
葛　庶	中国石油天然气集团公司办公厅副处长（正处级）
李国华	中国石油天然气集团公司维稳信访工作办公室（综合治理办公室）副处长
王平太	大庆油田有限责任公司党委宣传部副部长
李天彬	大庆油田工程有限公司民用建筑所主任工程师
王鹏昊	大庆油田房地产开发有限责任公司经理助理
邝　晶	大庆油田有限责任公司党委宣传部副科长
史惠芬	大庆油田公司采气分公司副处级调研员

下编

上海世博会油气供应

第七篇　上海世博会油气安全供应部署

上海世博会是新中国成立以来持续时间长，涉及面广的国际盛事，中国石油是上海世博会全球合作伙伴，秉承“奉献能源，创造和谐”的企业宗旨，贯彻国家能源战略，保证上海世博会期间资源安全平稳供应是中国石油积极承担社会责任的重要举措。为承担国有重要骨干企业的三大责任，更好地履行中国石油作为上海世博会全球合作伙伴的义务，确保上海世博会期间中国石油各项工作的安全、平稳运行。中国石油及时成立上海世博会安全工作领导小组、上海世博会安保防恐工作组；根据保供工作需要，成立供油气安全保供组织机构，上海销售分公司、长庆油田分公司、新疆油田分公司、西气东输管道公司等单位先后成立防恐工作领导小组，制订工作方案，落实安全工作措施。

中国石油上海世博会安全工作领导小组召开第一次工作会议，全面部署上海世博会期间油气保供、安全生产、反恐保卫、宣传接待等工作，并下发《通知》，要求各单位制订工作方案和有关工作预案，细化目标任务、确定重点责任、明确措施要求，加强督导检查，实施地企联动。上海销售分公司以“世博期间资源保供”为主题，以“配送安全、服务和谐”为主要内容，加强调配衔接、沟通交流，多方联手为上海世博会提供优质油品配送保供服务。

第一章　上海世博会油气安全供应组织机构

第一节　安保工作机构

一、中国石油上海世博会安全工作领导小组

2010 年 4 月 2 日，中国石油根据上海世博会即将开园，安全供应油气工作的需要，成立上海世博会安全工作领导小组（以下简称世博安全领导小组），负责全面

协调组织上海世博会期间中国石油安全供应及联合参展安保任务。

中国石油副总经理、党组成员、联合参展领导小组组长王宜林任世博安全领导小组组长，中国石油总经理助理、办公厅主任、联合参展领导小组办公室主任李润生任副组长。世博安全领导小组贯彻上海世博会组委会有关要求，协调组织上海世博会期间中国石油安全生产、反恐保卫、宣传工作和接待服务，履行合作伙伴权利与义务等。

中国石油世博会安全领导小组成员单位包括办公厅、财务资产部、预算管理办公室、安全环保部、国际事业部、思想政治工作部、维稳信访工作办公室（综合治理办公室）[以下简称维稳办（综治办）]、直属党委、离退休职工管理局、勘探与生产分公司、炼油与化工分公司、销售分公司、天然气与管道分公司、大庆油田公司、西气东输管道公司、华东化工销售分公司、上海销售分公司、中国石油报社、中国华油集团公司等。世博领导小组办公室设在中国石油办公厅，李润生兼办公室主任，中国石油办公厅副主任王志刚、维稳办（综治办）副主任陈忻、安全环保部副总经理吕文军任副主任。领导小组成员单位所在单位相关负责人为中国石油世博会安全领导小组成员。

二、中国石油上海世博会安保防恐工作组

为保证上海世博会期间各企业安全，中国石油成立上海世博会安保防恐工作组，组织协调上海世博会期间中国石油安保防恐各项工作。制订《上海世博会安保防恐工作计划》，确定安排部署、落实责任、检查督导、应急处置等 10 个方面、30 项重点工作，防止发生危害国家安全的重大政治事件，防止发生涉油恐怖破坏活动，防止发生群死群伤重大治安、灾害事故，确保油气生产安全运行和社会稳定，用石油馆区的安全确保上海世博园的安全，用重点企业的安全确保世博会顺利举办。各企业按照上海世博会中国石油安保防恐责任令，强化安保防恐责任意识，进一步落实安保防恐措施。中国石油确定重点企业全面落实岗位责任制，逐级签订责任书，确保各项工作落实到人。中国石油维稳办（综治办）组织驻沪、环沪 28 家重点企业召开上海世博会安保防恐工作动员会，下发《上海世博会期间集团公司安保防恐工作方案》，将上海销售分公司、新疆油田分公司等 28 家企业列为世博安保防恐重点单位，将上海销售分公司、西气东输管道公司等 5 家企业列为特别重点单位，并确定特别重点单位 16 处重点目标为一级

要害部位，全面部署上海世博会安保防恐工作。2010 年 5 月和 9 月，中国石油维稳办（综治办）两次组织人员开展安保防恐“回头看”督导检查活动，重点对驻沪、环沪重点企业强化安保防恐措施，落实内部治安保卫责任，全力做好上海世博会安保防恐工作。

2010 年 8 月，公安部召开上海世博会安保“环沪护城河”第四次工作会议后，中国石油维稳办（综治办）向世博安保防恐 28 家重点企业下发通知，要求克服麻痹松懈思想，全面加强油品、易燃易爆、化工原料、生产运输等环节和输油气管道巡护守卫力量，确保世博会供油、供气安全。各有关企业按照中国石油上海世博会安保防恐责任令，将油气安保防恐工作每项任务、措施落到实处，强化安保防恐责任意识，全面落实岗位责任制，逐级签订责任书，确保各项工作落实到人，为企业生产经营提供保障。

第二节　供油安全保供组织机构

世博安全领导小组作出工作部署后，上海销售分公司迅速成立上海销售世博资源保供工作领导小组（以下简称上海销售保供领导小组），组长由上海销售分公司总经理佟福财担任，副组长由副总经理高贤才担任，小组成员包括质量安全环保处、营销处、加管处、仓储调运处、海滨油库、云峰油库、浦东营销中心、浦西营销中心、青浦松江营销中心、奉贤金山营销中心、嘉定宝山营销中心和崇明营销中

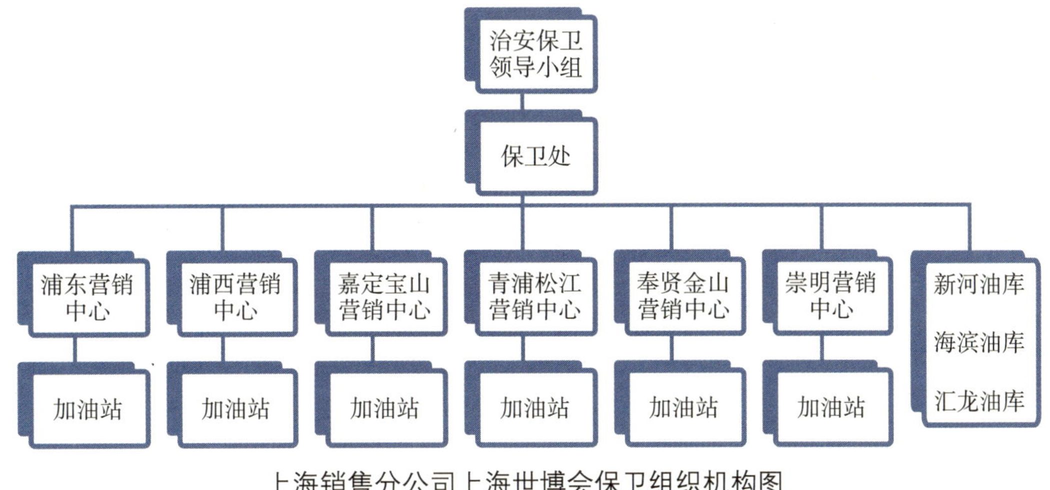

上海销售分公司上海世博会保卫组织机构图

心主要负责同志。领导小组办公室设在仓储调运处，主要负责协调、组织上海世博会期间的资源保供工作。

上海销售保供领导小组下设两个应急指挥小组，分别为公路配送应急指挥小组和水路资源保供应急指挥小组。公路配送应急指挥小组负责加油站需求计划制订，公路运力组织，将油品运输至加油站，确保不发生安全环保事故，确保油品数量、质量安全。水路资源保供应急指挥小组负责上游资源平稳兑现，库容结构优化，油库库存数量平衡，水路运输组织。

第三节　供气安全保供组织机构

在上海世博会期间，西气东输管道公司为有效推动安全生产措施落实，及时成立安全供气工作领导小组，西气东输管道公司总经理黄泽俊任组长，领导小组下设应急办公室、应急抢险调度组、应急供气协调组、现场抢险实施组、支持保障组等应急机构。

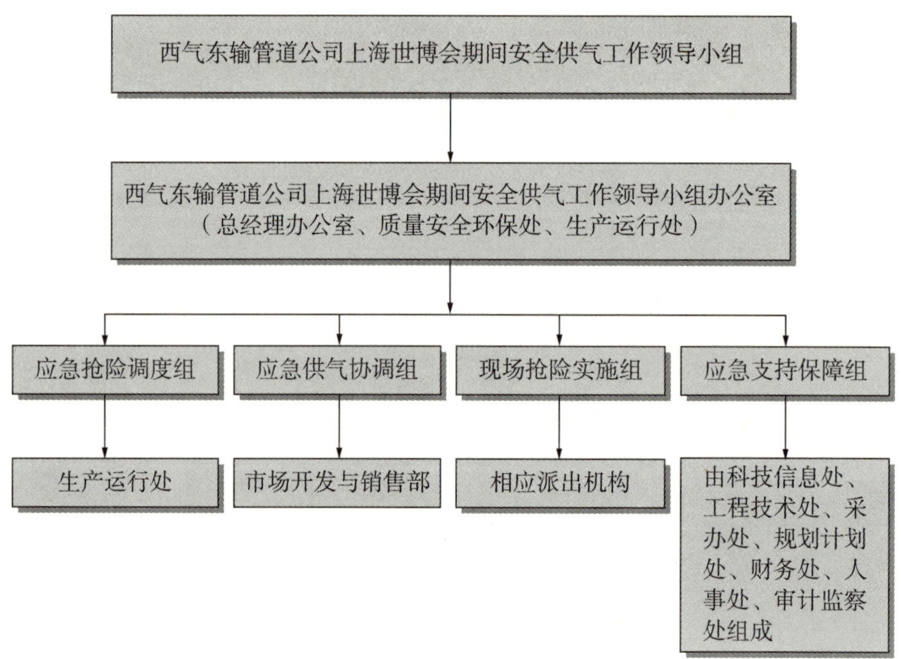

西气东输管道公司上海世博会安全供气工作领导小组机构图

第四节　其他安全保供组织机构

长庆油田分公司落实中国石油重点企业世博会安保防恐工作推进会议精神，加强长庆油田上海世博会期间安全保卫和防恐工作，确保向北京等大中城市供气绝对安全平稳。成立由长庆油田分公司总经理冉新权、党委书记曲广学任组长，副总经理周宗强等6名副局级领导任副组长，9个部门主要负责人为成员的生产要害部位及油气重要基础设施安全保卫和防恐工作领导小组。采气一、二、三厂和苏里格公安分局认真筹划、周密部署，共同组建起净化厂保卫组、天然气管道设施巡护组、技防设施维护组、应急抢险组、现场保卫组等工作组45个。

新疆油田分公司根据《集团公司世博重点企业安保防恐工作方案》文件精神，围绕“平安世博”的总要求，将世博安保防恐、维稳信访工作作为首要政治任务，按照“谁主管、谁负责”的原则，采取各种有效措施，防止发生破坏、恐怖袭击等重大突发事件，防止发生因涉油矛盾纠纷引发大规模群体性事件，防止发生危险物品丢失、被盗案件，防止发生影响油气安全生产重特大案、事件，杜绝规模性群体上访，确保不发生影响稳定的重大问题，全力维护上海世博会期间油田和社会大局稳定，确保油田生产安全运行和克拉玛依社会政治稳定。2010年4月15日—11月15日，为世博安保防恐、维稳信访工作阶段。成立世博安保防恐、维稳信访工作领导小组（以下简称安保维稳领导小组），安保维稳领导小组办公室设在克拉玛依市政法委员会。

新疆油田分公司各单位成立以党委书记为第一领导责任人的安保维稳领导小组，按照“突出重点、分级保护、覆盖全员、责任明确、协调统一、一以贯之”的原则，通过明确各自的工作任务和目标，全方位、全过程落实安保防恐和维稳信访工作责任，明确各重点部位第一责任人和直接责任人，明确各环节和细节人员责任。发挥维稳、信访、保卫部门管理职能作用，勤检查，勤督促，确保各项制度、措施执行到位。各单位主管维稳、信访、保卫工作领导，原则上不得离开岗位外出。确因工作需要外出的，要向新疆油田分公司主管领导请假，同时必须明确接替领导，并向安保维稳领导小组办公室（政法委）报告备案。在上海世博会期间，安保防恐、维稳信访工作阶段期间，对因工作不落实、责任不到位和失职、渎职而造成重特大案、事件的，要严肃追究有关领导及责任人责任。

第二章　制订上海世博会油气安全供应措施

第一节　油气安全供应工作措施

2010 年 1 月 20 日，上海世博会倒计时 100 天，中国石油总经理、党组书记蒋洁敏赴上海听取上海销售分公司和上海世博会筹备工作情况汇报。蒋洁敏指出，要把保证上海世博会成功举行作为第一宗旨，把安全不出任何问题和优质服务、保障供应作为第一任务，把实现上海世博会期间“零事故、零伤亡、零污染、零断供、零上访和零新闻危机”作为第一目标。王宜林等领导也多次赴上海组织世博会筹备会议，检查上海世博会中国石油筹备和运行情况。

2010 年 4 月 2 日，世博安全领导小组召开第一次世博安全领导小组工作会议，全面部署上海世博会期间油气保供、安全生产、反恐保卫、宣传接待等工作。王宜林主持会议并强调，要全面落实中国石油领导“三个确保”的指示精神，将上海世博会与奥运会、国庆安保防恐维稳工作同等重视、同一标准、同样要求，强化重点单位、重点部位、重点人员安保防恐维稳工作措施，以“万无一失”的忧患意识，履行“万无一失”的工作责任，全力保障中国石油上海世博会组织、宣传、接待和油气供应安全顺利进行。同时，提出要把安全作为最大目标，确保“零事故、零伤亡、零污染、零炒作”的目标；要切实做好安保、防恐、维稳工作，确保石油馆平安，确保驻上海设施平安，确保西气东输及气源地平安；要确保油气等产品的平稳安全保障供应，做好特殊时期的油品保供工作；要全面细致地组织好观博接待工作，实现“成功、安全、精彩、难忘”的世博目标；做好舆论宣传工作；突出工作重点，把握好重要时间节点，把握好重点企业，把握好重点人群；利用上海世博会及石油馆平台，促进中国石油各项工作，展示企业良好形象。李润生出席会议，中国石油办公厅副主任王志刚传达公安部上海世博会安保“环沪护城河”工作动员部署会精神。会议听取了中国石油办公厅关于上海世博会观展组织接待工作的安排意见及上海销售分公司、安全环保部、维稳办（综治办）关于油品保供、安全生产、维稳防恐工作汇报。

中国石油上海世博会安保防恐工作组根据上海世博会安保工作需要，下发《关于加强上海世博会重点单位安保防恐工作的通知》，要求各单位制订工作方案和有关工作预案，细化目标任务、确定重点责任、明确措施要求，进行动员部署。

健全措施　中国石油世博会安保防恐工作组上报上海世博会安保协调小组对16处一级要害部位实施武警284人值守力量需求方案；协调国家反恐办，利用国家反恐办专家库资源，建立上海世博会中国石油安保防恐专家组；向28家重点企业下达上海世博会安保防恐责任令，要求做好上海世博会油气设施安全运行；要求重点企业层层签订责任书，确保责任落实到单位、到岗位、到人，16个特别重点一级要害部位由企业处级干部实行承包制；确定综合治理办公室处级干部在上海世博会期间与西气东输管道公司、上海销售分公司、北京天然气管道公司、长庆油田分公司和塔里木油田分公司建立联系人制度。

明确责任　中国石油世博会安保防恐工作组要求重点企业上报上海世博会安保防恐工作方案；要求重点企业对本单位重要油气生产设施、重点场站、民爆物品及危险化学品储存、车辆船只运输设备、销售网点等重点要害部位进行安保防恐风险评估，按照风险等级强化防范措施；要求重点企业彻查重点要害部位治安隐患，明确责任单位、责任人和整改期限，有关隐患排查整改情况报中国石油综治办；要求重点企业开展管道沿线、油区周边、油区人员密集场所、出租屋、闲置房等部位外来人口专项排查，加强社会面控制。

督导检查　中国石油世博会安保防恐工作组要求重点企业对本单位重要部位、重要设施安保工作进行自检自查；对遗漏隐患立即采取紧急整改措施；在上海世博会召开前夕，中国石油组织安保防恐工作督导检查，采取随机抽查、集中检查、明察暗访等方式，对重点企业、重点部位的安保防恐工作进行大检查，对检查出的隐患下发限期整改通知书，并跟踪整改结果；2010年5月和9月，中国石油开展两次“回头看”活动，防止世博会安保防恐工作前紧后松，疲劳厌战等问题发生。

地企联动　中国石油世博会安保防恐工作组主动与公安部有关部门、武警部队建立热线联系，获得重要信息。要求28家重点企业加强与属地党委、政府沟通，取得支持和帮助；建立上海世博会重点省际联席会议联系制度，统筹协调世博会期间出现的全局性问题；要求重点企业加强应急物资储备、应急抢险队伍建设工作，保证满足突发事件需要；开展应急演练，根据国家、省（市）、县级应急预案启动需要，中国石油各重点企业启动相应级别应急预案，与地方应急抢险有效对接。

严格值班 中国石油世博会安保防恐工作组要求28家重点企业建立24小时带班制度，重大情况报告制度；中国石油维稳办（综治办）加强与上海世博会安保协调小组、国家反恐办、公安部、武警总部的联系和沟通，及时获取情况和信息；加强与中国石化、中国海油等企业沟通，多渠道获取情报信息，为早防范、早处置赢得主动；要求各重点企业要指定专人负责信息收集整理工作，遇有突发事件和重大紧急情况必须及时上报中国石油维稳办（综治办），不得迟报、漏报和隐瞒不报。在上海世博会5个重点时段，中国石油综治办安排专人实行24小时值班制。

第二节　油品安全供应措施

2010年初，上海销售分公司将保障服务世博会供油确立为全年最重要工作，召开4次专题会议部署相关筹备工作。为确保上海世博会油品资源安全平稳供应，上海销售分公司全力筹备部署，以“世博期间资源保供”为主题，以“配送安全、服务和谐”为主要内容，依靠中国石油销售分公司、东北销售分公司、大连海运公司、中国石油天然气运输公司及上海市政府相关部门，加强调配衔接和沟通交流，多方联手为上海世博会提供优质的油品配送保供服务。

2010年3月，上海销售分公司成立保障服务世博工作领导小组，建立以领导小组为指挥核心、以营销中心现场处置小组为抓手的两级指挥体系，形成上下贯通、快速反应的工作网络。同时，全面部署“迎世博，创精品”、“迎世博，保安全”、“创工人先锋号，争做微笑服务明星”、“让青春在世博中闪光”主题活动，开展形象包装改造、安全保卫和经营管理工作，实现加油站外观形象、经营理念和服务品质“三升级”。

一、公路配送管理

上海销售分公司联合中国石油天然气运输公司（以下简称中油运输）上海分公司就上海世博会期间公路运输问题达成一致，共同制订公路运输应急预案。

上海销售分公司持续开展“配送安全、服务和谐”考核长效机制，树立“环保优先、安全第一、质量至上、以人为本”理念，加强配送管理，强化全过程控制，提升油品运输安全环保意识，确保“最大限度地不发生事故、不损害人身健康、不破坏环境”的上海世博会保供工作目标。加强与上海市政府、交管部门、油库和营销中心的联系沟通，配合做好油品保供工作，建立联合联动机制。

上海销售分公司组织调度、司机、押运人员学习《中国2010年上海世博会期间上海市道路危险货物运输管控工作方案》。以上海世博园为中心，分层次、分等级对加油站制订保供方案。加强上海世博园区周边重点加油站保证供应，实时监控加油站罐存，用大吨位带有电子铅封的油罐车定点进行夜间配送，白天应急配送时用小吨位车。对杨思、振兴、南浦、凯燕、济阳、徐浦和浦南爱使等重点加油站进行夜间收油，安排4台油罐车（汽、柴油车各两台）作为后备应急车辆，做好应急车辆人员安排和保养工作。中油运输上海分公司56台配送车辆处于完好、整洁和GPS可查询状态。并拥有一批大吨位车辆市区通行证和上海世博会通行证，并及时掌握限行信息，确保按运管处规定执行油品运输任务。

改造后的杨思加油站成为标准化建设的标杆

（上海销售分公司　提供）

上海世博会期间，在振兴加油站入口，“海宝”向客户亲切致意

（上海销售分公司　提供）

二、油库库存结构

上海销售分公司海滨、916 和云峰三个主力油库，承担上海地区、浙江销售分公司杭嘉湖地区及中国海油串换资源的中转重任，沪 IV 和国 III 品号汽油共存，油品品号多，相对库容小，安全库存低。为提高沪 IV 品号油品安全库容，不影响其他公司油品中转，上海销售分公司制订措施，保证油库库存结构，确保上海世博会油品供应。

在上海世博会期间，上海销售分公司 0# （沪 IV）柴油库存不低于 2 万吨、93# （沪 IV）汽油库存不低于 3 万吨、97# （沪 IV）汽油库存不低于 3000 吨（按 20 天需求进行预测）。上海世博会期间正是台风多发期，东北公司在洋山油库收储 3 万吨 93# （沪 IV）和 1 万吨 97# （沪 IV），提高沪 IV 汽油的安全库存，保证出现突发天气情况下上海世博会油品资源保障。

上海销售分公司注重调节库存，保证海滨和 916 油库 6000 吨级以上船只顺利接卸，保证云峰油库 6 条 5000 吨以下船只，每月 12 个航（次）顺利接卸。同时，利用百联和美福油库增加整体库容调节能力。

上海销售分公司做好二次水路运力准备，在下海资源不能及时到达情况下，组织进行一次下海库之间二次倒拨，平衡库存结构。同时，针对二次运力紧张及运距短会导致不具吸引力的情况，适当提高二次运输运价，保证资源及时到位。

油品分析人员对新油品进行抽样分析

（上海销售分公司　提供）

三、下海资源平稳兑现

上海海事部门提高对船只的安全检查级别，适航船舶急剧减少，特别是地处董家渡核心地带云峰油库可能面临断供的危险。上海销售分公司和大连海运公司共同制订上海世博会期间下海船只安排方案及水路资源保供应急预案。

大连海运公司按照上海世博会保证油品供应的相关要求，安排组织适航船只进行安检，并将安检船只的船舶质料和人员信息提前报上海海事部门备案，将运力相对固定，以班轮的形式给上海地区运输下海油品，确保足够运力。用 1 条 1 万吨船舶（辽油 121）、3 条 7000 吨船舶（东城油 16、东城油 17、东海 301）及外贸大船保证海滨和 916 油库的资源供应，用 7 条 5000 吨以下船舶（振洋 19、浙兴海、浙兴海 102、大庆 769、海安 16、安润 1 等）保证云峰油库资源供应。

上海销售分公司准确跟踪每日在途船只位置，确保预报到港时间的准确性，及时向相关部门申报到港船舶资料、货物品种、靠泊油库等相关信息，便于海事部门进行安全保卫防范，及时安排进港和靠泊作业，确保不押船。及时掌握各油库库存情况，上报东北销售分公司和大连海运公司，准确提报需求计划。积极协调辖区内各油库，按照上海海事部门的相关要求，执行上海销售分公司调运计划，准确记录

首船沪Ⅳ清洁汽油从大连离港运往上海

（上海销售分公司　提供）

每航次油品的装卸时间，准确核对船舶信息、油品信息，及时掌握接卸动态，对计量、质量纠纷，船只机械故障等问题，及时反映给资源保供调运工作小组。

四、协调炼厂尽早排产

上海销售分公司准确预测实际需求，根据切块计划，每日与东北销售分公司、大连海运公司的调度运输部门沟通，落实每日下海计划确认。对于沪 IV 标准油品，至少提前 10 天向东北销售分公司提出需求，便于东北销售分公司与炼厂沟通，尽早排产。东北港口保证汽柴油足够库存，以保证班船到港及时装油。

五、保证油品供应具体措施

上海销售分公司在制订从公路配送管理、油库库存结构优化、下海资源平稳兑现和实际需求准确预测工作等应急预案后，又提出具体工作要求。

加强组织领导　上海销售分公司调运质量部门人员、油库和加油站人员及运输公司调运专业线和司机、押运人员增强责任感、使命感，把思想认识统一到上海世博会期间资源保供要求上来，统一到完成保供任务的目标上来，加强对资源保供工作的组织领导和人员管理，确保调运工作有序开展。

精心组织安排　各部门相关人员严格按照调运方案要求，制订落实意见，明确职责分工、分解工作目标、细化工作措施，确保各项措施扎实有效。

积极借势借力　上海销售分公司协调上级和上游公司、上海市政府、公安交管部门等部门，多渠道、多层次、多角度、全方位沟通交流，建立联合联动机制。

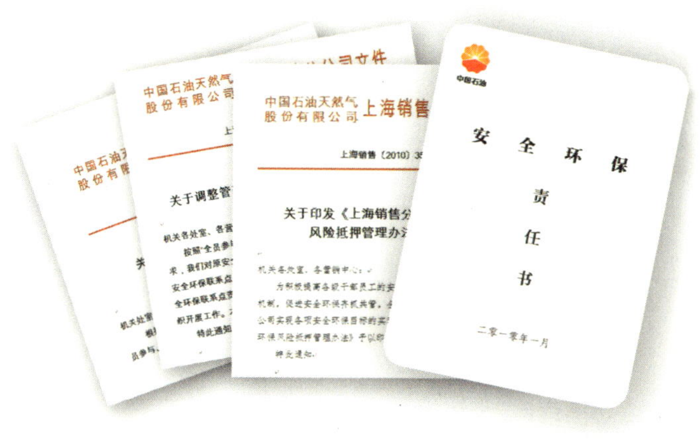

上海销售分公司与1680名员工签订责任书

（上海销售分公司　提供）

第三节　供气安全保供工作措施

一、安保责任制

西气东输管道公司成立上海世博安保防恐领导小组，编制下发《西气东输管道公司“上海世博”安保防恐工作方案》、《“上海世博”安保防恐工作要点》等，并与重点区段的管理处和站队分别签订安保责任书，西气东输管道公司主要领导分别对新疆轮南首站、上海白鹤末站等重点要害部位实行安保包保；对新疆等6个主干线管理处和储气库管理处签发上海世博会安保防恐重点阶段责任令。

二、“人防、物防、技防、信息防”建设

西气东输管道公司重点加强对轮南首站、上海白鹤末站、孔雀河站、郑州站

的防护及改造，在轮南首站、孔雀河站等重点站场增配保安力量；对苏浙沪、苏北、冀鲁等5个“环沪护城河”管理处各站场在世博会期间实行24小时安保值守；对新疆段穿跨越段、隧道、阀室和管道线路进行加密巡护；协调38名武警官兵对一级风险要害部位上海白鹤末站、江苏青山站进行长达半年多的武装值守。

上海白鹤站是2010年上海世博会青浦区11家重点安全保卫目标之一。2009年8月，西气东输管道公司苏浙沪管理处与青浦区安全保卫工作指挥部签订安保工作责任书。白鹤站严格落实各项防范措施，完善应急处置机制，在人力方面调拨值班人员，增加4名保安人员，加上原有4名保安，实现8名保安24小时巡逻值守。在场站的围墙上安装周界报警装置，配备了保安防暴器具，并在正门处安装摄像头。制订安全保卫应急预案，定期组织站内员工进行演练。

三、安保防恐风险排查

西气东输管道公司组成由主管处领导带队的安保防恐检查小组，对所属重点要害部位进行全面风险排查，全面落实所属维抢修中心（队）设备、机具配置数量和标准。对排查出的36项隐患和风险，逐一提出整改治理措施并认真抓好落实，坚决治理，不留后患。全面落实所属维抢修中心（队）设备、机具配置数量和标准，对防恐器具进行补充，对各站场工业视频监控电视进行全面维护。2010年6—7月，西气东输管道公司组成安保检查督导组，对新疆段管道、陕西靖边站、上海白鹤站等关键管段和重点要害部位进行“回头看”安保防恐检查，对查出的安保隐患在限期内整改完毕。

四、企、地、警联防联动机制

西气东输管道公司预先对接预案和交流沟通，确保在应急状态下能调动各种资源，提供外部强有力的支援力量。密切地企、警企之间配合，及时沟通敌情社情，分析形势，实现情报与信息共享，畅通与地方公安部门110报警响应。通过召开联席会议等形式，加强情报信息的收集、分析和研判，及时排查可能影响本单位安全的可疑人员、可疑迹象、可疑线索，建立与地方政府相关部门的信息沟通渠道，预先对接预案和交流沟通，确保在应急状态下能调动各种资源，提供外部强有力的支援力量。在世博会期间的国庆节保卫中，对上海世博会“环沪护城河”安保防恐涉及的苏浙沪、豫皖、冀鲁、苏北、金坛储气库5个地区管理处“五省一市”管线辖区启动《西气东输管道安全保卫方案》A 级保卫实施措施（防恐怖袭击级），执行警企联合巡线，对站场联合巡查，对储气库储气井及所属站进行 24 小时联合看护，沿线各省（市）公安机关给予大力支持，共配合出动公安民警 300 余名，警车 130 余辆。

2010 年 4 月 1 日—10 月 31 日，西气东输豫皖和豫鄂管理处与河南省公安部门联合在郑州、开封、洛阳、平顶山等地开展西气东输管道公司河南段警企联防行动，确保西气东输管道河南段安全运行。

2010 年国庆节期间是上海世博会安保防恐的关键时期。9 月 24 日，按照中国石油要求，西气东输管道公司作为世博安保防恐特别重点单位，管线重点辖区将启动 A 级（防恐级）安保措施。对“世博”环沪护城河安保防恐涉及的苏浙沪、豫皖、冀鲁、苏北、金坛储气库 5 个地区管理处“5 省 1 市”管线辖区启动《西气东输管道安全保卫方案》A 级保卫实施措施（防恐怖袭击级），执行警企联合巡线，对站场联合巡查，对储气库储气井及所属站进行 24 小时联合看护，沿线各省（市）公安机关共配合出动公安民警 300 余名，警车 130 余辆，确保西气东输能源大动脉安全高效运行。

上海世博会期间管道巡护

（西气东输管道公司　提供）

五、安保防恐应急预案演练

2010 年 8 月中旬，西气东输管道公司在新疆哈密 17# 阀室组织了一次模拟西气东输干线截断阀室突然遭遇恐怖袭击的公司 A 级应急抢险实战演练，来自地方政府部门、公安部门、消防部门、急救中心及公司抢修作业人员 160 余人参加，出动车辆 60 余台（次），历时 49 小时 30 分，完成演练任务，检验企地警联合防恐应急机制，锻炼队伍实战能力，提升应对突发事件应急处置能力。

2010 年 9 月 17 日，在中国石油与新疆维吾尔自治区政府在西部举行长输管道突发事件抢险演练中，西气东输管道公司 22 名抢修队员完成旁通管道架空焊接和安装任务。

上海世博会期间，中国石油组织防恐应急演练

（联合参展领导小组办公室　提供）

第四节　安全生产工作措施

一、安全保卫工作方案

长庆油田分公司研究制订《长庆油田公司上海世博会期间安全保卫和防恐工作实施方案》，确定涉油气 18 个重点生产单位和 48 处生产要害部位为重点防范目标，

突出榆林天然气处理厂、靖边天然气净化厂两个特别重点单（部）位，把各项防范措施恢复到国庆60周年安保应急状态。长庆油田分公司副总师以上领导与油田1万立方米以上原油站库和天然气处理（净化）厂建立联系点。

2010年4月下旬，长庆油田分公司安保防恐工作领导小组办公室分别在乌审旗、西安、陇东召开上海世博会期间安保防恐工作动员会议，对长庆油田分公司世博会安保防恐工作进行部署，提出“五加强，五确保”工作措施，即“加强重点保护，确保防范措施到位；加强监督检查，确保隐患整改到位；加强风险控制，确保处置突发事件到位；加强统一协调，确保企地联动到位；加强信息报送，确保信息畅通”。并与18个重点单位主要领导签订《上海世博会期间治安保卫和防恐工作责任书》，明确细化安保防恐责任。9月初，围绕中秋节、国庆节再次对治安保卫和防恐工作进行细化，要求“回头看，查盲区、找漏洞”。各重点单位按照长庆油田分公司要求，召开专题会议安排部署，落实重点部位领导责任承包制，制订实施方案，成立主要领导为组长的领导小组，明确机构、人员及责任，层层签订责任书，把任务落实到基层，落实到岗位。

上海世博会期间，长庆油田分公司按照中国石油和地方党委、政府世博会期间治安保卫和防恐工作要求，在全油田范围内开展为期7个月的“强化安全保卫，实现平安世博”活动，各重点要害部位安保人员连续作战，日夜坚守，确保上海世博会期间油田生产要害部位安全和输油气管道生产治安秩序平稳。

生产要害部位安全　2010年4—5月，长庆油田分公司派出两个督导检查组，先后深入采气、采油单位天然气净化厂（处理厂）、储油站库等重点防范厂站，检查巡逻值守及铁丝网、隔离围网、防撞墩、破胎器等物防设施完好情况，测试红外线报警器、视频监控等技防设施运行情况。并通过向要害部位关键岗位员工提问，询问上海世博会期间安保注意事项等方法，普及安保防恐工作常识。8月，保卫部对3个输油处的集输站库，采气一厂和采气二厂天然气净化厂（处理厂），采油一厂、采油二厂和采油四厂集油站等部分重点生产要害部位的世博会安保和防恐措施落实情况，进行明察暗访，对发现的问题和不足挂牌督办整改。9月中旬，中国石油督导检查组到长庆油田分公司重点防范部位督导检查，对上海世博会安保防恐工作及防范措施落实情况给予充分肯定。

长庆油田分公司所属5个公安分局按照“大保卫、大联防”的“单位负责、区域联防”要求，对辖区重点油气要害部位进行督导检查，确保防范措施落实到位。

苏里格分局先后6次开展治安检查，检查部位469个（次），发现问题11个，当场整改9个，发《隐患整改通知书》两份。延河分局坚持每周一名局领导带队，轮流下基层，不间断地对基层及在延单位重点部位安保防恐工作进行督导检查83个（次）。宁夏石油公安局、经警大队严格履行督导、巡查、守护职责，对各重点要害部位进行督导巡查35个（次），共出动巡查人员300余人（次）。长庆分局每支刑警中队每天出动2辆警车、机关出动1辆警车，对主要输油管线、大站大库等进行24小时安全巡护，督促检查岗位员工巡护措施落实情况。在油区建立点线面互动、巡卡查并举、打防控一体的群防群治防护体系，有效维护油区治安秩序，共出动警车2470辆（次），出动警力8410人（次）。

长庆油田分公司各单位加大生产要害部位治安保卫和和防恐工作力度，落实防范职责，加密巡查频次，严格出入站库人员、车辆检查登记。特别是在“五一”、“七一”、国庆节等特殊时期重点时段，各单位公安保卫、保安、岗位员工加大巡护值守力度，坚持24小时守卫巡逻，全天候监控防范，分区分段蹲点值守，人防、物防、技防联动，做到组织到位、人员到位、责任到位、措施到位、工作到位、时间到位。重点单位主要领导和主管领导亲自带队，深入防范重点部位督导检查，落实防范措施，突出天然气净化厂（处理厂）、原油集输站库、油气集输管道及燃气发电等生产要害部位的安保防恐工作，开展安全保卫和防恐工作大排查，加强对重特大情况的预警和研判，做到确保各项安保防范措施万无一失。

应急抢险救援准备 长庆油田分公司在2008年奥运会、2009年国庆安保工作基础上，健全应急机制，修订完善1个总预案和14个分预案。各单位根据实际，制订完善厂（处）级应急预案66个，大队级应急预案228个，班组应急预案549个，增强应急救援和维修抢险的应急能力。同时，做好各类应急抢险准备，一旦发生突发事件，保证抢险队伍及时到位，有效处置，将事态控制在最小范围，避免发生次生事故，尽快恢复正常生产秩序。

长庆油田分公司围绕天然气管道泄漏前期控制和应急救援工作，开展联防演练，实现应急资源共享，做好气田抢险的准备工作。采气一厂开展外来人员强行进入净化厂、突发事件处置等多种形式的应急演练16次。2010年6月24日，采气一厂承办长庆油田公司和榆林市政府举行“天然气集输管线泄漏事故企地联动应急抢险演练”。采气二厂以应急预案为蓝本，开展预案演练106次，出动车辆45台（次），出动人员715人（次），组织队（站）合成演练91次，参与人数达455人

（次）。输油一处分别在泾河、延河组织开展水上原油泄漏应急预案演练活动13次，完成长庆油田分公司下达的演练任务。输油二处组织开展突发事件及防恐怖袭击大型综合应急预案演练3次，站队级演练42次，班组组织演练39次，有效检验和提升应对突发事件时各环节处置能力。

创造上海世博会安保治安环境 2010年，长庆油田分公司公安保卫、保安部门密切与地方政府和职能部门联系协作，发挥公安保卫、保安、岗位员工“三道防线”作用，加大查处涉油案件和整治涉油突出问题的力度。4月1日，长庆油田公司在定边召开油区治安秩序专项整治会议后，保卫部组织督导检查组，深入各单位对油区治安专项整治行动进行检查督导，并与地方政府及公安机关协调沟通，1—10月，长庆油田公安机关共侦破涉油刑事案件308起，查处治安案件473起，打击处理涉油违法犯罪人员688名，打掉涉油犯罪团伙32个，涉案成员113人，清理取缔土炼油炉21座、收油窝点294处，抓获盗贩原油车辆997台，收缴原油3900余吨。1—10月，共发生打孔盗油64次，比2009年同期（83次）下降23%，靖咸、靖惠等主要输油管道继续保持“零打孔”，油气田及输油气管道生产治安秩序安全平稳。

二、强化各项安保防恐及维稳信访工作

在上海世博会安保防恐、维稳信访工作阶段，新疆油田分公司落实“人防、物防、技防、信息防”措施和维稳信访相关工作措施，坚持、完善防范恐怖袭击等各项举措，开展矛盾纠纷排查和风险评估，加强对重点群体和人员的稳控，增强油田重点目标及部位的综合防控能力，保障党政机关正常工作秩序和市、油田社会稳定。

加强关键部位、薄弱环节安保力量 新疆油田分公司科学合理安排护厂队巡逻守护任务，确保人员随时处于临战状态。特别是重点油、气、站库、储运等生产单位要突出做好关键部位、核心站库的巡护守卫，对进入油气生产区域的车辆、人员按照进站要求进行“看、查、验、问”等方式的安全检查，除保留必要的通道外，其余道路进出口必须关闭；在距要害部位安全位置设置路障，严格检查进出车辆，非本单位和施工车辆严禁入内；对进入车辆进行防火安全检查；对可疑车辆严格盘查，将可疑车辆阻止在重点要害部位安全距离以外。对外来人员确保在单位安全部门或保卫部门人员的带领下，方可进入，动员全员认真落实“一岗两责”，有效防止油区单井、单罐等涉油案件的发生，配合辖区公安部门深入开展打击盗油犯罪行

动，织密织严防控网络，挤压犯罪空间。

加强“物防、技防”设施建设 新疆油田分公司在以往安保防恐工作的基础上，持续改进和巩固加强。结合单位实际设路障、摆矩马、加防护栏，做好监控设备、红外报警装置等技防设备的管理维护，发挥监控系统的作用，确保重点部位处于完全监控状态。

加强重点部位、重点管段巡线 新疆油田分公司油气储运公司对管道重点部位、重点管段采取加密巡线频次，落实巡线责任，提高巡线质量措施，强化管道的安全保护工作，特别是对管线穿跨越、裸露、涵洞、地理屏障、交通便利地段、不隐蔽地段、阀池、阀室、防腐间等重点地段做到每天巡查一次，夜间用车辆不定时进行巡查，防止发生影响输油气管道正常运行的重特大案、事件。对重点要害部位王家沟原油库，油气储运公司按照奥运期间的安保工作要求，抓好各项措施落实，王家沟原油库区治安联防协调会议每周召开一次，坚持每月组织库区各单位开展治安隐患排查工作，坚持防恐防破坏应急预案定期演练制度。

落实信访措施 新疆油田分公司信访部门对各种社情民意、不同群体的利益诉求和各类人员动向苗头把握掌控，逐一梳理排队，进行稳定风险评估，制订应对处理措施。对可能出现问题的群体、单位和人员，不能出现管控盲点和工作真空，做到各重点群体工作都有领导负责落实，各不稳定动向和线索都有领导负责掌控跟踪，各不稳定问题都有领导负责化解平息。落实包案稳控责任，加大包案稳控力度，对重点群体和人员务必做到“一事一案”、“一案一人”，安排具体部门、具体人员密切关注其行踪和动向。对异常的苗头性信息确保第一时间发现、第一时间上报，并采取措施将人员稳控住。针对上海世博会期长、安保防恐和维稳信访任务繁重等特点，持续开展隐患矛盾排查工作，对排查出的隐患和矛盾要进行整改和化解，并做好验收工作。对一时无法整改的隐患和化解的矛盾，落实专人管控负责，制订防范措施，确保万无一失。

第八篇　上海世博会油品销售

为保障上海世博会油品供应，中国石油销售公司成立资源供应领导小组，上海销售分公司、大连石化公司、大连海运公司及中国石油运输公司等相应成立上海世博会保供工作领导小组，从资源生产、储备、海上和公路运输等环节确保油品供应。

中国石油销售公司组织东北销售分公司衔接落实产销运各环节措施，开辟“沪Ⅳ油品计划配置绿色通道”；大连石化分公司主动优化生产方案，实施专罐专用、优先质量计量检验等措施，开辟“沪Ⅳ油品生产装船绿色通道”；大连海运公司积极寻找适航运力，努力缩短运输周期，开辟“固定运力班轮运输绿色通道”，确保上海销售分公司各类油品及时供应。江苏、浙江、安徽、江西等销售分公司密切协作，服务大局，主动为上海世博会油品保供工作提供服务。

2008 年 12 月，中国石油按照建设综合性国际能源公司的战略部署，对上海销售分公司进行机构重组和体制调整。上海销售分公司响应“绿色世博、低碳世博”的号召，从 2009 年 10 月开始，提前全面供应沪Ⅳ标准汽柴油。截至 2010 年 10 月 31 日，上海销售分公司仓储调运处负责接卸下海油累计 166 万吨，安排资源倒拨 374 航（次），加油站公路配送 41245 车（次）。在上海世博会期间，上海销售分公司累计为上海市近 300 万辆汽车供应沪Ⅳ油品 69 万吨，未发生一次资源断档事件。还为上海世博会 22 艘渡轮、48 艘游轮供应油品 5106 吨，保障上海世博会水上运输及开幕式黄浦江 200 余艘旗船油品供应。2010 年，上海销售分公司以积极稳妥的市场保供、优质清洁的油品资源、热情周到的客户服务、细致得力的安保措施和美好亮丽的品牌形象，完成上海世博会油品供应任务。

第一章　上海世博会油品调运管理

第一节　配置资源保证市场供应

上海销售分公司准确预测需求，根据切块计划，与上级单位及相关公司沟通协调，落实每日下海计划确认，全力确保及时调入资源。对沪Ⅳ油品，提前10天向东北销售分公司提出需求申请，便于东北销售分公司与炼厂沟通，保证大船到港及时装油。上海世博会期间，每月25日前足额兑现切块计划。

上海销售分公司仓储调运处配合营销部门制订合理的销售节奏，使实际库存和后续资源能跟上销售节奏，并控制出库节奏。在资源紧张时，协助通过外采补充资源，并进行油品全分析，确保质量安全。同时，制订“三色库存预警机制”，以20天需求作为上海世博会期间最低安全库存，并对油库库存进行实时监控，对不同颜色警报制订相应的应急预案。

上海销售分公司与大连海运公司共同制订上海世博会期间下海船只安排方案，寻找适航船只，固定运力，并报上海海事部门备案，实行班轮运输。密切跟踪每日在途船只位置，准确预报到港时间，及时向相关部门申报货物到港信息，便于海事部门及时安排进港和靠泊作业，确保油品及时接卸。同时，增租库容，增强接卸和储备能力，确保下海船只不滞港。针对二次运力紧张、运距短、运价不具吸引

上海世博会期间，上海销售分公司建立的橇装加油装置

（上海销售分公司　提供）

力的不利情况，为保证资源及时到位，做好二次水路运力准备，在下海资源不能及时到达地处上海世博会黄浦江核心水域的云峰油库情况下，进行资源倒拨，平衡各油库库存资源。

上海销售分公司为完善落实资源保供预案，建立以上海世博园为中心，分层次、分等级的油站保供机制，特别对上海世博园橇装站和周边重点站的库存进行动态实时监控。

对道路限行、台风暴雨、高温酷暑等紧急突发情况制订详细的应急处置办法。强化陆路、水路配送管理，确保所有配送车辆完好、整洁和 GPS 可查询，并安排 4 辆油罐车作为后备应急车辆。同时，积极与上海市政府、交管部门、油库和营销中心建立起有效的联动机制，确保油品运输顺畅。

第二节　保证油品数量质量

上海销售分公司以“每一滴油都是承诺”，完善质量管理机制，实施油品质量全过程管理，保证每滴油都符合沪Ⅳ标准。在上海世博会运行 215 天（含试运行）内，上海销售分公司共抽样加油站油品 252 批（次），累计化验分析 3777 项（次），平均每天化验分析 17.60 项（次），在上级及上海市抽检中，油品合格率均达 100%。为保证油品质量，上海销售分公司加强源头管理，严把油品入口关，制订油品质量管理办法及应急处置预案，落实操作环节责任，坚持每车油品目测检查并留样；每月对库存油品质量进行检验，并在油罐上、中、下不同位置取样，全部检验合格后方能出库。

为维护中国石油品牌形象，上海销售分公司加强对参控股单位油品质量监控，在运输环节，协同调运处和油品承运商，在油罐车加装视频监控设备，全程监测油品运输，确保油品质量、计量在运输过程中受控。开展对参控股加油站油品质量抽查，确保油品质量合格。在上海世博会开幕前，上海销售分公司对库站流量设备、计量器具进行全面检查更新，并坚持每周必检，确保计量准确。逐步推进加油站地罐交接试点工作，规范车载视频和封条双向施封制度，明确职责，界定责任，简化接卸流程，提高配送效率，降低配送损耗。使 2010 年 7—9 月，加油站盘盈率稳步上升。

技术人员对上海世博会使用的油品进行检验

（上海销售分公司　提供）

第二章　上海世博会加油站改造

第一节　油气回收改造

在上海世博会前，上海销售分公司对98座加油站进行油气回收改造，其

上海销售分公司在上海世博园周边的振兴加油站、杨思加油站安装太阳能光伏发电设备

（上海销售分公司　提供）

中，对69座加油站进行二级油气回收改造，对27座加油站进行三级油气回收改造。改造后，每年可减少汽油挥发900吨，节约效益700万元以上。对33座加油站加装阻隔防爆装置，对50座加油站进行形象包装改造，使设备安全得到全面提升。同时，还改造便利店50座、食堂6座、更衣间和淋浴室30间、安装空调56台，使基层生产生活条件大为改善。改造中遵守规范要求，并听取员工意见。

上海销售分公司在全面实施加油站油气回收改造的同时，在部分重点加油站引进“节能、环保、自动化”理念，在上海世博园广泛使用光伏发电、LED节能照明和自助服务等技术设备。上海销售分公司在世博园周边的振兴加油站、杨思加油站安装太阳能光伏发电设备，每年节约用电6万千瓦·时，相当于植树419棵，减少二氧化碳排放47吨。建成3座自助加油站，其中凯燕加油站率先成为中国石油上线运行的卡机联接自助加油站。自助加油机具有自动支付功能，无须人工交易，节省加油交易时间，减少加油员工高负荷工作量，提高加油站工作效率。

上海销售分公司在上海世博会期间实施加油站油气回收改造，加装油气加收装置
（上海销售分公司　提供）

第二节　安装橇装加油装置

一、协调建立橇装加油站

上海世博园区物流中心为解决工程和叉车加油问题，提出由上海销售分公司建设 HAN 阻隔防爆技术橇装加油站，提供油品供应与服务工作。

上海销售分公司组织员工安装橇装加油装置

（上海销售分公司　提供）

上海销售分公司经多次与上海世博局行政中心协商，商定在上海世博园周边建设 3 处临时橇装加油站，并上报上海世博局审批。因橇装加油站要由上海市委、市政府主要领导审定，审批手续出现停顿，给橇装加油站建设等后续工作带来困难。2010 年 3 月 3 日，上海销售分公司向中国石油上报《关于在世博园区建设橇装式加油站为世博会提供加油服务的报告》。提出恳请中国石油办公厅向上海市委、市政府书面报告，协调尽快批复，推进上海世博会橇装加油站建设工作。

2010 年 3 月 9 日，中国石油向上海市政府发出《关于建设橇装式加油站为世博会提供加油服务的函》。提出中国石油是 2010 年上海世博会全球合作伙伴，按照合作协议，为做好油品供应服务，中国石油所属上海销售分公司经与上海世博会事务协调局多次商洽，拟在上海世博园周边建设3座临时HAN阻隔防爆橇装式加油站，为世博园物流、礼宾车辆提供油品供应服务。

表8–1　　3座临时橇装式加油站任务分配表

加油站序号	加油站位置	服务对象
第一座	位于上海世博会事务协调局、行政中心附近	为礼宾车辆提供93#、97#沪IV清洁汽油
第二座	位于耀华支路与雪野西路交汇处（世博园12号门附近）	为进出物流中心车辆提供93#沪IV清洁汽油、0#沪IV柴油
第三座	位于浦东南路与西藏隧道附近停车场	为停泊车辆提供93#、97#沪IV清洁汽油

中国石油在函中介绍，HAN阻隔防爆橇装式加油站是一种集地面防火防爆储油罐、加油机和自动灭火器于一体的加油站，在国内外被广泛应用。在2008年北京奥运会国家体育场等主要场馆周边、建国60周年及山东省济南市第十一届全国运动会期间，都有成功应用经验。中国石油与北京公交集团合作在北京地区安装橇装式加油站130座，并在全国15个省（区、市）广泛应用。上海世博会开园在即，从安全、环保、防恐等角度综合考虑，在上海世博园区周边建设HAN阻隔防爆式橇装式加油站是安全可行的。为更好地服务上海世博会，确保为世博会提供安全的油品供应，HAN阻隔防爆式橇装式加油站设备和建设投资由中国石油承担。

二、橇装加油站进入世博园区

2010年4月28日，中国石油将橇装加油装置成功引入世博园区，为上海世博园区500余台物流车辆安全供油200余天，做到“卸油不跑不冒、加油不滴不溅”，得到上海世博会物流中心的致函感谢。橇装加油装置在上海世博会使用，在百年世博历史上尚属首次，成为向全世界展示中国石油品牌形象的窗口，起到很好的宣传示范效应，为上海销售分公司突破障碍、大力发展橇装加油站奠定了基础。

中国石油在上海世博园区内建设的两座橇装加油装置的油罐采用HAN阻隔防爆技术，并加装油气回收装置，在接卸油口周围“超标”配备两个灭火毯，还制作“接油盒”，严防渗漏，确保卸油做到不跑、不冒。针对叉车油箱特点，加油员操作改用“手动加油”，确保做到加油不滴、不溅，为进出上海世博园物流中心的车辆提供 93# 沪Ⅳ清洁汽油、0# 沪Ⅳ柴油的加油服务。为保证上海世博园橇装加油安全，上海销售分公司坚持“百里挑一”，并通过上海市公安部门进行政审，选拔优秀员工入园服务，24 小时值守，确保提供优质、安全的服务。

上海销售分公司员工使用橇装加油装置为上海世博园区物流车加油

（上海销售分公司　提供）

专　记：上海世博园加油新宠——橇装加油站

中国石油设在上海世博园内，专为上海世博会物流中心服务的——橇装加油站，是中国占地面积最小的加油站。橇装加油站设备占地 33 平方米，加油场地 200 平方米。是中国安全管理等级最高的加油站，门口有公安、武警、保安“三级联防”，卸油、加油均有公安民警现场监管，还有 6 个“电子眼”昼夜监视。上海十七区一县，有加油加气站 800 余座，可“橇装”仅此一家。

责任驱动谋划

中国石油是上海世博会全球合作伙伴和唯一指定成品油供应商，把保障和服务世博作为神圣职责，处在上海世博会举办地的上海销售分公司成为责任主体。

在 2009 年 9 月，上海销售分公司提出在上海世博园内放一台流动加油车，但安全部门审查时没有通过；又规划在世博园边上建一座加油站，但有关部门要求必须在世博会结束后拆掉，规划被夭折。多种建站保供方案陆续在“紧闭的消防大门”前被堵。在上海世博园建设加油装置，责任重大，没有先例，不能贸然放行。上海销售分公司采取多种措施，通过多种方式，大力宣传橇装加油装置的作用。

在关键时刻，中国石油给上海市政府发函，表示按照合作协议，由上海销售分公司负责世博会油品供应，并提出在世博园适当位置建设橇装加油装置。得到上海市政府有关领导高度重视，并分别做出批示。

上海销售分公司领导抓住机遇，及时向上海市政府详细汇报橇装加油装置获得国家发明专利，填补国际、国内技术领域空白，通过国家技术鉴定；获得国家安全监督管理总局、国家质量检验检疫总局、住房和城乡建设部、交通运输部给予联合推荐；列举北京奥运会期间城市公交成功使用橇装加油装置的众多案例。

上海销售分公司向上海世博局详细介绍橇装加油装置在动态情况下回收油气 65%，静态情况下回收率达 95%，油气浓度降低 43%，具有最佳油气抑制功能。并运用报刊资料等权威媒体对橇装加油装置进行重点报道。

上海销售分公司向上海世博会物流中心详细说明橇装加油装置能阻隔火焰传播、消除静电积聚，在遇到明火、枪击、撞击等意外爆炸情况下，也不起火、不燃烧、不爆炸。具有安全、环保、节能，占地面积少，使用效率高，有效保护地下水资源的诸多优越性。

上海销售分公司与上海市政府有关部门沟通十几次，针对上海世博园的特殊环境，设定特殊情况，提出特殊要求，采取特殊措施，十几次修改“橇装”加油站建设方案，但进展仍不“明朗”。

在上海世博会进入倒计时 100 天，各项准备工作进入冲刺阶段之际。上海世博园物流仓库机械搬运作业急需油料保证，可世博园内没有地方能够加油，作业机械又不能开出去，只好用铁桶到外面买油。装卸工人吃力地滚动大桶，费劲地给叉车加油，洒到地上，溅到身上。“这里太需要一座加油站了”，纵有千难万难，定让橇装加油站进入世博园。于是，更大规模、更大力度地沟通协调、解释宣传再次开始进行。

上海市经济和信息化委员会组织召开协调会，专题听取上海销售分公司做橇装加油装置多媒体演示汇报。面对多家职能部门尖锐、苛刻的提问和质询，上海销售分公司一一做出有根有据的回答。协调会结束，各种疑虑澄清，形成最终“决议”，只要上海世博会事务协调局确实需要，橇装加油装置就搞。上海世博会物流中心当即果断表示，“需要！”

2010 年 4 月 15 日，在上海世博园实行通行证使用前，橇装设备运进上海市。28 日，抢在安全级别提升前，上海销售分公司组织人员加班加点、昼夜施工，仅用两天完成设备安装调试工作，创橇装加油装置安装速度之最。

为保持良好的经营秩序，橇装加油装置不收现金，实行记账加油，由用油单位与浦东营销中心通过预付款方式进行结算。同时，经国家安全生产监督管理局授权，上海天谱安全技术咨询有限公司出具《关于上海世博园阻隔防爆橇装加油装置安全验收评价报告》（以下简称《报告》）。《报告》在科学分析评价后郑重写道：“由于该装置采用了阻隔防爆等安全措施，安全管理落实到位，装置总体安全状态良好，具备安全设施竣工验收条件。”

责任挑战压力

上海世博会吸引着全中国和全世界的目光，184 天入园观众超过 7300 万。在游客如织、安全如天的上海世博园加油服务，上海销售分公司干部员工承受着巨大压力。

安全压力前所未有 “橇装”入园难在安全，经营管理重在安全，一旦发生不安全因素，就可能成为“天大问题”、“世界新闻”、“国际影响”。

工作机制充满挑战。为避开游客，确保安全，上海世博局规定，每日 5 时为橇装加油站进油、卸油时间，21 时至 24 时为橇装加油站加油时间。进油，除执行内部规定，还要提前两天向上海世博局报送配油申请，经上海世博园区安保处、消防处签字批准，再经上海世博园区派出所审核签字，才能调车进油。

安全检查十分严格。在“橇装”服务的员工，需经公安机关政审合格，方能进入物流中心。随身物品要“过机”检验，人员要经过搜身检查，香烟、火柴、打火机全部没收，喝剩的饮用水、茶饮料也不准带入，严格程度不亚于机场安检。

现场监管严酷无情。橇装加油装置设在世博大道与国展路交叉路口，国展路为贵宾专用通道，保安等级高。在“橇装”入口处，有公安、武警、保安“三级联防”，日夜值守，卸油、加油都有公安民警现场监管，发现有滴油、漏油等不安全

橇装服务员工把好油品计量关
（上海销售分公司　提供）

现象，立即警告停止作业。

形象压力无处不在　上海世博局指定的服务商、供应商数以千计，但能够把企业标识竖到上海世博园的只有中国石油一家。“让宝石花为世博添光彩，让‘橇装’加油使世博更精彩”，成为上海销售分公司干部员工的信念与追求。

上海销售分公司“橇装”服务员工以最佳形象展示在世人面前。站，成跨立姿势；坐，腰板挺直；走，摆臂有力。加油场地有一个面积1.50平方米的工作亭，员工在里边不准趴桌、不准侧卧、不准睡觉、不准接打手机。后半夜，没有加油车辆，为防止困倦，值班员工不停地走动巡视。

责任铸就卓越

2010年5月18日，上海世博会物流中心致函中国石油，对上海销售分公司在时间紧、任务重的情况下，克服困难、科学组织、昼夜施工，按时完成世博物流园区橇装加油装置的安装、调试、进油等工作，为保证物流工作顺利开展做出的贡献表示感谢。

“橇装”经营管理　上海销售分公司把橇装加油装置作为一个班组，编入距上海世博园物流中心最近的杨思加油站，实行浦东营销中心和上海销售分公司加管处双重领导。上海销售分公司机关4人办理入园通行证和“橇装”服务稽查证，开展经常性的现场稽查。浦东营销中心把“橇装”经营管理作为重点，领导每天必到，及时发现和解决问题。

挑选高素质员工 为圆满完成服务保障上海世博会油品供应的艰巨任务，上海销售分公司制订“优秀员工进世博创最佳实施方案”，提出优秀员工选拔条件，组织各加油站开展优秀员工推荐活动。按照政治过硬、业务熟练、吃苦耐劳、纪律严明、自控力强的要求，由基层推荐，营销中心同意，市公司把关，消防局进行资质资格审查，公安机关进行政审。首批挑选的6名优秀员工中，有4人是工作6年的老员工，其余两人工龄也在3年以上。

搞好员工培训 上海世博园“橇装”加油服务，工作要求严、服务标准高，上海销售分公司采取集中学习、小组辅导、普遍考核、个别提问、现场演示、跟踪评价等方式，强化综合能力培训，使员工对世博理念、宣传口号、服务规范、应急预案、特别要求做到会理解、会交流、会操作、会纠错。“橇装”工作的员工把服务保障上海世博会看作责任，更看作荣耀。在上海世博会期间，有4人提交入党申请书。首座橇装加油装置在上海世博园区平稳运行近200天，在世界级安全敏感区、风险重点区成功运作橇装加油装置，为中国石油拓展网络，加快发展找到战略支点，实现“重在尽责，成在服务，好在实用，意在示范”的工作目标。

“特别操作” 上海销售分公司将橇装设备入园后，请“橇装”生产厂家技术人员到场指导；首次操作，请安全消防人员现场监测；运行一周，把监控录像资料调出来做综合分析，全面查找问题。为从源头上把住安全关，“橇装”运行增加两个“特别环节”，即进油不直达，油罐车先到杨思加油站中转检测，使数量、质量确认工作在外面完成，以缩短油罐车在园内停留时间，降低安全风险；领导押车入园，油品检验合格，由浦东营销中心一名领导亲自押车送进上海世博园，以责任为安全护航。针对叉车油箱特点，员工们操作加油枪时从不使用“设定加油”，改用“手动加油”，捏住控制卡，把流速降到最小；并用防静电手套捂住油箱口，防止喷溅，虽然手指累僵，虎口胀痛，但确保加油不喷不溅。“橇装”员工注意认真填写工作日志，油品状态、设备运行、现场管理、人员进出等情况，逐日登记以备查询。接受“橇装”加油服务的中国外运、海程帮达、泛联国际、上海园林等客户，对中国石油提供的规范、热情、精细服务表示满意。

应急准备　“橇装”加油装置采用“吸入式”卸油技术，进油口密闭性好。为以防万一，做到卸油不滴不漏，员工们采取连环保险措施，在油罐口下面放置一方形铁盆，铁盆下面铺上双层石棉毯，用来回收油罐车卸油管内残留油品。一旦发生险情，可瞬间包紧石棉毯，消除隐患。

感谢信

中国石油天然气股份有限公司上海销售分公司：

在全国各有关方面的大力支持下，成功、精彩、难忘的2010年上海世博会已圆满闭幕。此次世博会向世界充分展现了中国悠久灿烂的文化，精彩演绎了“城市，让生活更美好”的世博理念，谱写了世界博览史上的辉煌篇章。

在世博会运营过程中，阁下及贵部门对世博物流保障工作倾注了大量的心血和热情。在此，谨向阁下对物流中心工作的大力支持表示衷心的感谢，向付出辛勤劳动的贵部门全体工作人员致以崇高的敬意。

此致，

敬礼！

上海世博会事务协调局
物流中心
二〇一〇年十一月一日

2010 年 12 月，上海世博会事务协调局物流中心向上海销售分公司赠送荣誉纪念牌和感谢信

（上海销售分公司　提供）

第三节　加油站形象改造

2010 年 1—4 月，上海销售分公司对加油形象标准不一致等情况，为以崭新形象迎接上海世博会，展现石油企业的新形象，集中人力、物力，加紧对 54 座加油站进行形象改造。特别是对上海世博会场馆周边、外环线以内主要市区、旅游景区及机场道路、进沪干道沿线的 45 座加油站进行重点形象保障改造。改造期间，上

海销售分公司邀请专家进行实地考察，依据《加油站建设标准设计》、《中国石油加油站细节管理手册》要求，根据各加油站不同情况，分别对加油岛罩棚、加油区、便利店、配套服务设施、生活区等进行规范形象改造，改造坚持“边施工、边经营”的方式。

一、美化外部形象

按照中国石油加油站形象包装要求，精雕细刻，精益求精，力求达到最佳视觉形象效果。崭新的罩棚，醒目的加油岛，标准的“uSmile”形象墙，全铝塑板包装的整体站房，向海内外嘉宾全方位展示中国石油品牌形象。在毗邻上海世博园的6座世博车辆定点加油站，使用印有上海世博会和中国石油双重标志的醒目竖立牌，吸引更多车主前来加油，展现中国石油世博会合作伙伴形象。

改造后的昕鑫加油站

（上海销售分公司　提供）

二、优化内部布局

上海销售分公司通过对室内建筑结构精确“手术”，使加油站布局更为完善，内部环境优美。“昆仑好客”便利店整洁明快，营业面积扩大，给顾客营造舒适、休闲的购物环境。同时，上海销售分公司高度关注员工生活设施改善，增设食堂16座、宿舍14座、阅览室5间、更衣间和淋浴室30间，员工们说“加油站更像‘家’了。”

改造后的加油站都设有便利店（上海销售分公司　提供）

改造后的员工食堂（上海销售分公司　提供）

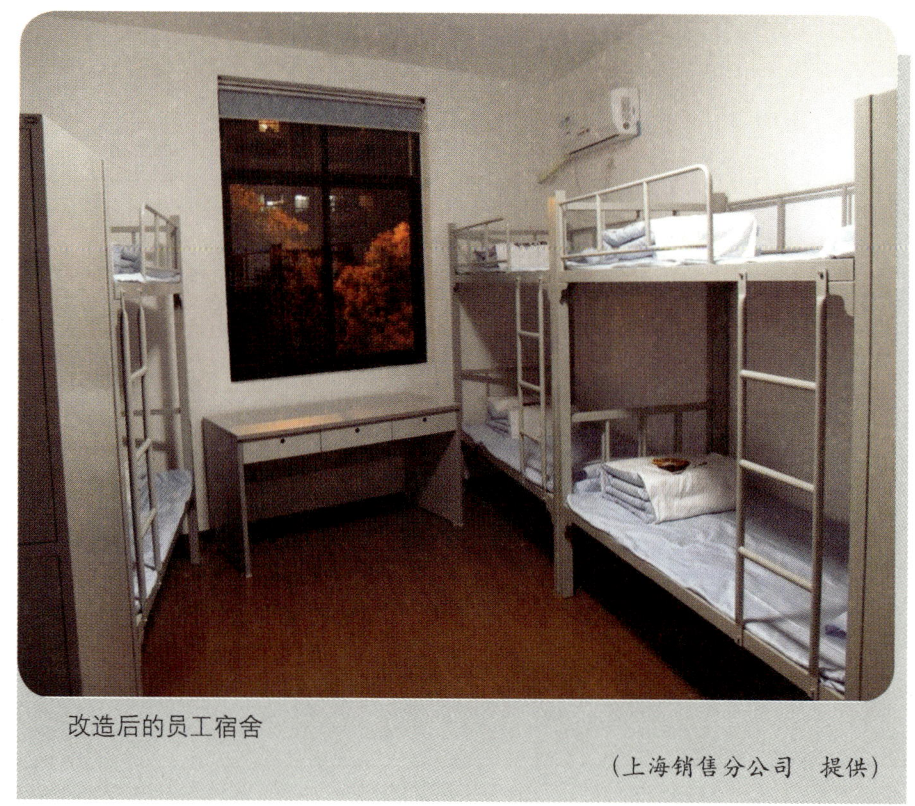

改造后的员工宿舍

（上海销售分公司　提供）

三、深化配套设施

上海销售分公司新改造的昆仑快速换油中心，业务范围覆盖汽车维修、保养、轮胎更换、修补、ETC 设备安装和更换润滑油等。顾客只要将汽车开进快速换油店，立即有专属客服代表上前了解车主需求，随后由专业技师为汽车进行保养。在杨思加油站，还建成标准发卡中心，增设汽车加水、除尘等设备，为顾客提供“一站式”服务。

2010 年 5 月前，上海销售分公司浦南爱使加油站没有专营便利店，仅有 30 平方米左右的营业面积，只销售一些润滑油等汽车用品。5 月后，上海销售分公司对浦南爱使加油站便利店进行改造，对室内建筑结构进行改造，缩小一楼洗手间面积，打通营业房与库房隔断，迁移一楼室内楼梯。改造后，便利店宽敞明亮，面积近 60 平方米，店内拥有 4 组中岛货架，可销售烟酒、糖果、饼干、汽车用品等 23 类，300 余种商品，营业额由每天 400 余元，增加到改造后日均营业额近 3000 元。在上海世博会期间，浦南爱使加油站是世博车辆定点加油站，也是上海世博会特许商品零售店，便利店营业收入超过百万元。

改造后的上海销售分公司浦南爱使加油站外景

改造后的上海销售分公司浦南爱使加油站便利店

（上海销售分公司　提供）

第三章　上海世博会加油站服务

第一节　业务培训

上海世博会期间，上海销售分公司制订《加油站迎世博综合方案》，并在153座加油站开展“为世博做贡献，为企业添光彩”的全员迎世博创建精品加油站活动。本着“参与世博、服务世博、奉献世博”的理念，积极筹备，从顾客感受的角度出发，从细节抓起，从规范做起，深化服务意识，优化服务流程，美化服务环境，全面推动加油站服务水平整体提升，为国内外地游客和友人提供热情周到的服务。各加油站争相开展硬件设施和软环境比拼，比加油站美化、靓化工程的开展；比加油现场卫生；比定置化管理；比微笑服务、文明礼仪，各加油站在比较中进步，在追赶中提升。

上海销售分公司为提高员工服务水平，更好地服务世博，编制《迎世博加油站服务操作手册》，集中收录世博百科知识、上海世博会指引、世博服务礼仪、卓越服务法则、企业文化、加油站操作规范、油品管理、安全管理等12大类内容。随着《迎世博加油站服务操作手册》全面贯彻落实，员工服务技能不断提升，服务质量显著提高，加油站销量大幅攀升，日零售量由2010年年初不足1200吨提高到1900吨。加油卡发行工作也实现跨越式发展，由年初不足5万张快速发展到超过19万张，期间累计发行上海世博局专用加油卡1万张，销售金额2700万余元；精心设计纪念版世博加油卡，得到中国石油销售分公司认同并推广全国发行，仅上海就发行 7 万余张。上海世博会期间，上海销售分公司加油站没有发生一起因客户纠纷引发的新闻危机。

同时，上海销售分公司聘请专业师资，围绕服务礼仪、操作技能、世博常识、世博英语等方面开展全员培训。上海销售分公司团委号召广大青年在服务世博、奉献世博中发挥生力军作用，在青年中开展“学英语，迎世博”，争做“三小员工”（小翻译、小向导、小使者）活动等，并在上海世博园周边加油站开展学习英文版“加油十三步曲”和日常英语培训活动。

上海销售分公司开展全员 HSE 培训

（上海销售分公司　提供）

上海销售分公司所属加油站参加上海市举办的“创工人先锋号、为世博加油”立功竞赛活动，并与企业内部开展的“劳动竞赛”活动相结合，在 150 余座加油站掀起“服务世博比贡献、劳动竞赛我争先”热潮。杨思、昕鑫、徐浦加油站获得上海市工人先锋号称号，振兴、济阳和浦南爱使加油站获得 2010 年度上海市民最信任连锁店等荣誉称号。为推进竞赛活动开展，上海销售分公司还开展迎世博“微笑服务明星”评选活动。当选的百名“微笑服务明星”在世博会期间正式挂牌上岗，带动加油站整体服务水平提升。

上海销售分公司昕鑫加油站员工进行微笑练习

（上海销售分公司　提供）

第二节　树立品牌形象

中国石油是上海世博会唯一的油品供应商，在全国 1.80 万座加油站开展“中国石油世博微笑服务明星”评选、加油站安全保障运行大检查等活动，号召 24 万销售系统员工投入“服务世博、保障世博”活动。在上海世博会期间，上海销售分公司加油站专业、美观的世博产品专柜及世博商品，成为中国石油便利店亮丽的风景线；员工们在服务时主动向顾客宣传世博常识，为顾客提供世博园线路指引，加油站内的世博元素与中国石油品牌相互映照。

一、举行“世博微笑服务系列活动启动仪式”

2010 年 4 月 15 日上海世博会倒计时 15 天，“中国石油世博微笑服务系列活动启动仪式”在上海销售分公司杨思加油站举行。王宜林等赴上海调研，并出席中国石油世博微笑服务系列活动启动仪式，亲身体验上海销售分公司杨思加油站员工的微笑服务，观看便利店自动售药机的便捷服务演示，为中国石油世博微笑服务系列活动主题标识接牌。

在启动仪式上，中国石油销售分公司总经理刘宏斌向全国 16 万加油站员工发出“动员令”；上海销售分公司振兴加油站经理庞爱宁代表中国石油 16 万加油站员工进行“保障服务世博”宣誓。上海销售分公司总经理佟福财向社会及上级郑重承诺。

上海世博会吉祥物“海宝”与石油馆吉祥物“油宝宝”和谐相伴，成为中国石油世博微笑服务系列活动的主题标识。王宜林对上海世博会油品保障供应工作提出，要树立责任意识和使命意识，全面践行中国石油“奉献能源，创造和谐”的企业宗旨，全面履行中国石油对社会的承诺；配合上海市落实好世博会全球合作伙伴协议的各项内容；提升中国石油的

中国石油上海销售公司
保障服务世博承诺书

为践行中国石油“奉献能源、创造和谐”的企业宗旨，高质量、高标准服务保障2010年上海世博会，中国石油上海销售公司向上级和社会各界郑重承诺：

一、弘扬“理解、沟通、欢聚、合作”的世博理念，履行政治、经济、社会责任，确保世博期间各项工作万无一失。

二、保证（油）库站安全，坚决实现“世博安全维稳工作”目标。

三、保证市场供应，准确把握市场，科学调配资源，满足顾客需求。

四、保证优质服务，突出专业，注重规范，强调便捷，彰显亲情，提升满意度。

五、保证品牌形象，统一建设，规范标准，展现“中国石油微笑服务世博”风采。

六、保证环境和谐，打造“绿色”（油）库站，把握大局，众志成城，奉献世博。

2010年4月15日

上海销售分公司振兴加油站站长庞爱宁代表中国石油16万加油站员工进行了“服务保障世博”的宣誓

（上海销售分公司　提供）

品牌形象，坚持微笑服务，坚持服务标准，使“加油十三步曲”成为中国石油加油站形象标志。

二、振兴加油站

上海销售分公司振兴加油站是中国石油“百面红旗”和十大标杆站。2010年1月，振兴站进行形象包装施工。施工队进站后，振兴站提出，营业期间改造绝不容许出现任何安全问题；工期和质量必须有保证；要减小对营业和员工生活的影响。工程施工中，在一条车道被封闭的情况下，振兴站创造单月销量1752吨，日均销量58.50吨的业绩。在硬件改造抢点推进时，振兴站利用施工短暂停业间隙，请来916油库教官，对员工的身姿、体能进行集中训练；并将员工分成3组，根据各组不同情况，分层施教学习世博英语；帮助员工练习微笑服务技能。

上海世博会开幕后，振兴站加油车辆络绎不绝。振兴站开设世博“绿色通道”，利用外道加油机可直接刷卡的优势，专门为世博会车辆服务，方便近20%的上海世博局车辆和世博会出租车的加油消费。同时，考虑到站内摩托车较多，安排不当会严重影响加油秩序，振兴站在6号机处设立摩托车专用车位，防止摩托车随意插队。振兴站还增设送油业务，2010年5月25日，上海世博园非洲联合馆一工作人员因外出采购物品，摩托车行驶到浦东南路云台路时没油了，打车赶到振兴站求助。振兴站立即决定为顾客送油。7月初，一海南馆工作人员执行紧急外勤任务，车辆没油抛锚在杨高南路高青路路口，向加油站求助，振兴站迅速安排员工为顾客送油。7月的一天晚上，电闪雷鸣，大雨倾盆，为防止操作井长时间被水浸泡导致油罐出现渗水，振兴站经理庞爱宁带领加油站副经理和两名当班员工用盆和拖布一点点将操作井中的积水舀出、吸干，从23时一直干到次日2时，将4个操作井中的水全部清干。

振兴站在站内设立“爱您服务台”，员工们编写世博游园攻略，绘制从加油站到浦东入口的行车路线图，采购园区导览图、遮阳伞、扇子等入园必备物品。同时，还罗列了一张备用药品清单供客户参考。“爱您服务台”推出后，仅一天就接待各类咨询300余次。振兴站在上海世博会期间，实现非油销售124万元，其中世博会商品和门票收入占30%。

改造后的振兴加油站成为杨高路上亮丽风景

（上海销售分公司　提供）

第四章　上海世博会油品销售安全管理

第一节　安全防火墙

上海销售分公司把“平安世博、绿色世博”作为2010年安全生产的核心内容，成立以党政一把手为组长的安保工作领导小组，形成公司安全应急领导小组、营销中心现场应急处置两级安保指挥工作机构。

按照上海市委、市政府对上海世博会召开期间做好相应安保工作及“企事业单位在2009年12月前按规定局级设立保卫处，处级设立保卫科并配备专职保卫干部，成立企业事业单位内部治安保卫机构和工作领导小组”的工作要求。2010年1月11日，上海销售分公司设立保卫处，配备处长、副处长各一名，负责公司内部治安保卫工作，成为中国石油首家专设保卫处的销售企业。同时，浦东、浦西、金山奉贤、松江青浦、宝山嘉定、崇明营销中心相继成立内部治安保卫工作组，各营销中心书记为内部治安工作小组组长，成员由各营销中心领导班子和各加油站经理、油库主任组成，全面负责中心和各加油站的内部治安保卫工作。

上海销售分公司及时调整公司 HSE 委员会，设立加油站管理、仓储与调运、工程与检维修、交通与公共事务四个专业分委会，明确专业委员会在世博会期间的工作职责；制订并下发《上海销售分公司“迎世博、保安全”安全生产工作实施方案》，提早确立上海世博会期间安保部署和应对措施。

上海销售分公司将应急控制作为上海世博会期间安全生产的重点，修改应急预案十余次，最终形成《上海销售分公司世博期间专项应急预案》，把质量计量纠纷、新闻危机、加油卡故障等易发、突发事件的敏感事项进行仔细分析，把加油站现场作为关键处置环节。

2010 年 4 月初，上海销售分公司对消防器材及其他应急物资进行全面检查和更新，为库站备足消油剂、吸油毡、灭火毯等各类应急物资，实现保障措施到位、物资储备充足、安保预警可靠。并对所有加油站视频监控设备进行全面检查，协同加油站管理部门对视频监控系统进行维护，实现视频监控和围墙红外线预警的全覆盖。

上海销售分公司在上海世博会前，对 98 座加油站进行油气回收改造，对 33 座重点加油站加装阻隔防爆材料、对 50 座加油站进行形象包装改造，消除加油站隐患，实现“平安世博、绿色世博”安全生产目标。

第二节　安全工作网

上海销售分公司在积极落实中国石油“反违章禁令”和“HSE 管理九项原则”的基础上，组织员工开展“世博 HSE 知识培训”，对公司 450 余名管理干部和库站经理进行世博安全应急和加油站关键作业控制等专业培训，并聘请上海市安监局培训师对 70 余名管理干部，进行世博安全知识培训，组织各营销中心开展安保培训 20 余次。通过全面、系统的培训，提高员工安全生产意识。各营销中心还组织员工反复观看《让悲剧不再重演》等安全教育警示片，组织讨论，开展经验分享，增强员工维护安全生产的自觉性。

上海销售分公司引入安全生产风险管理机制，根据责任大小实行员工安全生产风险抵押，使员工实现“要我安全”向“我管安全、我懂安全、我要安全”的转变，主动肩负起安全生产责任。上海销售分公司按照“属地管理、直线责任”的安全管理要求，组织员工逐级签订 1600 余份安全生产责任书，构建起“横向到边、纵向到底、无一疏漏”的安全生产管理网络，有效提高安全生产执行力度。

上海销售分公司把运行库站列为两级所有管理人员安全承包点，每3名管理人员承包一座库站，每月至少到点上检查一次。将安全联系点的安全状况与工作绩效挂钩，不论是节假日，还是在灾害天气来临前，机关管理人员都在库站现场检查指导安全工作。在上海世博会期间，上海销售分公司各级管理人员共到库站检查指导工作2700人（次）。

开展应急预案演练

（上海销售分公司　提供）

上海销售分公司将《上海销售分公司世博专项应急预案》编成小册子，发到每位员工手中。各中心积极组织演练，上海世博会期间共组织各种形式应急演练3600余次。同时，把合资单位安全风险纳入上海销售分公司统一管控，不留死角。联合当地公安、消防部门及时开展防恐、防污染应急演练，百余名员工和公安、消防人员共同参与，强化“企地联动”机制。

第三节　安全高压线

上海销售分公司《迎世博加油站服务操作手册》要求，从细化现场操作规范入手。员工们要做到熟练掌握基本操作要求，做到整齐到位；接卸油品时，要求计量员核实司机和押运员身份，设置专人看护卸油区域，实行现场封闭卸油作业。在加油高峰期，实行专人巡查，注重外来人员违章行为，对有接拨手机、携带火种及行为可疑的外来人员坚决予以制止。同时，把库站设备设施完整性和完好性作为安全生产重点关注内容，督导营销中心通过日常巡检、定点承包等方式，时刻保证设备设施运作状态良好，奉贤（金山）营销中心将安全承包细划到加油站每块区域、每台设备，每名员工都有自己的安全承包区、安全挂点设备，有效促进员工安全生产习惯养成。

上海世博会前，正值各加油站施工改造的关键时期，时间紧、任务重，上海销售分公司严把承包商 HSE“五关”管理，消除施工作业带来的安全风险，以现场制订的 HSE 作业计划书和作业风险告知作为作业许可审批依据；以营销中心和加油站两级入场培训和现场考核作为施工人员进场门槛；以每日施工证件核实确认施工人员身份；以现场进行风险识别和全程监控控制危险作业。上海销售分公司工程和安全主管领导在施工作业特殊时期，亲临一线指导工程建设，现场办公，要求对在施工过程发现的违章现象严惩不贷。在施工过程中，安全管理人员起到安全卫士作用，共开出违章处罚单 15 份，处罚金额 5 万元。

上海销售分公司组织开展作业风险识别，尤其加强关键风险控制。对重点加油站在卸油时暂停营业；重要节日，实行站经理 24 小时住站看护；加油高峰期，进出站口设专人把守。强化对自然灾害的防范，及时做好抢险救灾工作。徐浦加油站由于市政排水设施先天不足，遇有暴雨，加油场地就会严重积水，有时水深达半米，每次都是人工排水。在 2010 年 3 月 6 日的大暴雨中，浦西营销中心领导和加油站员工连夜挖掘、疏通排水渠 100 余米，安装两台潜水泵进行排水作业，经 4 小时工作，排除站内积水，保证加油站安全，也保证正常营业。

第四节　堵安全漏洞

上海销售分公司先后组织世博会前、年中及国庆节前多次综合安全生产大检查，对运行库站进行“拉网式”排查，做到“不走过场、不漏一站一库”。为力求检查实效，在规定的时间内，给予各检查小组充分空间，自行安排检查形式和检查时间，并经常组织突击检查，夜查暗访，通过调阅录像资料，查看油站夜间作业状况等方式，确保油站安全。8 月一天 7 时左右，上海销售分公司世博值班领导以神秘顾客身份暗访了汇龙油库，值班人员对待工作恪尽职守、高度警惕的防范意识及行之有效的处理方式得到好评。在几次检查中，共查出460项问题，并对其中的420项进行整改，整改率超过90%。

上海世博会期间，上海销售分公司通过开展“规模不拘、形式不拘、时间不拘”的随机检查，每月抽查的加油站达60余座，公司机关每天派出人员进行检查，特别是各营销中心的安全部门人员，大部分工作时间都在各自所辖的加油站查看，用餐不定时，休息没正点。崇明地区加油站设备设施陈旧，不少加油站毗邻水体，受雷雨大风的影响较为频繁，崇明营销中心管理干部迎难而上，克服加油站地理位置零散、巡检路线较长的困难，每天都有领导干部忙碌在加油站现场。

上海销售分公司建立上海世博会期间，两级管理干部值班制度，设置专用应急值班电话、配备专用应急值班车辆，值班人员自觉履行值班职责。上海世博会期间，两级机关共有2600余人（次）参与世博值班工作，对值班人员发现的100余项问题及时进行整改，确保安全生产无疏漏。为加大内部油品质量抽检，全程做好油品质量管控，质检中心坚持每15天对6座世博加油站油品质量抽检一次、每30天对油库油品质量抽检一次、每45天对加油站油品质量抽检一次，并经常随机抽检运输车辆油品质量。上海世博会期间，共组织抽检油品278批（次），对不合格的油品坚决截留，分析样品3800余项，做到每船入库油品都是合格的。

第五节　安保防控

上海销售分公司与各处室、营销中心及油库签订174份内部治安保卫责任书，做到责任到人、目标明确。出台《“迎世博、保安全”治安保卫工作实施方案》、《内部治安保卫条例》、《油库、油站反恐防范检查标准》及《紧急应对流程》等规章制度，并制订《世博会期间安保防恐工作实施方案》，明确反恐防恐工作重点，全面识别世博会期间的突发风险，对预防、响应、处置、善后等关键环节，并进行周密部署。

上海世博会期间，上海销售分公司对重点区域64座加油站、3座油库，加强人防。从上海中葆护卫商务有限公司雇用209名保安队员，支付保安服务费550万余元。在雇用安保人员守护重点库站的同时，组织各库站“平安志愿者和安全员”728人，负责库站的安全和加发油车辆引导，确保库站加发油秩序井然。在

2010 年 5—11 月的安保坚守任务中，上海销售分公司与多家保安服务公司洽谈配备保安队员的人均月服务费、安保技能等。公司提出雇佣的保安人员要具有一定的保安服务技能和工作经验，且要年轻化，工作责任心强，服务态度好，还要具有安保人员特有的形象。上海世博会召开在即，安保人员的资源紧缺，一时间很难找到大量符合条件的安保人员。通过多方寻找，经上海市公安局推荐，找到上海中葆护卫商务咨询有限公司，保证了公司油库和加油站在上海世博会期间安全平稳运营。

上海销售分公司将油库作为重点配备对象，配备防爆检测仪，检查进库车辆底部及轮胎，确认安全后放行入库提油；油库大门前备有防撞杆，阻止车辆突然闯入；增加犬防，确保加油站安全。通过实时对所辖 182 座加油站、3 座油库的视频监控系统等安保技防设备进行检查和维护，确保始终处于完好状态。

在上海世博会前，上海销售分公司在加油站及重要位置安装了监控探头，并发挥了重要作用。上海销售分公司凌一加油站位于上海浦东外环线江东路 2 号，占地 2000 平方米，日销量 22 吨，主要为集装箱车辆加注柴油。2010 年 9 月 16 日 10 时 53 分，车牌号为赣 D3133 挂车驾驶员在凌一站加完油后到收银室付款，正恰一辆集装箱卡车与外环线上由北向南行驶，经过加油站进出口处时，其右后轮突然脱离车辆，以极快的速度从加油站进口处滚入，穿过现场，撞毁收银室大门，一直进入收银室撞伤正欲出来的赣 D3133 挂车驾驶员，并将收银台撞毁，收银台玻璃碎裂刺伤加油站一收银员。而后，集装箱卡车司机驾车逃逸。事故发生后，凌一加油站迅速拨打 110、120 报警电话，立即将伤员送至长海医院，并垫付抢救费及住院费 3.80 万余元，所幸赣 D3133 挂车驾驶员无生命危险。同时，加油站协助交通民警事故组对现场进行勘察取证，通过加油站监控镜头录制下来的事故过程，提供了重要信息。警方于 19 日找到车牌号为鲁 R3260 的肇事车辆，使事故得到妥善处置。

第九篇　上海世博会天然气供应

为突出2010年上海世博会“城市，让生活更美好”的主题，展现清洁城市风貌，上海市专门建设了世博园天然气配套输送工程和园内天然气输配系统，构成与全市燃气管道相连的保障网络。在每天输往世博园的天然气中，有一半来自塔里木油田分公司，通过西气东输管道输送。

西气东输工程从1998年开始酝酿。2000年2月，国务院召开会议批准启动西气东输工程。3月8日，西气东输工程项目经理部成立。2001年4月22日，更名为西气东输管道公司。2003年9月27日，西气东输销售公司成立。西气东输管道（销售）公司负责西气东输管道工程建设、生产运营管理和天然气市场开发与销售等业务。西气东输管道公司和销售公司实行一套机构、两个牌子管理，在上海设有16个职能部门，管道沿线设有15个地区管理处、3个工程项目部、1个国家级计量测试中心和长宁输气分公司。截至2010年12月，西气东输管道公司运营管理西气东输和西气东输二线东段两条干线，常州—长兴、定远—合肥、南京—芜湖、枣阳—襄樊4条支干线，及冀宁联络线、淮武联络线、西二线中卫—靖边联络线、襄樊清管站至忠武线襄樊计量站联络线、黄陂联络压气站至淮武线联络线5条联络线、13条支线和长宁线、兰银线，管道总长度8959千米；1座地下储气库、1个计量检定中心；102座站场。管线途经13个省（区、市），供气范围覆盖华东、华中、西北东部地区，并向华北地区转供天然气，初步形成塔里木、柴达木、长庆、川渝4大气区联网供气格局。

2010年，上海市计划用天然气45亿立方米，西气东输管道公司合同气量为23.73亿立方米。从2010年5月1日上海世博会开幕到10月31日上海世博会闭幕，西气东输管道公司向上海市供气约11.77亿立方米，相当于减少20万吨有害物质排放，减少二氧化碳酸性气体排放412万吨，为上海市营造“低碳世博”做出重要贡献。

第一章 上海世博会天然气输送

第一节 天然气输送建设

1999年，上海市开始使用东海平湖天然气，全市天然气消费仅为5亿立方米，占一次能源消费总量的比重不到1%。2004年1月1日，西气东输管道公司正式向上海市供气，使上海能源格局发生重大变化，天然气使用量逐年增加。从最初的5亿立方米猛增到2008年的25亿立方米。2009年，上海市天然气总用气量达到30亿立方米。

克拉2气田一角

（塔里木油田分公司 提供）

西气东输管道公司干线西起新疆塔里木轮南，东至上海白鹤镇，全长约3843千米，管道直径1016毫米，系统压力10兆帕，设计输量120亿立方米/年。为上海市改善能源消费结构、改善大气环境质量发挥了重要作用。

临时产能建设总阀开启

（塔里木油田分公司 提供）

塔里木油田分公司是西气东输的主力气源地。自2010年5月1日起，塔里木油田分公司强化生产管理和安全保卫工作，重点对克拉2、迪那、英买力、牙哈等重点气田的管理和安全保卫工作。上海世博会期间，塔里木油田分公司对各大气田通往西气东输首站的天然气管道沿线加强巡查，在站控室设置各沿线阀室循环监控画面，实现不间断监控，确保安全平稳输气。管理人员对各气田来气与本站交接量进行比对，进行分析并及时与各气田作业区联系，调整运行参数，保证向上海等地输送天然气的质量。2010年5月1日—10月31日，塔里木油田分公司累计向西气东输供气75亿立方米。

气田作业区员工检测采气装置密封情况

（塔里木油田分公司　提供）

西气东输管道公司输送天然气入沪，优化上海市的能源结构，天然气应用领域不断拓展，从传统的城市燃气，逐步扩展到燃气电厂、化工、燃气空调及分布式功能系统、CNG汽车等，燃气用气结构发生根本性变化，带动相关产业的发展。天然气在上海市一次能源消费比例达到5%。全市近210万户煤气用户基本实现向天然气用户转换，城市燃气基本实现天然气“全覆盖”。宝钢集团作为上海市第一家使用西气东输公司天然气的企业，曾是上海大气环境污染的“老大”。特别是旗下的特钢厂因为利用煤气炼钢，一年产生2585吨二氧化硫和340吨粉尘及二氧化碳。用上西气东输管道公司天然气后，宝钢特钢厂拆掉149座煤气炉，消除煤制气异味。上海市环保部门监测，2009年上海市空气质量为优良的天数达334天，优良率为91.5%，比2008年提高1.90个百分点。2010年，上海市空气质量优良率上升至96.3%。

第二节　天然气使用

上海燃气（集团）有限公司（以下简称上海燃气）是西气东输管道公司在上海的最大用户，上海世博会期间共接收西气东输管道公司天然气超过10亿立方米，主要用于城市民用、商业用气、小工业用气、热电联供和燃气发电。通过上海市高压管网逐级分输，其中，1325万立方米天然气每天通过上海世博园天然气配套输送工程和园内天然气输配系统，输往上海世博园各场馆。上海CNG公司对西气东输管道公司天然气进行压缩、专业生产加工后，为上海提供工业燃料、公交车和出租车加气等服务。

上海世博园在27条道路下敷设近30千米燃气管线，设两座高中压调压站，采用双路高压气源供应的形式，供气压力从0.80兆帕至0.40兆帕低压三级供气，以确保上海世博园区内燃气用户安全、稳定使用天然气清洁能源。上海世博园天然气主要用于燃气空调和餐饮业，各场馆空调、餐饮、锅炉等用户项目达178项。其中，浦西园区燃气配套项目包括8个燃气空调项目、1个分布式供能系统项目、4个热水炉项目和42个餐饮项目。近8千米的燃气管道，配套安装17台燃气空调，装机总制冷量达到4.20万千瓦，主要供世博园DE片区建筑场馆内制冷和采暖。在城市实践区，安装1台50千瓦发电机组，每小时用天然气20立方米；4处热水炉燃气配套，装机时用量138立方米；42处餐饮燃气配套，灶具装机时用量1446立方米。其中，37家餐饮单位对外营业服务参观者。在浦东园区，热门场馆——中国馆的员工餐厅、VIP餐厅和中国国家馆和省（区、市）馆空调机组都有充足的天然气保障。中国馆能源中心还同时使用每小时设计流量1000立方米的天然气溴化锂机组，为国家馆和省（区、市）馆供应冷暖空调。

上海世博会期间，使用天然气溴化锂机组更为清洁环保，与电制冷机组方案相比，燃气空调运行费用可减少17%，可节省近300万元，二氧化碳排放量减少40%，年减排二氧化碳6000吨左右。燃气空调对削减上海世博园区电力高峰负荷、平衡燃气季节峰谷、提高电力设备和燃气管道利用率也有很好的作用，对能源供应体系的平稳运行非常有利。

在上海世博会期间，场馆众多、参观人数集中的浦东园区，天然气最高使用量每小时可达4万立方米，相当于200户普通居民家庭一年的用气量。上海世博园与上海市燃气管道相连的保障网络，确保世博会燃气安全保障供应，通过洁净环保的天然气，为参展方和参观者提供餐饮、锅炉、空调等服务，为举办绿色世博、促进园区生态和谐提供有力支撑。

上海世博燃气保障中心分设浦东和浦西两地，分别服务于世博浦东和浦西两个园区。西气东输管道公司组建精干的应急抢修队伍，配备先进的燃气泄漏巡检车和各类急抢修设备和备品备件，并借助 SCADA 信息传输系统、重要场馆室内管道设施管理系统和供应保障系统等信息技术手段，实时监控和掌握园区内燃气设备运行情况，一旦发现问题立即予以处置。

第二章　上海世博会天然气设备改造

第一节　站场防护及改造

西气东输管道投入运营后，始终保持线路“零伤害”，从未发生过第三方损坏致管道泄漏事故。这一安全指标居于国际大型管道公司前列。为确保上海世博会天然气安全平稳供应，西气东输管道公司重点加强对上海白鹤末站、轮南首站、孔雀河站、郑州站的防护及改造。对管道沿线的站场、阀室围墙全部加装防护铁丝网，对周界报警系统进行全面改造，按照《上海重点行业和目标反恐防范总体指导性意见（试行)》，重点加强对上海白鹤末站的物防、技防改造。

白鹤站作为西气东输一线工程主干线上最末端的分输站，坐落在上海市青浦区白鹤镇金项村。为确保世博期间天然气平稳供应，白鹤站以“奉献世博、服务世博、保障世博”为宗旨，牢固树立“运行一刻不能停，供气一刻不能断”的责任观，站区工作人员克服困难，强化生产运行和管道管理，实现“平安管道”、“平安世博”的目标。在上海世博会期间，每天有 600 万立方米天然气通过白鹤站输向上海市区。在 2010 年 5 月 1 日—10 月 31 日上海世博会的 184 天里，白鹤站共向上海市输送天然气 12 亿立方米，相当于减少有害物质排放 20 万吨，减少二氧化碳酸性气体排放 412 万吨。白鹤站采取围墙安装铁丝网；站场大门前设置一套能够阻止车辆高速冲撞的阻车钉；对外值班电话更换成同时兼具来电显示和录音功能的电话机；配备一套防爆毯围；配置一定数量的防护面具等物防措施。采取安装红外对射式周界报警系统，与工业电视监控系统配合使用；在场站正对大门处加装一个远红外摄像头，画面显示信号连接至工业电视监控系统，监控进出场站人员和车辆；并在门卫室加装一套监视画面显示设备，确保监控画面实时监视等技防措施。同时，西气东输管道公司将上海末站工业电视监控系统调整到周界报警状态，场站实现与地方110联动，有效保障了站场的防护安全。

武警巡逻

（塔里木油田分公司　提供）

上海世博会期间加强管道巡护

（西气东输管道公司　提供）

第二节　信道光缆防护

2010年4月，西气东输管道公司启动为期3个月、以“防断缆、保畅通”为主题的“安康杯”百日劳动竞赛活动。保护光缆是防止管道被第三方施工损坏的最后一道防线。在《西气东输断缆事故分析报告》中，管道保护管理人员发现，断缆损坏的季节和时段特征非常明显，相对集中在春、秋季。这段时间正是以沟渠清淤和小型农村基础设施工程建设为主的时段，也正是上海世博会开幕前后。西气东输管道公司要求沿线各管理处特别是东段，从加强清淤和农村自建工程的预防控制工作抓起，把农业施工特别是大型机械对管道构成的威胁降到最低。

负责冀宁管道河北和山东段的冀鲁管理处，是断缆事故发生最少的管理处。百日竞赛活动开始后，冀鲁管理处抓培训，从地质灾害风险识别与控制、第三方破坏风险识别与控制、基础数据收集与整合等方面，对全线24名线路管理员进行业务培训。在各站场所管辖线段开展春季徒步踏线活动，全面复核管道及光缆位置，并在管道桩牌上重新标注；组织地质灾害及第三方破坏风险现场评估，确定防范重点和控制措施；开展户主宣传，发放户主联系卡和《天然气管道案例选编》手册，将管道及光缆埋深告知户主，强化户主的管道及光缆保护意识。

新疆管理处管道保护工作人员，在管段沿线高后果区、重点要害部位、无人区管段多次徒步巡线，对管道及附属设施的风险隐患点位进行排查。深入沿线村镇和车辆往来密集的砂石场等地，走访当地村民、卡车驾驶员，进行管道知识宣传，在11处显要位置粉刷巨幅管道保护宣传标语、20余处张贴管道保护知识宣传画。

第三章　上海世博会天然气调控管理

第一节　编制供气预案

西气东输管道公司在上海世博会期间综合考量用户性质、对社会影响程度、合同约定等因素，及时制订4个级别的应急供气预案，建立多方联动机制，利用成熟的管网和用户自身调节能力、积极协调各方资源，全力保障上海世博会天然气平稳供应。

针对世博会期间可能产生的诸多风险，综合考量用户性质、对社会影响程度及合同约定、减少经济损失等因素，西气东输管道公司按由重到轻制订了4个级别的应急供气预案。

关键管段事故状态下 当下游销售量减至3500万立方米／天左右时（即应急供气Ⅲ级、Ⅳ级预案），原则是在优先保障上海市及周边世博重点城市用气及其他城市用户用气的基础上，适量减停供电厂及大工业用户。

当下游销售量减至3000万立方米／天左右时（Ⅱ级预案） 原则是停供电厂及大工业用户，为尽量降低造成不良社会影响，在保障城市用户基本需求的基础上，适量削减向上海市及重点世博城市的用气量。

当下游销售量减至2000万立方米／天左右时（Ⅰ级预案） 原则是停供电厂及大工业用户，为最低限度降低造成不良社会影响，在保障其他城市用户最低需求的基础上，削减向上海市及重点世博城市的用气量，并争取上海市理解，协调启动上海市各种可调动的应急备用资源。

上海世博会期间西气东输管道公司天然气应急预案供气方案

表9–1 （单位：万立方米）

序号	单位			全年			
			Ⅰ级	Ⅱ级	Ⅲ级	Ⅳ级	合同量
	合同可中断用户						
1	直供电厂用户	张家港华兴电厂	0	0	10	93	148
2		华电望亭电厂	0	0	10	93	148
3		华电戚墅堰电厂	0	0	10	93	148
4		华能南京金陵电厂	0	0	10	93	148
5		郑州燃气发电有限公司	0	0	10	93	148
6		河南中原燃气电力有限公司	0	0	10	93	148
7	直供工业用户	扬子石化	25	25	47	47	47
8		金陵石化	0	0	27	27	27
9		仪征化纤	0	0	36	36	36
10		济源中裕	8	10	10	10	10
11		中铝河南	36	36	66	66	66
12		舞钢能源	30	41	41	41	41
13		扬子巴斯夫	120	120	160	160	160
14		宝山钢铁	10	15	15	15	15
15		苏州蓝天热电厂	80	80	107	107	107

续表

序号	单位				全年			
				Ⅰ级	Ⅱ级	Ⅲ级	Ⅳ级	合同量
16	河南省	豫北支线	安彩能源	38	58	58	58	58
17		豫南支线	河南蓝天	80	141	141	141	141
18		干线	信阳弘昌	7	16	16	16	16
19			周口燃气	10	11	11	11	11
20			郑州恒燃	9	11	11	11	11
21			焦作中燃	11	13	13	13	13
22			长葛麟觉	9	14	14	14	14
23			新郑永辉	1	1	1	1	1
24			郑州燃气	50	68	68	68	68
25	安徽省	南芜支干线	芜湖中燃	40	77	77	77	77
26			芜湖昆仑	14	14	14	14	14
27			马鞍山港华	20	23	23	23	23
28			安徽中油燃气	9	11	11	11	11
29			省天然气（铜陵）	20	24	24	24	24
30			中油恒燃	8	8	8	8	8
31		干线	滁州新奥	20	22	22	22	22
32			滁州瑞兴	8	8	8	8	8
33			省天然气（阜阳）	18	19	19	19	19
34		刘淮支线	淮南中燃	16	21	21	21	21
35		刘蚌支线	蚌埠新奥	18	19	19	19	19
36		定合支干线	合肥燃气	35	41	41	41	41
37			安徽合燃	11	13	13	13	13
38			肥东深燃	2	4	4	4	4
39			合肥昆仑燃气	1	1	1	1	1
40			定远威东	2	3	3	3	3
41			省天然气（巢湖）	20	22	22	22	22
42	江苏省	干线	仪征华燊	1	1	1	1	1
43			江阴天力	50	60	60	60	60
44			镇江华润	22	25	25	25	25
45			镇江东源	18	22	22	22	22
46			昆山利通	75	85	85	85	85

续表

序号	单位			全年				
				Ⅰ级	Ⅱ级	Ⅲ级	Ⅳ级	合同量
47	江苏省（不含苏北）	干线	昆山中油	25	68	68	68	68
48			昆山恒燃	9	11	11	11	11
49			南京中燃	5	5	5	5	5
50			南京中油	7	19	19	19	19
51			南京恒燃	7	11	11	11	11
52			丹阳港华	3	3	3	3	3
53		无张支线	省天然气	70	82	82	82	82
54		常长支线	宜兴港华	40	53	53	53	53
55			溧阳安顺	7	8	8	8	8
56		干线	常州新奥	38	47	47	47	47
57			大丰时代	3	3	3	3	3
58			金坛港华	4	5	5	5	5
59			常州港华	35	41	41	41	41
60			无锡华润	52	62	62	62	62
61			苏州管网	110	167	167	167	167
62		南芜支干线	南京港华	70	93	93	93	93
63	苏北	冀宁支线	淮安新奥	13	15	15	15	15
64			宿迁中油	9	14	14	14	14
65			扬州中燃	12	15	15	15	15
66			连云港新奥	12	15	15	15	15
67			徐州港华	12	14	14	14	14
68			江都庆鹏	1	3	3	3	3
69			东海中油	1	3	3	3	3
70			宝应中油	1	3	3	3	3
71			徐州华气	12	27	27	27	27
72	浙江省	常长支线	浙江管网	240	450	548	548	548
73	上海市	干线	上海管网	210	487	650	650	650
74			上海中油白鹤	7	11	11	11	11
75			上海中油昆仑	10	33	33	33	33
76			山西天然气	23	49	49	49	49
合计				2000	3000	3500	4000	4331

第二节　多方联动机制

为加强与北京油气调控中心、上游气田、下游用户的沟通协调，充分利用成熟的管网和用户自身调节能力，西气东输管道公司协调各方面资源流向，做好天然气供应工作。

一、调配资源流向

2007 年 3 月，北京油气调控中心正式组建，开启中国石油长输管道集中调度控制运营模式。通过在役长输油气管道的 SCADA 系统整合，建成天然气、成品油和原油三套 SCADA 系统和以光缆通信为主、卫星通信为辅的中国石油管道通信系统架构。2010 年，SCADA 系统综合可用率 99.80%。截至 2010 年 12 月，中国石油所属 50 条在役长输油气管道全部纳入北京油气调控中心集中调控运行，管道总长度近 4 万千米。

受需求量增加和调峰空间有限的影响，国内天然气供需矛盾较为突出。特别是在出现极端天气时，天然气需求急剧上升，用气量骤然增加。北京油气调控中心发挥天然气管道联网运行优势，协调组织增气源、抓调峰，科学调配资源流向，千方百计保障供应。上海世博会期间，北京油气调控中心制订专项保供方案和应急预案，确保上海及周边地区能源供应安全。

二、保障“绿色福气”

作为上海世博会保障供气的主力气源地之一，塔里木油田分公司全力组织生产，保障上海天然气供应。2010 年 4 月初，塔里木油田分公司每天经西气东输管道向东部地区供气 4800 万立方米，每月可替代 176 万余吨标准煤，减少排放有害物质近 10 万吨。地处南天山深处的克拉 2 气田，除严格落实人防、物防和技防等安全措施外，调整采气工艺参数，使气田开采保持相对均衡，确保每天 2968 万立方米的天然气供气量。英买力气田地处风沙地带，气田加大对运行设备的日产保养力度，对易受沙尘影响的空气压缩机和各类动设备全天候监控，日产天然气保持 674 万立方米的稳定水平。

三、天然气平稳供应

在上海世博会期间，上海市提出增加天然气供应约 8000 万立方米，其中 2010 年 5 月、10 月增加 3000 万立方米，6 月、9 月增加 1000 万立方米。为满足上海市用气需求，保证上海世博会期间天然气稳定供应，西气东输管道公司面对保供时间长、风险多、责任大，且经历夏季用气高峰等不利因素，周密部署、制订措施，确保上海世博会期间天然气稳定供应。

合理制订供气方案 按照天然气与管道分公司下达的销售计划，根据上海市下游用户用气需求，结合天然气销售供应具体情况，西气东输管道公司加强沟通协调，制订历时 7 个月的世博期间天然气供应方案，并完善“月计划、周平衡、日指定”的滚动销售管理机制，为满足上海用气需求做好充足准备。

加强生产运行保障 西气东输管道公司加强对现场设备的监护管理，做到安全隐患不留死角。加强沿线维检修力量的分布，提高故障处理效率；合理安排各类维检修和大型动火作业，尽量缩短作业时间，降低对管线正常运行影响。

多方联动保障供应 世博会期间，西气东输管道公司加强与北京调控中心、上游气田、下游用户的沟通协调，利用成熟的管网和用户自身调节能力，做好天然气供应工作。同时，发掘自身潜力，利用管存和储气库做好保障工作。世博会期间，金坛储气库随时待命，应急可采气量达 4500 万～5000 万立方米。2010 年 5 月 1 日—10 月 31 日期间，金坛储气库共进行 5 次采气，累计采气 2465.854 万立方米，在上游检修期间有效缓解了天然气供应压力，保障下游天然气平稳供应。

加强协调引进 LNG 资源 2010 年 7 月，西气东输管道公司上游气田和天然气处理厂先后进行两次为期 20 余天的检修，期间天然气供应量随之减少。为缓解由此带来的天然气供应紧张局面，保障上海世博会期间上海市天然气平稳供应，顺利度过“迎峰度夏”用气高峰期，西气东输管道公司利用上海 LNG 设施，通过从也门和乌拉圭两国采购国际 LNG 现货方式，购买增加天然气供应。装载 11.30 万吨 LNG 的两艘运输船到达上海，经接卸气化后，陆续通过上海市天然气管网，供应上海天然气用户使用。而从西气东输主干线置换出来的相应数量天然气（1.60 亿立方米）作为应急气，供给下游燃气电厂和民用气的重点用户。

第四章　上海世博会天然气输送安全管理

第一节　生产安全管理

在上海世博会期间，西气东输管道公司坚持抓好生产安全管理，先后建立了指挥系统、监测预警机制、平战保障机制等，保证管道安全平稳运行。西气东输管道公司坚持抓好生产安全管理，确保管道安全平稳运行。在输气管道运行、站场（阀室）设备维修、严格动火作业、系统风险管理、施工监管等方面，实现全方位管理。

加强对输气管道运行工况的实时监视。生产调度确保在第一时间内掌握现场情况，一旦发现运行参数有异常变化，及时启动各级应急预案。

做好站场（阀室）设备的计划性维护和维修工作。各维抢修队（中心）保证分输设备故障在 6 小时内修复、压缩机组设备故障在 12 小时内修复；同时确保储气库等应急注、采气设施流程导通、设备完好。

严格动火作业管理。明确除特殊要求外，世博会期间不安排重大站场（阀室）维修和计划性抢修作业。

加强系统风险管理。要求生产一线员工全面识别输气生产和工程建设过程中人、机、料、环境、制度规程等方面可能存在的风险，旨在做到全过程、全方位风险管理。

加强第三方施工监管。建立第三方施工快速通过管道的管理理念，要求各地区管理处尽量简化施工方案审批流程，原则上场站或巡护队有能力处理的不必再报给上级机关审批，缩短施工方案的审批时间；协助建设单位快速通过管道上方，力争在最短时间内降低管道、光缆损坏的风险。同时，重点加强第三方施工信息收集和施工现场的过程控制，对施工现场实行 24 小时现场监护，有效提升了光缆保护管理水平。

第二节　灾害防控能力

西气东输管道公司先后建立防汛指挥系统、监测预警机制、平战保障机制等，保证管道安全畅通。

一、建立防汛指挥体系

西气东输管道公司建立权责清晰、分工明确的防汛抗洪指挥体系，严格执行汛期值班和险情报告制度，优先满足汛期管道线路巡护的人员、车辆和资金需求，快速审批并下达涉及管道安全度汛的工程治理项目。

二、建立监测预警机制

西气东输管道公司在上海世博会期间，健全反应灵敏的预防机制。通过直接测量位移变化和管道本体应力变化来判断隐患点变化趋势，形成一套能够连续监测地质灾害对管道安全危害程度的系统。

三、建立平战保障机制

西气东输管道公司坚持平战结合，健全执行有力的保障机制。将平时的演练、准备与汛期的协调联动有机结合，在面对重大自然灾害突发事件时，能够快速反应、有效控制，最大限度地减少损失。

在上海世博会汛期，全国不断出现暴雨、低温极端天气，洪水、泥石流等灾害天气时有发生，西气东输新疆、甘肃、宁陕、冀鲁等段管道遭受有记录以来大暴雨袭击，沿线河流普遍超过警戒水位，多条河流超历史最高水位，全线共发生水毁1047处，全线发生宁夏盐池中型抗洪抢险1次，较大抗洪抢险5次，甘肃酒泉北大河重大抗洪抢险1次，均及时进行应急处置，确保上海世博会期间输气安全。

西气东输管道公司组织干部员工迅速投入到抗洪抢险、管道保卫中。2010年7月中旬，西气东输管道公司甘肃管理处先后投入挖掘机、铲车、翻斗车、吊车、发电机、焊机、切割机等维抢修车辆和机具近40台（套），转运、夯填、投掷土方5万余立方米、石料7000余立方米、沙袋6000余条、石笼80余个，修建导流坝、导流围堰6条，护管长堤两条，经过20余天日夜奋战，有效控制险情。8月中旬，西气东输管道公司宁陕管理处加强与当地政府沟通协调，紧急调配5台推土机、装载机等帮助当地政府加固水库坝体行动。同时，在管道防冲墙后采取柳条枕类水保消能措施，紧急动员收集柳条捆约3000余捆，辅以钢桩、编织袋及枕木等防汛抢险物资，控制洪水下切。经10余天努力，有效控制险情，确保管道安全。

附　录

上海世博会石油馆主展影片脚本

（2009 年 9 月 22 日）

引　子

镜头穿越星空和云层，鸟瞰夜幕下灯火辉煌的上海外滩和世博园，中国石油馆更是晶莹剔透，娇艳夺目。一颗彗星划过，璀璨的彗尾把我们带入时光隧道，开始美好而梦幻的时空之旅，出现片名：《石油梦想》。

第一篇章　石油的过去

时光倒流 137 亿年，宇宙大爆炸形成绚烂的星云，在杳渺的宇宙深处漂移。

一团固体尘粒相互聚合，孕育地球星胚，不断壮大，形成原始地球。

到了寒武纪的三叶虫时代，深邃的海洋里开始出现水母、三叶虫、藻类、海绵等低等生物。随后，植物和动物在陆地开始繁衍生命。

进入二叠纪，海水温暖而又清澈，喜欢生活在浅海的各种钙藻和海绵动物大量繁殖，死后又被藻类缠绕包覆，天长日久，终于形成了厚厚的礁体。礁内沉积物中含有许多生物碎屑，碎屑之间经常形成粒间空隙。所有这些，都为石油和天然气的形成和储集创造了条件。

随后的三叠纪，地球上的海洋和陆地生机勃勃，恐龙成为陆地的统治者。霸王龙穿行在广袤大地，始祖鸟飞越巨树参天、植物茂密的热带原始丛林，蛇颈龙、鱼龙掠过一望无际翡翠般碧绿的海洋。

宇宙深处，一颗巨大的星球被击碎，陨石纷纷穿越地球大气层，燃烧的火球拖着浓浓的烟尾，呼啸而来，直扑观众，观众前 4D 效果热风效果器配合，热风扑面。

小星球的主体随后飞速撞击地球，海面被划成深壑，原子弹爆炸似的蘑菇烟云冲天而起，巨大的冲击波向四面八方扩散，蔚蓝的地球表面突然变得通红。

特效说明：为突出 4D 影片的特色，全片将不断让观众体验惊心动魄又美妙无比的视听震撼和身心感受。

飓风肆虐，大树被连根拔起，恐龙和许多动物向观众直扑过来。观众耳边的绒毛轻拂，犹如狂风拂过，体会世界末日来临时的绝望与惊惶。

地面火山爆发，燃烧的岩浆横流，动物和植物被卷入火海。

地表开裂，地壳板块猛烈地相互撞击，错落成万丈峡谷深渊，推挤成万米高峰山脉，成群的动物被重重地抖落，无数生命被掩埋。

海底火山爆发，岩浆冲出海面。海啸引发万丈巨浪，排山倒海，泥石俱下。极地冰山融化，海水上升，巨浪漫过山巅，淹没大地万物和生命。

被掩埋的生命化为泥浆，越积越厚，最后被密闭在由岩层组成的巨大空间里。特殊的细菌开始分解这些生物体中的有机质，地热烘烤的高温，地壳板块移动的高压，在漫长的地质过程中，这些由生命演变而成的有机质孕育成为石油。

沧桑巨变，分散的小油滴通过运移，穿越一个个的岩层，被驱赶到上下都密实的岩层中间圈闭起来，开始过上“集体生活”，油滴越积越多，最后汇聚形成油田。

第二篇章　石油的现在

1. 勘探

随着时间的推移，人类成为地球的主宰，20 世纪中叶，一望无际的沙漠中，石油勘探队员以大无畏的奉献精神，艰难行进，寻找石油。

荒原之上，透过荆棘，草丛狼群的眼睛闪着绿光，偷袭石油勘探者的帐篷，张牙舞爪的恶狼向镜头扑来，观众惊慌失态。

绿色丛林中，马蜂漫天飞来，扑向观众。观众与勘探队员一同经历生命的挑战，观众座椅后面伸出细细绒毛，如同马蜂缠身，让人失魂落魄。

漫漫雪原，高高雪岭，石油勘探队员艰难攀登，突然遭遇雪崩，巨大的冰峰坍塌，从天而降，坠向观众，再现惊悚。飞舞的雪花幻化成活动的冰雕，再现当年石油大会战时的盛大场景，第一口自喷油井喷油，画面从黑白幻化成一片斑斓，时光荏苒。

21 世纪，中国的石油工业进入现代化时代，智慧的石油人不仅以艰苦奋斗的不容易为世人敬佩，更因为科技创新的了不起而令国人自豪。石油勘测飞机在沙漠、荒原、丛林、雪山和海上低空盘旋，采用磁测、放射性测量、电法进行航空石油探测，驾驶舱内电脑视频中，显示采集到的图表数据。

深海物探船进行海洋石油勘探，拖船的拖缆中装载着水下地震检波器不断释放地震波，经过信息收集，转化成立体三维的影像被传送到船舱内的电脑屏幕，揭示海底石油分布的图表和数据。

地面人工地震勘测爆炸烟柱冲天而起，勘探车内，地震电磁波在荧幕上呈现地下石油储量的图表。通过地震仪收集地震波的传播路线和时间，确定发生反射波或折射波的岩层界面的埋藏深度和形状，认识地质构造，寻找油气圈闭。

2. 开采

我们将三大公司的大规模设施与祖国大好河山秀丽的自然景观和谐交融，蓝天白云、自然贴切而又尽情渲染中国石油天然气在能源工业中的主导地位。

钻头深入岩层，第二次、第三次、第四次开采技术，彰显中国石油人自主创新，勇攀世界石油技术高峰。

水下3000米，钻井10000米，水天一色，波光粼粼。水下珊瑚绽放、鱼翔浅底、水面海豚腾跃，鲸鱼喷水。

3. 运输

西气东输创造奇迹，翻山越岭过黄河，绵亘千里，堪比第二条长城。

4. 炼化

崛起的大中国呼唤中国大石油产业，一座座现代化的大规模石油化工设施拔地而起，气势恢宏，下游产品如雨后春笋般蓬勃发展，石化产品层出不穷，幻化出一棵参天大树。地下，油管状的树根连接各大油田；地上，漫天枝桠结出成千上万种石化产品的丰硕果实，充盈天地之间，寓意石油无所不在（对应实体馆的尾展部分）。

5. 假如石油瞬间消失

无法历数石油在人类生活中无所不在的贡献，我们就先以逆向思维的方式，设想一下石油突然离开我们的瞬间，我们的生活会发生什么，风趣幽默地提醒所有石油的受益者，向石油致敬：

婴儿捧着奶瓶，奶瓶忽然化为油滴，牛奶流在婴儿满身。

一家人正在看电视，电视的外壳和屏幕化为油滴；坐着的沙发布面和填充物化为油滴，一家人作在弹簧上；紧接着家具油漆、地毯、房顶统统变成油滴，飘然而去美术学院学生正在画画，颜料不翼而飞，油画笔人造笔尖化成油滴，剩下木杆，在画布上刻出划痕。

正在开会的外商，衣服和纽扣渐渐消融为油滴，最后只剩全棉短裤，裸露上身。

高速公路上所有汽车外表油漆和轮胎化为油滴、铁轱辘在地上摩擦出火，汽车最后变成丑陋的废铁，沥青路面消失变成坑坑洼洼的土地。

6. 石油推动文明

结束逆向思维，我们再来正面回顾一下石油出现如何推动现代文明，催生机械化，加速城市化进程，可以毫不夸张地说，石油转动了整个地球。使世界不再遥不可及，世界成为地球村。

7. 石油养育生命

据联合国粮农组织（FAO）统计，化肥在对农作物增产的总份额中约占40%～60%。中国能以占世界7%的耕地养活了占世界22%的人口，石油实际养育着地球近半数的生命。人一生要消耗10吨粮食也就折合1400斤（1斤=0.5千克）化肥。

石油中的蜡质经过微生物的“加工”，就变成人体所需要的蛋白质。据估算全世界每年开采石油的2%做原料，就能生产300万吨蛋白质，可以满足2亿人一年的营养需要。

8. 石油挽救生命

人一生吃3万多颗药，约合50斤。耗掉的化工原料达30斤，加上人造器官，石油不但养育生命，还能治病救人。

9. 石油创造美丽

一个长镜头全程记录少女的魔幻变化，少女身后的背景却不断变换，石油创造美丽，生活因石油而绚丽多姿：新型住宅的一扇窗户被打开，一位相貌普通少女正在淋浴，莲蓬头从喷水忽然变成五彩的石油滴，少女枯槁的头发变换不同色彩，耳边垂挂人造耳环。暗淡的眼睛被博士伦变换不同的颜色，涂抹口红，呈现不同色泽风韵。

脖子上生成彩色项链不断翻新，衣服不停变换色彩和样式。

鼻子隆起，胸部渐渐隆起。少女完成美丽工程，焕然一新，判若两人，从头到脚都是石油化工制品。

第三篇章　石油的未来

1. 开拓空间

石油产业前景光明，在可以预见的未来不但不会枯竭，而且仍然是第一能源。石油开采正向青藏高原、深海极地等地质条件更加恶劣的地方开拓发展空间。

2. 科技创新

勘探、开采、炼化等生产流程更加智慧和高效。

3. 绿色能源

天然气将主导低碳能源，产业发展与自然高度和谐，节能减排，创造更加绿色环保的生态环境。煤层气、可燃冰和油页岩等能源是有效的补充。

4. 前景辉煌

石油产品更加丰富高端，创造更大价值，提供更多惊喜，为人类生活、城市发展带来光明的前途。充分体现“石油，延伸城市梦想”的石油馆主题，全面呼应“城市，让生活更美好”的世博主题。

尾　声

镜头回到夜幕中的上海，漫天焰火点燃了整个上海和世博园，焰火在空中聚合，组成三大公司标志，引出彩虹般的主题词：石油，延伸城市梦想。

部分参观者对石油馆评价

一、石油石化企业职工参观评价

中国石油员工罗冬梅：石油馆太棒了，我作为一名中国石油的员工为此骄傲，祝所有石油人平安幸福。

江苏石油员工：参观了石油馆，让我们工作在后线的员工感受到了一线同志们的辛苦。同时，我们也感到非常自豪，因为我们的工作能够给国家的能源做出一点贡献。

中国石油退休职工杨承志：我已经退休 10 年，这次专程从北京赶来参观石油馆。石油馆的展示非常丰富，采用了各种现代化手段，全面诠释了石油产生、勘探、输送、炼制以及应用到生活中的全过程，让参观者深切感受到石油与人类日常生活的紧密。借世博会这个机会，石油石化行业给行业内外的人士做这样生动的石油知识科普教育，非常及时，非常必要，相信效果也非常好。

玉门油田老职工李栋：我离开石油行业 17 年了，今天从杭州赶来直奔石油馆，心里还是有很浓的石油情结。石油馆用简单直观的方式向大家介绍了石油的产生、工艺和作用，十分生动。现在，社会上一部分人对石油行业有误解。石油是不可再生资源，用一点儿少一点儿，必须节约。同时，我们也要为未来的能源利用谋划准备。恰好石油馆 4D 电影《石油梦想》最后一个片断“假如石油瞬间消失”，说的就是这个事情，呼吁大家珍惜石油、节省石油。

克拉玛依退休职工王仲侯：作为一名曾为石油事业奋斗了一生的我，能在有生之年来参观了上海 2010 年世博会石油馆，非常兴奋。这个馆非常突出，远远超过各地的石油展览馆，下次我还要再来，好好欣赏。

西南石油局退休职工：四十年了，石油人看石油馆感慨万千，深感祖国前进步伐的艰辛美丽……用了八分钟观看了 4D 电影，这是生平第一次看到 4D 电影，太激动了……谢谢祖国！谢谢世博！谢谢石油馆！

长庆油田退休职工：我们石油人为石油给祖国争了光，石油馆为我们石油人在世人面前争了光，很好。我这个老石油看了两次，我们向主办者们表示衷心的感谢。

大庆油田退休工人：先祖创业功德千秋在，后人创新百年油田兴。世博会结束后，应该把石油馆整体迁入大庆，供后人学习。

中国石化员工陈永：我感觉4D电影最为震撼。从石油的生成、应用到石油对人类的贡献以及未来展望，形象、清晰、生动。对行业内人士，是一个知识的再深入、再回笼；对行业外人士，有助于他们了解石油到底是怎样产生的，与我们日常的衣食住行有什么关联，一旦石油消失会对生活产生什么影响等，是普及石油知识的一个舞台。

上海石化员工：世博159年，我们石油石化行业150年，依然是朝阳产业。我作为中石化上海石化的一员，深为这个石油馆自豪，并为她喝彩！

上海石化员工：我是一个老石油，曾经为石油的发展奋斗过。今天看到石油这么巨大的进步发展，十分欣慰。

中国海油员工俞毅：石油馆给我上了一堂生动形象的教育课。自己一直在机关工作，虽然也去过采油一线，但对石油的了解还是很浅显。石油馆的展览，从实物、模型、图片、文字特别是4D电影，浓缩了石油从生成到形成产品的全过程，给我留下了深刻印象。石油，太重要了，我所从事的石油石化行业，太光荣了。

二、国内参观者参观评价

石油馆第一位参观者于女士：石油馆是我游览世博园的首站，之前就了解到这里有4D电影。看了石油馆真长了不少见识。以前根本不知道衣食住行跟石油关系这么紧密。这里的服务很不错，每隔几米就有一名面带微笑的引导员。

中国石油大学学生朱文姝：作为中国石油大学的一名学生，看到石油馆如此优秀，我十分的骄傲，希望以后可以成为其中的一员。

北京柴善德（76岁）：这个馆太好了，高居世博馆之首。

北京刘女士：石油馆4D电影制作非常精美，效果逼真，孩子都很爱看。场馆展区内容丰富、精彩，触摸屏软件非常友好、生动，这是世博园最好的场馆之一，谢谢你们！

北京参观者：石油馆的工作人员帮我找回了丢失的镜头盖这件小事，让我感受到了石油馆的精细服务。石油是国家发展的大计，石油馆很好地教育了人民，珍惜能源，热爱地球。

上海吕佳：爱石油，等于爱自己。

上海张先生：4D影院真的很好，也让我真实感受到一切，所以我们会珍惜石油，爱护来之不易的一切。

上海吴先生：今天，我们全家出动来参观世博会，第一站的石油馆让我们印象深刻。希望世博会在大家的努力下圆满完成，让我们上海成为世界之星。

宁波李慧：非常生动精彩的石油知识之旅，难得的心灵之旅，珍惜石油，珍惜资源。

湖北参观者：石油馆的硬件设备太完美了，工作人员服务态度很好，向你们学习致敬！

常州参观者：电影很好看、刺激、逼真，尤其那条蛇太吓人了，谢谢你们辛勤的劳动。

南通参观者隋民强参观后写了一首诗："石油石油万金油，世界人民都需求。中国出了王铁人，一举甩掉贫油帽。改革进入新时代，小康'轿车'跑得快。全国人民观世博，石油展馆梦想多。未来社会更美好，石油资源再减少。人人节约要环保，地球家园和为高"。

江苏徐州袁月：石油馆真精彩！刺激震撼的电影，展示富饶而多姿的石油。我相信，石油的未来更美好！

南京多多：石油馆的电影让我们明白，珍惜石油爱护地球的重要性，且互动很好，我喜欢。

广州佛山严俊桥：充分利用自然之源，造福人类生活。

江西女军人：好！好！好！惊险刺激，厚于实力。石油人真伟大！

宜州赵珍：好，就是好！比好莱坞的电影都好！为中国人争光啦！

青岛市民迟元龙：看了这么多馆，最喜欢的还是石油馆，4D电影比一般的电影要立体、动感一些，我可以最真实地了解到石油在很长时间里的演化过程。

山西太原张女士：太漂亮了，太震撼了，谢谢你们给我们带来的快乐！

太原市参观团：贵馆讲解员马玲服务热情周到，细致入微，特此赞扬。希望我国的石油事业蒸蒸日上，希望石油在百姓生活中发挥的作用越来越大！再次感谢贵馆服务员马玲及全体员工。

太原参观者：电影超好看，排队也值得。看完了石油馆感到很震撼，节约能源，从我做起。

山西晋城参观者：过去对石油了解得太少了，看了石油馆后才知道，石油是高科技行业。太精彩了，科技无限，中国加油！

西安市民：讲解很好，这是我看过的最好的馆，参观石油馆，有一种家的感觉。

兰州杨女士：我们中国的石油越来越好，利用越来越好了。

郑州十一中杨占德老师：石油是人间幸福的基石！

辽宁大连王先生：我在看电影的时候不小心把照相机弄丢了，最后贵馆工作人员延后了下一场电影的放映时间，费了好大力气帮我找到，老感谢了，否则我参观世博会的照片就全没了！

大连市民：感动到震撼的程度，深深地受到了教育，节约能源，从我做起！

黑龙江高原小朋友：石油宝宝比海宝更可爱。

无锡游客：感谢石油馆出口服务人员的善良与周到。我们在出口处不小心丢了两部相机，她们拾金不昧，追到园外还给我们。虽然外面排队的人太多我们没有看到 4D 电影，但是她们美丽的笑容足以给我们留下美好的记忆。

哈医大一院杨志杰：祝我们国家的石油越来越好，利用的越来越好！

台湾参观者弓慧聪：2001 年 5 月 16 日，因本人不慎将贵处的印章弄坏，特此说明，深表歉意，深表遗憾。你们的服务态度很好，真心感谢。

台湾参观者：中国石油馆好美！

参观者陈立洁：非常感谢石油馆工作人员认真负责的工作，让我们留下了美好的印象。同时，感谢你们为游客找到并保存了丢失的手机。谢谢。

参观者吴春华：贵馆小姐讲解非常细致、周到、热情，让我们受到了极大的鼓舞。另外，贵馆展示科学，使人们深刻感受体会到石油来之不易，必须很好珍惜。

小竹小朋友：刚参观时，没觉得会怎么样，但是随着参观的进程，感触逐渐加深。特别是在看 4D 电影的过程中，热泪盈眶。石油系统为国家的经济发展做出了巨大的贡献。尤其是近些年来，社会上的一些人对石油的环保等现象批评的不少。大力宣传石油，大有必要！

参观者崔洪文：石油馆我们印象很好，反映了我国石油工业的飞速发展，展现出我国实力雄厚，且对世博展出的认真负责是提高中华民族人民信心的一次良好展示。

参观者叶子莉：石油馆牛！牛！牛！

参观者：因为之前曾排过 3 个小时的沙特馆却得来一片失望，见面不如闻名，但石油馆就算让我再排 2 个小时也值。

参观者：亲身体验 4D 非常精彩，也值得排队等候，看好 4D 影片，又得到马玲小姐的耐心细致的讲解服务，今天不虚此行。

参观者：向石油战线的同志们致敬！石油让我们的生活不断进步，让国家走向更大的繁荣。

参观者：通过对石油馆的参观，为之振奋，为之感动，中国加油。

参观者：我是一名小油娃，支持石油，爱石油。

参观者：工作人员对待游客的态度认真负责，尤其是对世博会护照的盖章能够一丝不苟，盖得很正，很好，非常感谢。

三、国外参观者参观评价

美国参观者：4D show was great，show guide was very professinal，Thanks。

澳大利亚游客：这个馆设计非常精彩，恰到好处，4D 影片制作精良。

美国参观者：Lavinia：Great idea！ Conserve oil to extend the world dreams！（好创意，石油延伸世界梦想！）

美国参观者：Mexa Brewster：The movie was so great！ I enjoyed how it was 3D and the water and air sprayed at you.Now I know you need to conserve oil humans can evolve technology.（电影太棒了，我很享受在 3D 的基础上，有水和风的体验。现在我懂得石油使世界更美好，要珍惜石油。）

韩国参观者：哇！电影太有意思了。我从韩国来，中国真伟大！石油馆真了不起！

意大利 Seliatina：很好，很壮观，中国加油！

外国参观者：这是整个会展水平最高，最有意义及创意最深的。

好莱坞导演 Andson：4D 电影非常棒，石油馆整体感觉很好。

石油馆获得上海市荣誉名单

第一批世博先锋一线行动典型优胜党组织：礼仪党支部

优秀党员：王彧珠　李明春

第二批世博先锋一线行动典型优胜党组织：石油馆临时党总支

优秀组织者：刘俊杰

优秀党员：于海龙　龚玉莎　曹　禹　王　乐　王志刚

第一批立功竞赛典型市级优秀集体：礼仪部

市级优秀个人：刘俊杰　史惠芬

园区先进集体：物业部　工程部

园区先进个人：杨　光

第二批立功竞赛典型市级优秀集体：石油馆

市级优秀个人：邝　晶

园区先进集体：安保部　综合部

园区先进个人：黄晓波　孙　莉

第一批世博文明服务标兵：李天彬　江旭霞　杨　光

第二批世博文明服务标兵：邱成洋　王　强　毕　鹍　马志明　林晓英　邢林娟

石油馆获得的荣誉称号

2009 年 11 月，上海世博会石油馆临时团委被中央企业团工委、中央企业青联授予“中央企业‘迎世博、展风采’优秀服务窗口青年文明号创建活动创建单位”称号。

2010 年 5 月，上海石博展览展示有限公司承建上海世博会石油馆在被上海市城乡建设和交通委员会授予“2009 年度上海市文明工地”。

2010 年 6 月，上海世博会石油馆临时团委被共青团上海世博会事务协调局工作委员会、世博园区团建联建席会议办公室授予“中国 2010 年上海世博会园区青年文明号”称号。

2010 年 7 月，上海世博园区运行保障立功竞赛组织委员会办公室授予 DE 片区石油馆入口岗位班“上海世博园区运行保障立功竞赛‘月度冠军’集体”称号。

2010 年 8 月，石油馆工程部被上海市总工会、上海世博会事务协调局、共青团上海市委员会、上海市妇女联合会授予“上海世博会世博园区服务保障先进集体”称号。

2010 年 8 月，石油馆物业部被上海市总工会、上海世博会事务协调局、共青团上海市委员会、上海市妇女联合会授予“上海世博会世博园区服务保障先进集体”称号。

2010年8月，上海世博园区运行保障立功竞赛组织委员会办公室授予DE片区石油馆礼仪一班1号口“上海世博园区运行保障立功竞赛‘月度冠军’集体”称号。

2010年9月，石油馆安保部被上海市总工会、上海世博会事务协调局、共青团上海市委员会、上海市妇女联合会授予“上海世博会世博园区服务保障先进集体”称号。

2010年9月，上海世博会事务协调局授予石油馆“世博城市之星评选活动优秀组织推广企业”称号。

2010年9月，石油馆被上海市精神文明建设委员会办公室、中共上海世博会事务协调局委员会授予“世博园区文明场馆”称号。

石油馆工会组织被上海市总工会评为“工人先锋号”。

2010年9月，石油馆党总支被中共上海市委授予“世博先锋一线行动‘五好’基层党组织”称号。

2010年9月，石油馆被上海世博会事务协调局授予“世博城市之星”称号。石油馆被授予“公益爱心馆”。

2010年9月，中共上海市委、上海市人民政府授予石油馆“上海世博工作优秀集体”称号。

石油馆获得的奖状、奖牌

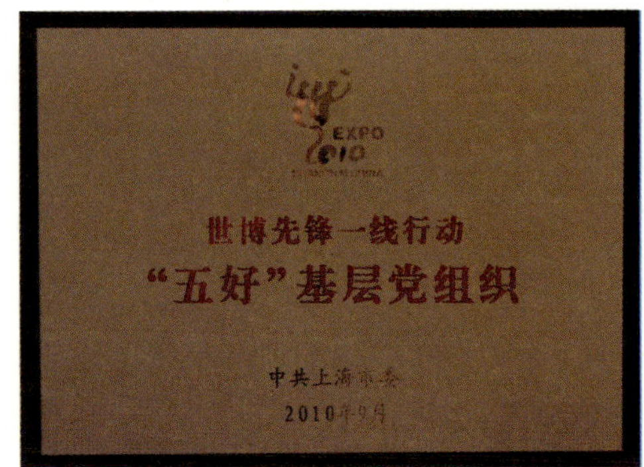

奖状
被评为二〇〇九年度
上海市文明工地。

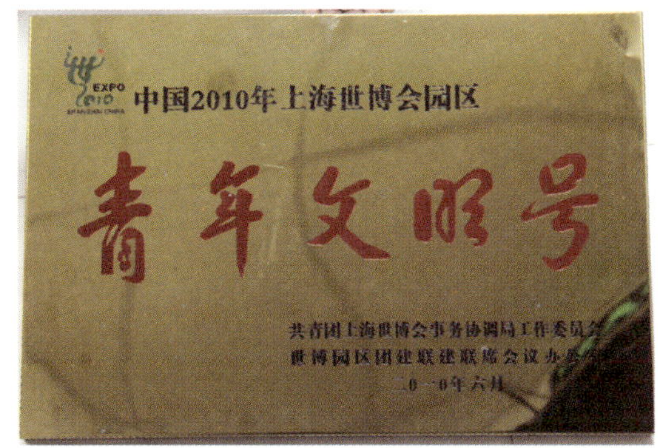
中国2010年上海世博会园区
青年文明号

上海世博会石油馆工程部
先进集体

先进集体

先进集体
SHANGHAI CHINA

工人先锋号

中国石油、中国石化、中国海油联合参展
中国2010年上海世博会先进集体、先进个人名单

举世瞩目的上海世博会完美落幕。中国石油天然气集团公司（以下简称中国石油集团）、中国石油化工集团公司（以下简称中国石化集团）、中国海洋石油总公司（以下简称中国海油）顺利完成联合建馆参展任务，圆满实现“安全、成功、精彩、难忘”目标，为上海世博会成功举办做出了重要贡献。

按照党中央、国务院的要求，在国务院国资委的统一组织下，三家公司联合建馆参展，确立了“一个整体、一个形象、一个精品”的建馆原则和“石油延伸城市梦想”的参展主题，高质量高水平建设石油馆，热情文明做好接待服务，赢得了国内外嘉宾和社会各界的一致赞誉。世博会作为全球三大顶级盛会之一，为三家公司成功搭建了与各方增进感情和友谊的平台，促进了对外沟通交流，有效推进了国际油气合作。石油馆是园区最热门场馆之一，主题鲜明，特色突出，拉近了石油石化行业与社会公众的距离，加深了各界对石油石化的认知和关注，传播了石油来之不易和节约石油、绿色发展的理念。在世博工作中，三家公司精诚团结、协调一致，共同将石油馆打造成精品工程，成为世界了解石油石化的亮丽窗口。各级领导和广大参展人员不辱使命、不负重托，出色完成了建馆布展、运行接待、宣传推介等一系列工作。各驻沪企业恪尽职守、精心组织，全力保障油气稳定供应，优质高效完成了接待服务任务。

经中国石油集团、中国石化集团、中国海油共同研究决定：授予大庆油田有限责任公司特别荣誉奖，授予联合参展项目部和中国石油天然气集团公司办公厅、中国石油化工集团公司办公厅、中国海洋石油总公司办公厅4个集体特殊贡献奖，授予中国石油天然气集团公司维护稳定工作办公室、中国石化出版社和中国海洋石油总公司科技发展部等23个集体杰出贡献奖，授予李润生、魏君超和李新建等10名同志特殊贡献奖，授予葛庶、吴则光和王伟元等36名同志杰出贡献奖，授予施伟、张家健和陆晓峰等68名同志突出贡献奖。

希望受到表彰的先进集体和先进个人珍惜荣誉、再接再厉，弘扬世博精神，传承世博理念，立足岗位，再创佳绩。各单位和广大干部员工要以先进为榜样，认真学习他们勇于负责、善于引领的担当精神，学习他们追求卓越、崇尚一流的进取精神，学习他们顾全大局、精诚合作的团队精神，学习他们埋头苦干、艰苦奋斗的奉献精神，求真务实，勤勉敬业，扎实工作，为保障国家能源安全做出新的更大贡献。

二〇一〇年十二月一日

先进集体

■ **特别荣誉奖**：大庆油田有限责任公司

■ **特殊贡献奖：**

中国石油天然气集团公司办公厅

中国石油化工集团公司办公厅

中国海洋石油总公司办公厅

联合参展项目部

■ **杰出贡献奖：**

中国石油天然气集团公司维稳信访工作办公室

中国石油天然气集团公司国际事业部

中国海洋石油总公司科技发展部

中国石油华东化工销售公司

中国石油上海销售公司

中国石油西气东输管道（销售）公司

石油工业出版社

中国石油报社

中国华油集团公司

上海浦东华油实业有限责任公司

瀚海明玉大酒店

中国石化出版社

中国石化报社

中国石化上海石油分公司

中国石化上海海洋油气分公司

上海石油化工股份有限公司

中国石化上海高桥分公司

中国石化上海石油化工研究院

中国海洋石油东海石油管理局

中海实业公司

中海石油（中国）有限公司深圳分公司

中海石油化学股份有限公司

中国海洋石油总公司新闻中心

先进个人

■ **特殊贡献奖：**

李润生　魏君超　李新建　王广昀　王　昆　刘俊杰　王志刚　章治国
周洪波　李　荡

■ **杰出贡献奖：**

葛　庶　刘伟光　贾　军　李　峰　苗永甫　杨　杰　徐　建　郭　斌
吴则光　王伟景　常　宏　王　皓　王伟元　任雪飞　谢长高　陆　涛
王平太　史惠芬　王鹏昊　李天彬　邝　晶　王志刚（项目部）
方西盛　黄晓波　毕　鹍　马志明　汤长江　李国华　李明春　王　强
王彧珠　龚玉莎　孙　莉　江旭霞　毛　予　邢林娟

■ **突出贡献奖：**

施　伟　刘昉昳　袁　宏　狄　蓓　许　凯　白　宇　邓生长　屈宁虎
夏飒飒　张家健　贝建民　徐志良　高建中　王亚萍　陆晓峰　叶小勇
穆东方　王维达　汪　薇　于海龙　王胜波　李德财　曹　禹　穆　峰
王文有　邱成洋　姜振君　王　军　刘殷志　董小辉　秦　旭　林晓英
吴明明　高慧泽　姜　涛　陈　远　韩　平　高天怡　杜达志　刘　胜
杨　阳　呙东辉　羌龙华　陈　希　郭雪松　纪　青　李　盈　胡　洁
潘玫瑾　王　慧　徐若茵　颜　琴　张琳娜　何　霞　许珊珊　刘　苗
施彦丽　刘琳韬　王　倩　杨春生　关洪峰　郭　炜　王　乐　朱田鑫
赵子健　张瑞成　孙　明　张宝国

后　记

为全面、客观记述上海世博会期间中国石油天然气集团公司联合参展、保证油气供应的工作情况，2011 年 3 月，中国石油天然气集团公司决定组织编纂《上海世博会中国石油参与志》（以下简称《参与志》）。成立了由中国石油天然气集团公司副总经理、党组成员王宜林任编纂委员会主任，中国石油天然气集团公司总经理助理、办公厅主任李润生任编纂委员会副主任的编纂委员会，并下设编纂工作组。

编纂工作组根据编纂委员会的要求，迅速组织赴上海市展开编纂工作的前期调研，连续召开三次座谈会，深入了解上海世博会期间有关单位的工作情况，研究提出《参与志》编纂篇目。2011 年 4 月下旬，集团公司办公厅下发《关于开展编纂〈中国石油参与 2010 年上海世博会工作志〉资料征集工作的通知》，全面启动编纂工作。

编纂工作组采取“定期碰头研究、分别编辑初稿、统一进行总纂”的工作方法，针对编纂资料涵盖面广、内容庞杂、缺乏综合性资料等问题，克服困难，用心体会世博精神，搜集挖掘世博资料，反复斟酌，数易其稿。2011 年 8 月，编纂完成 30 万余字的《参与志》初稿。2012 年 3 月，集团公司办公厅对初稿组织开展补充资料及征求意见工作。编纂工作组在认真汲取各单位意见的基础上，对《参与志》初稿进行充实和完善。《参与志》分上下两编，上编 6 篇、23 章篇幅记述了上海世博会中国石油联合参展的运行过程；下编 3 篇、10 章篇幅记述了上海世博会中国石油全力保障油气供应的工作情况。

《参与志》的编纂完成，是“众手成志”的结晶，得到了国有资产监督管理委员会有关部门的精心指导，得到了史志专家的耐心帮助，得到了各参编单位的大力支持，得到了石油工业出版社有限公司的鼎力配合，谨此一并表示诚挚的谢意。

由于编者经验不足，水平所限，不足之处在所难免，诚恳地希望读者批评指正。

编者

二〇一一年十二月